FACHGEMÄSSE ARBEITSWEISEN IN DER GRUNDSCHULE

FACHGEMÄSSE ARBEITSWEISEN

IN DER GRUNDSCHULE

von

Herbert F. Bauer
Wolf-Dieter Engelhardt
Hans Glöckel
Joachim Knoll
Rainer Rabenstein

2. Auflage

1972

VERLAG JULIUS KLINKHARDT · BAD HEILBRUNN/OBB.

1972. 10. Nn. Alle Rechte vorbehalten
Gesamtherstellung: Aumüller KG Regensburg
Printed in Germany 1972
ISBN 3 7815 0135 3

Inhalt

Rainer Rabenstein

1. Einführung

1.1 Zur Anlage dieses Buches

Im Mittelpunkt der Revision des Sachunterrichts der Grundschule steht die Forderung nach einer Verbesserung der fachlichen Grundlegungsarbeit. Der Grundgedanke dieses Buches ist, diese pauschale Forderung näher zu bestimmen und Wege der unterrichtlichen Verwirklichung zu zeigen. Es liegt dabei in der Natur der Sache, daß die Frage eine Stellungnahme im Hinblick auf die verschiedenen Fachbereiche des Grundschulsachunterrichts erfordert.

Dieses Buch entstand in Zusammenarbeit von Vertretern der Grundschuldidaktik und der einschlägigen Fachdidaktiken an der Pädagogischen Hochschule. Es beruht auf der Übereinkunft, die Frage der *fachgemäßen Arbeitsweisen* aus der Sicht der verschiedenen Fachdidaktiken zu behandeln. Die Bezeichnung »Arbeitsweise« ist dabei als ein Arbeitsbegriff zu verstehen. Sie wurde gewählt, um eine verfrühte Festlegung bzw. Einengung der Beiträge zu vermeiden. Soweit es notwendig erschien, wurde an einzelnen Stellen vom Autor näher bestimmt, was er mit »Arbeitsweise« bezeichnet, bzw. eine Abgrenzung von anderen Begriffen wie »Arbeitstechnik, Problemlösungsverfahren, Strategie . . .« vorgenommen.

Diese Konzeption führte dazu, daß Übereinstimmungen und fachlich bedingte Unterschiede bei der Erörterung der Arbeitsweisen in den verschiedenen Fachbereichen sichtbar wurden und erbrachte darüber hinaus Variationen der Auffassung und Darstellung des gleichen Themas bei den Mitarbeitern. Dadurch ergeben sich verschiedene Vergleichsmöglichkeiten, auch im Hinblick auf die Eigenart der Arbeitsweisen im naturwissenschaftlichen und im sozialwissenschaftlichen Bereich.

Eine zweite Vereinbarung betraf die Darstellung der *Unterrichtspraxis*. Gerade in der gegenwärtigen Lage erscheint es wichtig, die Übertragung theoretischer Einsichten auf die Unterrichtspraxis am Beispiel zu zeigen. Nur so ist gewährleistet, daß nicht Anforderungen »vom grünen Tisch aus« gestellt werden, deren Verwirklichung sich beim ersten Schulversuch als unmöglich oder unvertretbar erweist. Aus diesem Grund wurden in jedem Beitrag mehrere, z. T. mehrfach erprobte, Unterrichtsbeispiele oder Ausschnitte aus Unterrichtsabläufen einbezogen.

Dieser Einbezug der Praxis hat aber nicht nur den Sinn der Bewährungs-
kontrolle und der Veranschaulichung theoretischer Erwägungen. Er ist auch
deshalb notwendig, weil jeder Unterrichtsablauf ein komplexes und nie vollständig planbares Geschehen darstellt — schon wegen der Einmaligkeit der
jeweiligen Unterrichtssituation. Die Beschreibung konkreten Unterrichts leistet
eine wichtige Ergänzung für die Darlegung von Unterrichtstheorie: Sie zeigt am
Beispiel, wie durch das Zusammenwirken der am Unterricht beteiligten Faktoren
in einer besonderen Unterrichtssituation und durch die Gestaltungsleistung des
Lehrers theoretische Forderungen erfüllt werden können (bzw. welche Schwierigkeiten dabei entstehen). Die Unterrichtsbeispiele in diesem Buch haben Modell-
charakter. Es sind ausgewählte, charakteristische Fälle für fachgemäße Arbeitsweisen in den verschiedenen Fachbereichen bzw. für die dafür notwendige
Vorarbeit (Kap. 2). Sie können nicht in der gleichen Weise nachvollzogen werden, weil immer andere Bedingungen vorliegen werden, als es beim Vollzug des
beschriebenen Unterrichts der Fall war. Der Sinn dieser Beispiele liegt darin,
daß sie die Verwirklichung wichtiger Unterrichtsaufgaben im Sachunterricht der
Grundschule unter Bedingungen zeigen, die denen anderer Grundschulklassen
unter den gegenwärtigen Verhältnissen ähnlich sind.

Dem Leser können die Unterrichtsdarstellungen in doppelter Weise dienen:
Er kann die Unterrichtsbeispiele auf die einschlägigen theoretischen Erörterungen
in diesem Buch beziehen; er kann die Abläufe unter den Bedingungen durchdenken oder auch durchführen, die in der eigenen Klasse gegeben sind. Wenn er
gleiche oder ähnliche Unterrichtsaufgaben mit seiner Klasse bearbeiten will, wird
er Veränderungen vornehmen müssen, um den Verhältnissen gerecht zu werden,
unter denen er arbeitet. Besonders nützlich ist der Vollzug mehrerer ähnlicher
Unterrichtsaufgaben nacheinander mit zwischengeschalteter gründlicher Reflexion. Hierbei wird die Wechselwirkung spürbar, die das Verhältnis von Unterrichtstheorie und Unterrichtspraxis kennzeichnet: Die Auseinandersetzung mit
der Unterrichtstheorie führt zu immer besserem Verständnis und fortschreitender
Korrektur des Unterrichtens, die wachsende Erfahrung zu neuen Fragen und
theoretischen Überlegungen. Für die Intensivierung der fachlichen Grundlegungsarbeit im Sachunterricht ist ein so enges Zusammenwirken von theoretischer Überlegung und praktischer Erprobung dringend erforderlich, weil hier
neue Wege mit Kindern beschritten werden.

1.2 Die Bedeutung fachgemäßer Arbeitsweisen im Sachunterricht der
 Grundschule

Ein auf Sachkenntnis abzielender Unterricht — und das ist auch der Sachunterricht der Grundschule, muß sich um *gegenstandsspezifische Lernweisen* bemühen, weil Gegenstand und Methode eine Einheit bilden. Jede gegenstands-
fremde Methode verkürzt, verhindert oder verfälscht die Erfassung des Lern-

gegenstandes. Für den Sachunterricht jeder Schulstufe ist deshalb die Orientierung an den Forschungs- und Darstellungsmethoden der Bezugswissenschaften unerläßlich. Das gilt für das Lehren und Lernen gleichermaßen. Eine weitere Voraussetzung für Sacherkenntnis ist die *Selbsttätigkeit* des Schülers. Erkenntnis ist ohne geistige Aktivität des Lernenden nicht möglich. Weil deshalb auch im Sachunterricht der Grundschule die Entfaltung der Selbsttätigkeit der Schüler angestrebt wird, stellt die Vermittlung fachgemäßer Arbeitsweisen an die Schüler eine Kernaufgabe dieses Unterrichts dar. Nicht nur der Lehrer soll sachgemäß verfahren, auch die Schüler sollen es bei selbsttätiger Auseinandersetzung mit dem Unterrichtsgegenstand. Ein solches Vorgehen führt nur dann zu einer unzulässigen »Verwissenschaftlichung« des Grundschulunterrichts, wenn die Belange des Kindes aus dem Blick geraten und somit einseitig verfahren wird. Daß dies zu vermeiden ist, soll u. a. durch die Erörterungen und Beispiele in diesem Buch belegt werden.

Die Grundschule hat auch in der Vergangenheit Vorarbeit für den fachlichen Sachunterricht der weiterführenden Schulen geleistet. Es wäre falsch, dies zu übersehen, wie das im Zuge von Revisionsbestrebungen nahe liegt. Sicher ist aber, daß die Frage der *Arbeitsweisen* bisher nicht die zentrale Rolle spielte, die ihr zukommt. Erst in neuerer Zeit mehren sich die Stimmen, die die Vermittlung sach- bzw. fachgemäßer Arbeitsweisen als eigenständiges Lernziel bezeichnen. So hebt *Mücke* (1969, S. 111) hervor, »daß jedes Unterrichts- und Lernfeld strukturspezifische Verfahren entwickelt«. — Im Begleittext zu naturwissenschaftlichen Schülerarbeitsheften für die Sachkunde in der Grundschule (*Becker* 1969, S. 3) wird eine Liste von »Fähigkeiten und Fertigkeiten« angegeben, »die als eigenständige Lernziele zu behandeln sind«. Sie enthält u. a.: Beobachten, Verbalisieren, Klassifizieren, Voraussagen, Formulieren von Hypothesen, Experimentieren. Hier wird das Bemühen deutlich, Grundschulkinder zum Erwerb von Arbeitsweisen anzuleiten, die Sacherkenntnis im naturwissenschaftlichen Bereich gewährleisten. Der Gegenstand soll in einer ihm gemäßen Weise in Frage gestellt werden und diese Fragen sollen gegenstandsgerecht beantwortet werden.
Dabei ist zu beachten, daß das Grundschulkind noch nicht »in Fächern denkt«. Durch den Erwerb fachspezifischer Arbeitsweisen an geeigneten Fällen soll der *Zugang zu fachlicher Betrachtungs- und Erklärungsweise* geschaffen werden. Das ist um so wichtiger, als auf Grund neuerer entwicklungspsychologischer Erkenntnisse das Grundschulalter als eine Zeit erhöhter Bildungsfähigkeit zu betrachten ist, in der eine entscheidende »Weichenstellung« für den zukünftigen Entwicklungsablauf stattfindet (vgl. u. a. *Oerter* 1968, S. 271 ff.). Es ist deshalb notwendig, gerade in diesem Bildungsabschnitt viele neue Lernanreize zu bieten, um Möglichkeiten für die Entfaltung der geistigen Entwicklung zu schaffen. Demgegenüber verleitete die phasentheoretische Sicht des Grundschulkindes, manchmal verbunden mit Bestrebungen volkstümlicher Bildung, dazu, die Kinder zu unterfordern. Zwar wurde auch in der Literatur zum Heimatkundeunterricht von der Notwendigkeit einer »geistigen Durchdringung der Umwelt« gesprochen,

9

nicht selten aber bei einer »Erkundung« der Umwelt stehengeblieben, das Denken zu wenig in Anspruch genommen. Durch die stärkere fachliche Ausrichtung des Grundschulsachunterrichts, die in dem Bemühen um fachgemäße Arbeitsweisen zum Ausdruck kommt, soll die Unterforderung des Grundschülers überwunden werden.

1.3 Probleme bei der Lösung der Aufgabe

Bei kritischer Sichtung der Unterrichtsmittel und -vorschläge, die im Zuge der Reformbestrebungen vorgelegt wurden, werden einige Probleme erkennbar, die bei einer Revision des Sachunterrichts gelöst werden müssen. Sie werden zunächst aufgezeigt und dann in den folgenden Kapiteln weiter erörtert.

Die Intensivierung der fachlichen Grundlegungsarbeit darf nicht so verwirklicht werden, daß man lediglich Lehrinhalte und Unterrichtsmethoden der weiterführenden Schulen in die Grundschule »vorverlegt«. Das wäre weder psychologisch noch pädagogisch vertretbar.

Grundschulkinder lernen anders als Jugendliche und Erwachsene. Darin liegen die besonderen Schwierigkeiten, aber auch Möglichkeiten des Grundschulunterrichts. Kinder der Grundschulstufe haben ein stärkeres Tätigkeitsverlangen und ein größeres Ausdrucks- und Gestaltungsbedürfnis als Schüler der höheren Klassen. Jüngere Kinder lernen vieles sehr nachdrücklich im Spiel, z. B. im Rollen-, Regel- und Konstruktionsspiel, und beweisen dabei häufig eine reichere Phantasie und Wandlungsfähigkeit der Verhaltensweisen als die auf lebenspraktische Ziele ausgerichteten Erwachsenen. Egozentrische — nicht egoistische — Züge treten vor allem in den ersten beiden Grundschuljahren in Erscheinung. Fühlen, Handeln, Denken und Sprechen wirken beim Lernakt häufig eng zusammen. Werden diese und andere Eigenarten kindlichen Verhaltens bei schulischen Maßnahmen zu wenig berücksichtigt, dann sind nachteilige Auswirkungen zu befürchten, zumindest werden Aufwand und Erfolg in keinem günstigen Verhältnis stehen. Neue Unterrichtsmittel und -vorschläge sind daraufhin zu prüfen, ob sie der Lernweise von Grundschulkindern angemessen sind. Darauf weisen Erfahrungen in Schulen und Berichte in der Literatur hin (z. B. *Höcker* 1968).

Die Grundschuldidaktik steht somit vor der Aufgabe, Lehr- und Lernweisen zu entwickeln, die dem neuesten Stand der Wissenschaft u n d der Eigenart des Kindes im Grundschulalter entsprechen. Das ist der, zu Recht geforderten, Schulreform »von unten her« angemessen. Die Beiträge in diesem Buch sind unter der Zielsetzung entstanden, diesem doppelten Anspruch gerecht zu werden.

Unangemessenen Anforderungen wird auch dadurch vorgebeugt werden müssen, daß das Vorwissen der Kinder und der Leistungszuwachs durch den Unterricht möglichst genau festgestellt werden, wenn neue Wege im Sachunterricht beschritten werden (vgl. *Voigt* u. *Heyer* 1966, *Neuhaus* 1968).

Neben der Gefahr der unangemessenen Anforderungen lassen manche der neuen Vorschläge eine weitere erkennen: die des *mechanischen Lernens*. Das ist der Fall, wenn Arbeitsweisen, die die Schüler erwerben sollen, nur angelernt werden, ohne daß ihr Sinn von den Kindern wirklich verstanden wird. Um dies zu vermeiden, ist es notwendig, daß die Entfaltung des Problemverständnisses und der Erwerb neuer Arbeitsweisen Hand in Hand gehen. Die Einführung einer neuen Arbeitsweise ist nur dann didaktisch sinnvoll, wenn die Kinder sie zur Lösung einer Aufgabe als notwendig erkennen. Rezepthafte Anweisungen, die auf das Ausführen bestimmter Handgriffe abzielen, ohne daß dem Schüler der Gegenstand des Unterrichts zum Problem geworden ist, werden dieser Forderung nicht gerecht. Ein solches Anlernen neuer Arbeitsweisen kann zwar zu Scheinerfolgen führen und auch die Funktionslust, das Abwechslungsbedürfnis, die Neugier ... der Kinder befriedigen, hat aber mit einer wirklichen Grundlegungsarbeit für den Fachunterricht nichts zu tun. Auch aus pädagogischen Gründen genügt ein »Anlernen« von Arbeitsweisen nicht: Im Unterschied zu der nichtpädagogischen Auffassung, das Funktionieren von Arbeitsabläufen allein zu bewerten, zielen wir auf das Verständnis der Arbeit durch den Lernenden ab. Das geschieht auf Grund der Einsicht, daß nur jener Mensch zu einem selbständigen und kritischen Standpunkt gegenüber ihm gestellten Arbeitsanforderungen kommen kann, der stets um Sinnverständnis seines Arbeitens bemüht ist. — Eine besondere Schwierigkeit für die Anbahnung einsichtigen Lernens in der Grundschule liegt darin, überzeugende Fragestellungen zu finden, die zwingend neue fachgemäße Arbeitsweisen und Erklärungsmodelle erfordern. Einseitig vom Lehrer entwickelte Fragen, die den Kindern nicht zum eigenen Anliegen geworden sind, genügen genau so wenig wie sachlich unzulängliche Aufgabenstellungen.

Weitere Probleme sind mit der Einführung der *Fachsprache* und mit der *Verallgemeinerung von Ergebnissen*, die am Einzelfall gewonnen wurden, verbunden. Es kann nicht nachdrücklich genug darauf hingewiesen werden, daß die Übernahme fachsprachlicher Formulierungen durch die Kinder ohne zureichendes Sach- und Sprachverständnis erneut einen längst überwunden geglaubten Verbalismus heraufbeschwören kann. Hier ist die Forderung nach wie vor gültig, daß die Kinder um die sprachliche Bewältigung der Sachverhalte erst selbst ringen sollen, ehe sie Fachausdrücke übernehmen. — Unzulässigen Verallgemeinerungen kann dadurch vorgebeugt werden, daß allgemeine Sätze stets auf eine breite Erfahrungsgrundlage bezogen werden und die Schüler angeleitet werden, nach weiteren Fällen der Konkretion zu suchen. Außerdem sollen die Kinder lernen, allgemeine Aussagen immer wieder zu prüfen, wozu ihnen häufig Gelegenheit geboten werden soll. Diese Maßnahmen zielen auf die Entwicklung eines fachlichen Problembewußtseins, ohne das die Einführung fachgemäßer Arbeitsweisen ihren Sinn verliert.

Schließlich ist nach der *pädagogischen Rechtfertigung* für eine Einführung fachgemäßer Arbeitsweisen im Sachunterricht der Grundschule zu fragen. Das ist auch deshalb notwendig, weil nur wenige Unterrichtsstunden für viele Fachbereiche zur Verfügung stehen, woraus sich die Frage nach dem pädagogisch Wichtigen ergibt. Die »Fächer« stellen traditionelle Fragerichtungen des Menschen an die Welt dar (*Lubowsky* 1967). Die Fragen, zu denen der Sachunterricht die Kinder führt, und die Antworten, die er gibt, sollen den Schülern zur Bewältigung der eigenen Lebenssituation dienen. Dieser Aufgabe kann nur ein Sachunterricht gerecht werden, der fortlaufend überholte Fragestellungen und unwichtig gewordene Antworten zugunsten existentiell bedeutsamer ausscheidet. Das Abrücken vom Fach »Heimatkunde« ist ein Beispiel dafür. Das erfordert ein ständiges Bemühen um Orientierung am neuesten Stand der Fachwissenschaft, aber auch ständige pädagogische Reflexion über Inhalte und Methoden des Unterrichts. Die in den folgenden Kapiteln dargestellten Unterrichtsbeispiele sollen die Möglichkeit der Vorarbeit für einen modernen, wissenschaftsorientierten Sachunterricht der weiterführenden Schulen zeigen. Sie sollen aber auch zeigen, daß fachgemäße Arbeitsweisen in der Grundschule nicht nur eine Vorleistung für später darstellen sollen. Vielmehr versetzen sie das Kind in die Lage, sich mit seiner spezifischen Umwelt in selbständiger Weise auseinanderzusetzen und lebenswichtige Anforderungen zu meistern. Ferner ermöglichen sie ihm, Aufgaben zu erfüllen, die seine geistige Entwicklung fördern und der Entstehung einer verantwortlichen Haltung dienen. Darin ist eine eigenständige Zielsetzung des Grundschulsachunterrichts zu sehen.

Aus dieser Sicht wird auch deutlich, daß es dringend notwendig ist, eine einseitige Betonung des naturwissenschaftlichen Unterrichtsbereichs bei der Revision des Grundschulsachunterrichts zu vermeiden. Für den sozialwissenschaftlichen Bereich sind Vorschläge fachspezifischer Arbeitsweisen in der Literatur viel seltener. Es war deshalb ein Anliegen bei der Konzeption dieses Buches, auch solche Beiträge vorzulegen.

RAINER RABENSTEIN

2. Sozialformen als Lernziele im Sachunterricht des ersten und zweiten Schuljahres

2.1 Aufgabe

Sozialformen im Unterricht sind Formen der Zusammenarbeit von Lehrer und Schülern bzw. der Alleinarbeit im Auftrag des Lehrers, z. B. Klassenunterricht, Gruppenarbeit, Partner- und Einzelarbeit. Je nach Unterrichtsaufgabe werden diese Grundformen variiert. So kann der Lehrer im Klassenunterricht den Lehrstoff in verschiedener Weise darbieten, aber auch mit den Schülern über den Unterrichtsgegenstand ein Gespräch führen. Bei darbietendem Unterricht wird den Schulkindern die Rolle des Zuhörers oder Beobachters zugeteilt, beim Unterrichtsgespräch die Rolle des Gesprächspartners.

Die Sozialformen des Unterrichtens werden vom Lehrer als Hilfen zur Erreichung des Unterrichtsziels eingesetzt. Das gilt auch für den ersten und zweiten Schülerjahrgang. In den ersten Schuljahren kommt aber noch hinzu, daß ein häufiger Wechsel der Sozialformen auch aus arbeitshygienischen Gründen stattfinden soll. Jene Formen der Zusammenarbeit, bei denen die Schüler hauptsächlich zuhören oder zuschauen müssen und äußerlich passiv bleiben, führen leicht zu rascher Ermüdung und Arbeitsunlust. Sie kommen dem starken Betätigungsdrang und dem Abwechslungsbedürfnis junger Schulkinder zu wenig entgegen. Ein Anfangsunterricht ohne Wechsel der Sozialformen vernachlässigt die Eigenart kindlichen Lernens. Der in den ersten Schuljahren tätige Lehrer soll also die verschiedenen Sozialformen genau kennen und an jedem Unterrichtstag die Anwendung verschiedener Formen der Zusammenarbeit erwägen und planen. Hierfür stehen in der Literatur aufschlußreiche Unterrichtsbeispiele zur Verfügung (*Lichtenstein-Rother 1969, Denzel 1964, Wittmann 1967*).

Die veränderte Sicht der Aufgaben auch für den Sachunterricht der ersten Schuljahre läßt die Frage der Sozialformen in einem neuen Licht erscheinen. Wenn früher ein Wechsel der Sozialformen im Anfangsunterricht gefordert wurde, so standen das Kind und seine Bedürfnisse im Mittelpunkt der Erörterung. Jetzt tritt die Überlegung hinzu, welche Aufgabe den Sozialformen in einem Sachunterricht zukommt, der bereits im ersten und zweiten Schuljahr — in höherem Grade als bisher — fachliche Grundlegungsarbeit leisten soll. Bei solcher Betrachtung ergeben sich zwei Konsequenzen:

2.11 Beherrschung der Sozialformen als Voraussetzung fachgemäßer Arbeit in der Grundschule

Die Sozialformen stellen als Grundformen der Zusammenarbeit von Lehrer und Schülern die Voraussetzung für sachgerechtes (und fachgemäßes) Arbeiten dar. So ist die Beherrschung von Partner- und Gruppenarbeit die Voraussetzung dafür, daß physikalische oder biologische Schülerversuche durchgeführt werden können, die Befähigung zum Unterrichtsgespräch ist Bedingung dafür, solche Versuche gemeinsam zu planen, die Ergebnisse zu besprechen und Stellungnahmen herbeizuführen. Die Fähigkeit zur Alleinarbeit ist unerläßlich, damit mit Arbeitsanweisungen gearbeitet werden kann, wie sie bei vielen der neuen Schülerarbeitsmittel gegeben sind, damit Beobachtungen in und außerhalb der Schule mit Erfolg durchgeführt und die Ergebnisse selbständig aufgeschrieben werden können. Aus diesem Grunde gewinnt die Einführung in die Formen des Miteinander- und Alleinarbeitens vom ersten Schuljahr an erhöhte Bedeutung. Es spielt dabei zunächst keine Rolle, bei welchen Aufgaben eine solche Einführung in die Sozialformen des Unterrichts geschieht, sofern nur Unterrichtsgegenstand und Arbeitsweise einander entsprechen. Die elementare Form der Gruppenarbeit kann beim Zeichnen eines Wandtafelbildes durch die Schüler, beim Ordnen von Herbstblättern, beim Formen mit Knet erstmals verständlich gemacht und im Ansatz erlernt werden. Die Kinder können bei diesen einfachen Aufgaben erfahren, daß die Bereitschaft zur Zusammenarbeit und eine sinnvolle Aufgabenverteilung notwendig sind, damit Gruppenarbeit zum Erfolg führt. Es liegt nahe, für die Einführung in die Sozialformen Aufgaben zu wählen, die sachlich nicht schwierig sind, d. h. die im Hinblick auf die Arbeitsweise am Gegenstand nicht zu hohe Anforderungen stellen. Für anspruchsvolle Sozialformen, z. B. Gruppenarbeit gilt das in erhöhtem Maße.

2.12 Sozialformen als Inhalte einer elementaren Sozialkunde

Die Sozialformen gewinnen aber noch in einer anderen Hinsicht im ersten und zweiten Schuljahr an Bedeutung. Sie stellen nämlich Inhalte einer elementaren Sozialkunde dar und können deshalb selbst zum Gegenstand des Unterrichts werden. Das Unterrichtsgespräch, die Partnerarbeit, die Gruppenarbeit, die Alleinarbeit sind als Themen von Unterrichtseinheiten mit sozialkundlichem Schwerpunkt möglich und wichtig. Die pädagogische Rechtfertigung dafür lautet so: Sollen in der Schule soziale Aktivität, Kritikvermögen, Selbständigkeit und Verantwortungsbereitschaft der Schüler gegenüber der Gesellschaft geweckt und gefördert werden, so müssen Erziehung und Unterricht bei den Formen des Zusammenlebens und Zusammenarbeitens in der Schule einsetzen. Hier kann die Schule am Bild der zukünftigen Gesellschaft mitformen, indem sie diese Fragen von Anfang an aufgreift (vgl. *Schwartz* 1969, *Mücke* 1969). Die unter 2.11 dargestellte Aufgabe darf also keinesfalls als bloße Einschulung von Unterrichtsformen zum Zwecke der Leistungssteigerung verstanden werden. — Hinzu kommt, daß die — zeitbedingte — Betonung der naturwissenschaftlichen

Grundlegungsarbeit als Gegengewicht eine verstärkte Ausrichtung auf die soziale Wirklichkeit verlangt. Der mögliche Einwand, das »Schulleben« müsse zwar das Feld der Sozialerziehung sein, brauche aber deshalb nicht von Anfang an zum Gegenstand der Sozialkunde zu werden, ist nicht stichhaltig: Das soziale Gefüge der Klasse und die sozialen Prozesse müssen sachlich erörtert werden, damit soziales Verhalten auf Kenntnis und Verständnis der sozialen Fakten beruht, damit sachlich begründete Stellungnahmen der Schüler ermöglicht werden. Wenn eine solche denkende Auseinandersetzung mit dem Sozialverhalten im ersten und zweiten Schuljahr auch erst angebahnt werden kann, so ist das Zusammenwirken von Sozialkunde und Sozialerziehung prinzipiell auch auf dieser ersten Schulstufe notwendig, es sei denn, man mißversteht Sozialerziehung als bloße Verhaltenssteuerung durch den Lehrer. Daß es sich dabei nicht um einen Erziehungsakt handelt, hat vor allem Fischer herausgestellt (vgl. *Fischer* 1966).

Lernpsychologisch betrachtet, ist der Ausgang einer elementaren Sozialkunde von den Sozialerfahrungen der Schulanfänger in ihrer Klasse der am besten vertretbare Weg: Die soziale Wirklichkeit der Schulklasse ist hierfür ständiger Erfahrungshintergrund. Hier kann an »Ernstsituationen« gelernt werden, die von den Kindern »echte« Stellungnahmen verlangen. Die Anwendung des Gelernten kann dem Unterricht unmittelbar nachfolgen, wobei die Schüler sozial aktiv werden müssen. Die Ergebnisse des Unterrichts werden immer wieder erprobt und haben sich zu bewähren; die Folgen ihrer Entscheidungen werden den Kindern Tag für Tag vor Augen geführt. So ergibt z. B. der tägliche Unterricht und seine Nachbesprechung, ob eine gemeinsam beschlossene Regelung der gegenseitigen Hilfeleistung bei der Stillarbeit (Partnerarbeit) sinnvoll ist und ob die dafür angeführten Gründe wirklich stichhaltig sind. Somit stellen die Sozialformen des Unterrichts in sozialkundlicher Sicht elementare soziale Situationen dar, deren Bearbeitung sich im grundlegenden Sozialkundeunterricht geradezu aufdrängt (vgl. *Rabenstein/Haas* 1970). Es handelt sich um einen wichtigen, wenn auch nicht den einzigen Themenkreis der elementaren Sozialkunde. Dabei sollte auch bedacht werden, daß frühzeitig verfestigte soziale Verhaltensweisen nicht selten von weitreichender Bedeutung für den betreffenden Menschen sind; in manchen Bereichen wird das Verhalten vieler Erwachsener von Zügen mitbestimmt, die bereits im Kindesalter erworben wurden. Auch deshalb erscheint die Aufgabe wichtig, Grundformen der Zusammenarbeit in einer Lerngruppe, wie sie eine Schulklasse darstellt, immer wieder zum Gegenstand unterrichtlicher Betrachtung zu erheben. Das gilt um so mehr, wenn die Streuung der sozialen Voraussetzungen bedacht wird, die in jeder Schulklasse vorhanden ist (*Rolff/Sander* 1968). Die Sozialerziehung der Schulanfänger wird von dem Ziel bestimmt, die notwendige Verhaltensregelung im Schulleben der ersten Schuljahre nicht durch bloße Gewöhnung zu vollziehen, sondern durch frühzeitige Anleitung zu selbständigem und bedachtem Verhalten in der Gruppe.

2.2 Verfahren

2.21 Zur Repräsentation des Gegenstandes »Sozialform«

Es ergibt sich nun die Frage, welches Verfahren angewendet werden soll, um Sozialformen als Themen einer elementaren Sozialkunde im ersten und zweiten Schuljahr zu bearbeiten. Dabei ist davon auszugehen, daß Gegenstand und Methode einander entsprechen müssen. Soziale Phänomene werden u. a. durch Beobachten sozialen Verhaltens erfaßt. Somit müssen den Schulanfängern jene Erscheinungen vor Augen gestellt werden, die wir als »Unterrichtsgespräch«, »Partnerarbeit« usw. bezeichnen. Hier wird wohl eingewendet werden, daß bestimmte Sozialformen vom ersten Schultag an praktiziert werden. Das Unterrichtsgespräch, der darbietende Unterricht, die Einzelarbeit, vielleicht auch die Partnerarbeit werden in jeder ersten Klasse von Anfang an durchgeführt. Es liegt nahe, diese Erfahrungen zugrundezulegen, wenn eine Sozialform als Unterrichtsgegenstand bearbeitet werden soll. Dies allein wäre aber aus verschiedenen Gründen unzureichend. Zunächst ist einzuwenden, daß die Kinder die Sozialformen des Unterrichts anfangs nur sehr ungenau kennen und sich ihrer Rolle im Unterrichtsgeschehen noch nicht bewußt geworden sind. Der Ertrag einer Erhebung von Erfahrungen wird deshalb gering sein. Der Unterricht soll ja gerade dazu beitragen, die Sozialformen bewußt zu machen, detailliert kennenzulernen und die Formen der Zusammenarbeit in der Klasse zu verbessern.

Hinzu kommt, daß Beobachtung Distanz des Beobachters vom zu beobachtenden Objekt verlangt. Dies ist für Kinder nicht gegeben, die selbst am Geschehen beteiligt sind. Daß ein Beobachten sozialen Verhaltens aus der Distanz auch für den Erwachsenen sehr aufschlußreich sein kann, zeigen Tonbandaufnahmen von Tischgesprächen oder Beobachtungen des zwischenmenschlichen Verhaltens bei Mahlzeiten. Hier wird deutlich, wie wenig sich viele Menschen ihres eigenen Verhaltens in sozialen Situationen bewußt sind. Ein Schulanfänger, der am Unterrichtsgespräch seiner Klasse teilnimmt, ist kaum in der Lage, andere und sich selbst dabei zusätzlich zu beobachten. Es ist also notwendig, die Kinder in die Rolle des Beobachters zu versetzen, der aus der Distanz den Vollzug einer Unterrichtsform registrieren kann. Freilich ist dabei zu bedenken, daß es nicht um ein Beobachten wie im naturwissenschaftlichen Bereich geht. Es genügt nicht, die Vorgänge »von außen« zu erfassen, der Beobachtende muß sich in die beobachteten Personen hineinversetzen, um ihr Handeln als sinnvoll zu verstehen. Das ist möglich, wenn er an gleichen oder ähnlichen Vorgängen schon selbst beteiligt war und dabei ihren Sinnzusammenhang erfaßt hat. Bei der Beobachtung sozialen Verhaltens spielt die Erfahrung, die in ähnlichen Situationen erworben wurde, eine entscheidende Rolle. Aus dieser Überlegung ergibt sich, daß die früheren Erfahrungen der Schüler im Unterricht Voraussetzung für verständiges Beobachten sind, daß das Unterrichtsgeschehen aber aus der Distanz beobachtet werden soll, weil es sonst nicht zureichend erfaßt werden kann.

Der bloße Rückgriff auf frühere Erfahrungen der Schüler mit einer bestimmten

Sozialform ist auch deshalb unzureichend, weil der Schüler damals gar nicht auf Beobachtung des Geschehens eingestellt war. Erst durch Beobachtungsaufgaben wird der Schüler auf detaillierte Erfassung des Verhaltens ausgerichtet und wird Unterrichtsbeobachtung motiviert. Man darf auch erwarten, daß die mehrfach erfolgreich erfüllte Aufgabe, Unterricht zu beobachten, die Kinder dazu veranlaßt, später im Schulalltag öfters die Rolle des Beobachters einzunehmen und sich des eigenen Verhaltens und des Verhaltens anderer bewußt zu werden. Auf Grund dieser Einsichten ist nun zu überlegen, welche Möglichkeiten bestehen, Grundschulkindern Unterrichtssituationen so vor Augen zu stellen, daß eine gründliche Beobachtung aus der Distanz gesichert ist. In erster Linie bieten sich Tonfilm (Tonband) und szenische Darstellung von Unterrichtssituationen an. Der Tonfilm hat den Vorzug, daß die Ernstsituation wirklichkeitsgerecht dargestellt werden kann. Leider sind nur sehr wenige Filme vorhanden, die sich für die hier beschriebene Aufgabe einigermaßen eignen. So bleibt die szenische Darstellung die überall verwendbare Form zur Demonstration von Unterrichtssituationen. Dies kann so geschehen:

Eine Unterrichtssituation, die sich für die Erfassung einer bestimmten Sozialform besonders eignet, wird von mehreren Schülern szenisch dargestellt. Wenn dafür gesorgt wird, daß die Kinder den Zweck ihrer Darstellung kennen und der Ablauf gut vorbereitet ist, wird dadurch eine gute Voraussetzung für die folgende denkende Durchdringung geschaffen. Die szenische Darstellung hat den Vorzug, daß sie in abgeänderter Form wiederholt werden kann und daß andere Kinder streckenweise einbezogen werden können, z. B. zu Verhaltenskorrekturen der Darstellungsgruppe. Sie hat den Nachteil, daß sie keine Ernstsituation darstellt. Es ist deshalb wichtig, immer wieder den Bezug zu Ernstsituationen im Unterricht herzustellen.

Da die Kinder bei der szenischen Darstellung Verhaltensweisen produzieren müssen, wird nicht nur eine Auseinandersetzung mit vorgegebenem Verhalten erreicht, wie beim Tonfilm, sondern auch die Gestaltung des eigenen Verhaltens nach verstandenen Sinnmotiven. Das gilt für die »Spieler« im Darstellungsspiel, aber auch für die Mitschüler, die streckenweise aus der Rolle des Beobachters in die des Darstellers überwechseln. Die Erfahrungsbildung durch Beobachtung und Darstellung entspricht der Struktur der sozialen Sachverhalte. Die beste Möglichkeit wäre in der Verbindung von Tonfilm und szenischer Darstellung zu sehen.

2.22 Zum Aufbau des Unterrichts

Bisher stand das Problem der Repräsentation des Gegenstands im Mittelpunkt. Nun wenden wir uns der Frage nach den sachlogisch und lernpsychologisch bedingten Schritten zu, die sich für den Ablauf des Unterrichts ergeben. Dabei sind eine logisch notwendige Abfolge und weitere Variationsmöglichkeiten innerhalb dieser Aufeinanderfolge von Schritten zu unterscheiden.

Der *erste Schritt* dient der Einführung der Schüler in die Aufgabe und der Vermittlung von Erfassungskategorien. Die Kinder sollen ja nicht nur »Zuschauer«, sondern »Beobachter« sein. Es ist aber eine psychologische Tatsache, daß derjenige besser sieht, der etwas von der Sache weiß. Hinzu kommt, daß jede Beobachtungsaufgabe ein Anliegen des Lernenden sein soll. Der Gegenstand der Beobachtung soll dem Lernenden zum Problem, zur Frage geworden sein. Diese Frage stellt den Anlaß des Beobachtens dar und richtet zugleich den Blick auf jene Punkte des Geschehens, die für die Beantwortung der Frage wichtig sind. Es ergibt sich also die methodische Aufgabe, in einem ersten Schritt eine Fragehaltung zu erzeugen, die die Beobachtung des Unterrichtsgegenstands zwingend verlangt, und Kategorien zur Erfassung des Gegenstands bereitzustellen.

Dieser erste Schritt kann in verschiedener Weise verwirklicht werden. Einige Variationen, denen aber immer das gleiche Anliegen zugrunde liegt, seien kurz dargestellt: Ausgangspunkt kann die Erklärung des Lehrers sein, daß eine Unterrichtsaufgabe besteht, die Lehrer und Schüler miteinander ausführen sollen. Dies wird auf dieser Schulstufe am konkreten, einfachen Fall verdeutlicht. Die Kinder müssen wissen, daß ein klar bestimmtes Lernziel besteht, das durch Zusammenarbeit aller am Unterricht Beteiligten erreicht werden soll. Dann wird über die Art der Zusammenarbeit gesprochen, durch die dieses Lernziel am besten erreicht werden kann. Diese Form kann z. B. das Unterrichtsgespräch sein. Die Kinder lernen den Namen der Unterrichtsform kennen. Am konkreten Fall wird die Einsicht gewonnen: Damit das Lernziel erreicht wird, muß die Form der Zusammenarbeit von allen richtig beherrscht werden. Diese Erkenntnis richtet die Aufmerksamkeit auf die Merkmale der Unterrichtsform. Beim »Unterrichtsgespräch« z. B. können folgende Punkte zur Sprache kommen: Je mehr Schüler sich am Gespräch beteiligen, um so besser wird der Ertrag sein. — Jeder muß so reden, daß die anderen ihn verstehen können. — Die Zuhörer sollen bei der Sache sein. Sie sollen den Sprecher ausreden lassen. — Sie sollen auf das eingehen, was er gesagt hat. — Der Sprecher muß zur Sache reden, sonst stört er das Gespräch... Diese Aussprache über das »Unterrichtsgespräch« bezieht sich immer auf das spezifische Unterrichtsthema. Die Ausdrücke der Kinder werden oft unbeholfen sein, aber sie sind als Ansatz zum Nachdenken über die Unterrichtsform wichtig. Die Erfahrungen schlagen sich nieder, die die Kinder bereits mit dem Unterrichtsgespräch gemacht haben. Der Lehrer hilft bei den Formulierungen.

Bereits in dieser der Beobachtung vorausgehenden Aussprache oder in der nachfolgenden Besinnung kann darüber gesprochen werden, warum gerade für diese Lernaufgabe ein Unterrichtsgespräch wichtig ist. So entsteht ein erster Eindruck davon, daß ein Unterrichtsgespräch »sachbezogene Zusammenarbeit in Gesprächsform auf ein Lernziel hin« bedeutet.

Da darauf abgezielt wird, beim folgenden zweiten Unterrichtsschritt eine Unterrichtssituation zu beobachten, können durch die Aussprache Beobachtungsaufgaben vorbereitet werden. Es ist möglich, dabei Hauptmerkmale der Unterrichtsform in den Blick zu rücken und verschiedene »Beobachtungsrichtungen«

zu schaffen. Am Beispiel des Unterrichtsgesprächs gezeigt: Wir überlegen, worauf ein Beobachter achten müßte, der dem Unterrichtsgespräch zuhört:

1. Beteiligung (Haben sich viele Kinder am Gespräch beteiligt? Warum haben nicht alle mitgeredet?
2. Zusammenarbeit (Haben die Kinder einander zugehört? Sind sie aufeinander eingegangen? Haben sie deutlich und verständlich geredet?
3. Sachbezug (Wurde immer zur Sache geredet? Wurde Unwichtiges gesagt?)
4. Ertrag (Welche Beiträge waren besonders wichtig?) . . .

Rückblickend wird deutlich, daß in diesem Fall die Ankündigung einer den Kindern gut verständlichen und wichtig erscheinenden Lernaufgabe zur Aussprache über die Unterrichtsform geführt hat.

Es gibt aber auch andere Möglichkeiten, den ersten Schritt zu vollziehen: Der Anlaß zum Gespräch über eine Unterrichtsform kann die Erfahrung in der eigenen Klasse sein. So kann z. B. eine in Gruppen durchgeführte Arbeit gescheitert sein oder kann erhebliche Schwierigkeiten bereitet haben. Es ist möglich, den mißglückten Unterrichtsablauf noch einmal in Erinnerung zu rufen, ihn mit Worten zu rekonstruieren, vielleicht sogar ihn teilweise szenisch darzustellen. Daran kann sich die Aufforderung anschließen: »Wir sollten überlegen, warum dieser Unterricht (gestern) so schlecht verlaufen ist!« Das führt zur Frage nach dem Ziel des (gestrigen) Unterrichts und nach der Form der Zusammenarbeit, mit deren Hilfe die Aufgabe gelöst werden sollte.

Besteht der Anlaß einer eigenen nachdrücklichen Erfahrung der Kinder nicht, so kann er auch geschaffen werden. Es ist möglich, ein verunglücktes Unterrichtsgespräch, eine fehlgegangene Partner- oder Gruppenarbeit . . . in eindrucksvoller Weise szenisch darzustellen, um den Anlaß zu einem Gespräch über die Unterrichtsform zu schaffen.

Der Ausgangspunkt kann aber auch der sein, daß der Lehrer den Namen der Unterrichtsform an die Tafel schreibt, z. B.: »Partnerarbeit«. Die Frage: »Was bedeutet das?« zieht die Überlegung nach sich: »Haben wir das eigentlich schon einmal gemacht?« Die Erfahrungen der Kinder werden aktiviert und gesammelt. Nun setzt der Lehrer das Ziel des Unterrichts: »Wir wollen in nächster Zeit oft Partnerarbeit durchführen. Heute wollen wir lernen, wie es geschehen soll.« Auch hier ist es aus lernpsychologischen Gründen nötig, den konkreten Fall einer Lernaufgabe in den Mittelpunkt zu stellen. Die Kinder erarbeiten im Gespräch mit dem Lehrer, welche Punkte beachtet werden müssen, damit diese Lernaufgabe in Partnerarbeit gelingt. Das führt zur Zusammenstellung von Verhaltenskriterien. Sie verlangen nach Erprobung. Das kann zur Durchführung des Partnerunterrichts mit nachfolgender Besinnung führen oder zur Demonstration von Partnerarbeit zum Zwecke der Beobachtung.

Es hat sich gezeigt, daß verschiedene Möglichkeiten für den Vollzug dieses ersten Unterrichtsschrittes bestehen. Gemeinsam ist ihnen, daß der Gegenstand »Unterrichtsform« den Schülern in den Blick gerückt und in Frage gestellt wird, ferner, daß die Merkmale, die den Gegenstand kennzeichnen, in einer zunächst noch groben Weise herausgestellt werden. Dieses Vorgehen ist in der Sache begründet; die verschiedenen Gestaltungen stellen Modifikationen dar, die lernpsychologischen Überlegungen im Hinblick auf die Individuallage der Klasse entspringen.

Damit sind die Voraussetzungen für den *zweiten Unterrichtsschritt* geschaffen. Die Kinder sind nun in der Lage, eine Unterrichtssituation daraufhin zu beobachten, wie die Beteiligten ihre Rollen erfüllen, und zu beurteilen, ob sie damit einen Beitrag zur Erreichung des Unterrichtsziels leisten. Der zweite Unterrichtsschritt besteht nun im Vollzug eines kurzen Unterrichtsablaufs zum Zwecke gezielter Beobachtung. Es wurde schon erörtert, daß dies in der Regel in der Form einer szenischen Darstellung geschehen wird. Es erweist sich als zweckmäßig, den Ablauf einmal oder mehrere Male zu wiederholen, u. U. an verschiedenen Tagen. Bei den Wiederholungen kann die Darstellung merkmalsreicher werden, sie kann gegenüber den vorausgehenden korrigiert werden, es können die Darsteller gewechselt werden. — Es ist notwendig, die erste Darstellung gut vorzubereiten. Handelt es sich z. B. darum, den Ablauf einer Gruppenarbeit szenisch darzustellen, so kann der Lehrer acht Schüler auswählen, mit denen er am Tage vorher die kleine Szene gründlich übt. Er kann zwei Vierergruppen bilden, von denen jede ein Wandtafelbild als Gemeinschaftsarbeit anfertigen soll. Die beiden Gruppen erhalten Wandtafelflächen an der Seitenwand des Klassenzimmers zugewiesen. Die eine Gruppe wird darauf vorbereitet, eine gute, die andere, eine in der Zusammenarbeit mißglückte Leistung darzustellen. Die »gute« Gruppe lernt, in leisem Gespräch die Arbeit unter die Gruppenmitglieder aufzuteilen und dabei die Gliederung der Zeichnung vorzusprechen. Der Lehrer wird ein Thema wählen, das sich dafür besonders gut eignet, z. B. »Verschiedene Vögel kommen zum Vogelhaus«. Selbstverständlich steht die Aufgabe im Rahmen der laufenden Unterrichtsarbeit. Ferner ist — wie immer — die Anleitung des Lehrers zur Unterstützung der Kinder nötig, hier z. B. durch Angaben, was alles auf dem Bild erscheinen soll und worauf es besonders ankommt. (An Stelle der Zeichnung könnte bei der Einführung der Gruppenarbeit die Darstellung einer Tabelle an der Wandtafel oder auch eine Werkarbeit stehen — immer aber muß es sich um Abläufe handeln, deren Vollzug und Ergebnisse für die Beobachter gut sichtbar sind.) Die »schlechte« Gruppe wird darauf vorbereitet, Fehler zu demonstrieren, z. B. ohne gemeinsame Vorüberlegungen sofort zu beginnen, Bildelemente fälschlich mehrfach zu zeichnen (Vogelhäuser), andere wegzulassen, sachlich wichtige Größenverhältnisse unbeachtet zu lassen usw. Am Schluß soll für die Beobachter deutlich werden, daß bei der »guten« Gruppe ein gemeinsames »Werk« entstanden ist, das der Aufgabe entspricht, bei der »schlechten« Gruppe nicht. Wenn die Beobachter erkennen, daß in einem Fall die Kinder zusammengearbeitet haben, im anderen Falle nicht, und Zusammenarbeit und Ergebnis in einigen Merkmalen aufeinander beziehen, ist eine wichtige Grundeinsicht erworben. Damit die Mitglieder der »schlechten« Gruppe nicht benachteiligt sind, wird der Lehrer später klarstellen, daß die schlechte Leistung nur demonstriert wurde.

Die hier angedeutete szenische Darstellung ist nur eine Möglichkeit unter verschiedenen. Es kann auch nur mit einer Gruppe gearbeitet werden, wobei die Möglichkeit des echten Versuchs besteht: »Die Gruppe soll versuchen, in gemeinsamer Arbeit ein Bild zu zeichnen. Wir beobachten sie dabei!« Dieser Weg hat den Vorzug, die nicht-präparierte Wirklichkeit darzustellen, den Nachteil, daß wichtige Verhaltensweisen zu wenig deutlich werden und Nebensächlichkeiten in den Vordergrund treten können. — Diese Szenen der »schlechten« und der »guten« Gruppe können auch nacheinander dargestellt werden.

Der zweite Schritt der »Vergegenwärtigung der Situation« erlaubt also, wie der erste, verschiedene Variationen. Die Art der Gestaltung hängt vom Thema, von der Individuallage, aber auch von der pädagogischen Zielsetzung ab. — Aus der Erörterung des ersten Unterrichtsschrittes geht hervor, daß es auch möglich wäre, beim zweiten Schritt auf eine Demonstration zu verzichten. An ihre Stelle könnte der Versuch treten, die (neue) Unterrichtsform mit der ganzen Klasse zu vollziehen. Freilich würde hier der Nachteil eintreten, daß die Kinder gleichzeitig als Teilnehmer agieren und sich selbst und ihre Mitschüler beobachten müßten. Dieser Nachteil wäre aber jetzt nicht mehr so schwerwiegend, weil die Beobachtung durch den ersten Schritt gut vorbereitet wurde und weil durch Wiederholung des Ablaufes die Aufmerksamkeit mehr und mehr auf die Beachtung der Zusammenarbeit gelenkt werden kann. Es ist auch möglich, die Beobachtung der szenischen Darstellung und den Vollzug der Unterrichtsform mit der ganzen Klasse in verschiedener Weise zu kombinieren.

Bei diesem zweiten Unterrichtsschritt sind Aufgabenstellung und Organisation für den Erfolg besonders wichtig. Die Kinder müssen wissen, daß es jetzt darum geht, die Zusammenarbeit der am Unterricht Beteiligten so genau als nur möglich zu beobachten. Die Gesichtspunkte hierfür wurden vorher erarbeitet und werden nochmals in Erinnerung gerufen. Zu den Fragen der äußeren Organisation gehört, die Sitzordnung so zu gestalten, daß gute Beobachtungsmöglichkeit besteht. Das bedeutet beim Beispiel »Gruppenarbeit an der Wandtafel« für die Beobachter, ihre Stühle so zu stellen, daß sie beide Gruppen gut im Blick haben und sich gegenseitig nicht behindern. Der vollzogene zweite Unterrichtsschritt sollte zu dem Ertrag geführt haben, daß zahlreiche Beobachtungen über die Zusammenarbeit bei einer bestimmten Unterrichtsform gesammelt wurden.

Dadurch ist der *dritte Unterrichtsschritt* vorbereitet, der der Verarbeitung der Erfahrungen dient. Hierzu gehört zunächst die Klärung des Beobachteten. Die Frage »Was ist geschehen?« steht im Vordergrund. Es ist häufig so, daß einzelne Kinder wichtige Einzelheiten nicht bemerkt oder falsch verstanden haben. Darum müssen zuerst die wichtigen Beobachtungen gesammelt, geklärt und besprochen werden, um eine Basis für die folgende Besinnung zu schaffen.

Die Besinnung führt zu Einsichten, die sich auf den konkreten Fall beziehen, z. B.: »Die Kinder müssen miteinander ausmachen, was jeder zu zeichnen hat, sonst werden mehrere Vogelhäuser gemalt.« Manchmal kommt es zu treffenden Verallgemeinerungen, die Grundeinsichten in den sozialen Zusammenhang der Gemeinschaftsarbeit darstellen, z. B. »Ein gemeinsames Bild gelingt nur, wenn jeder auf den anderen achtet und sich daran hält, was vorher ausgemacht ist.« So wichtig und so erfreulich solche Feststellungen sind, so sollte sich der Lehrer hüten, sie zu erzwingen oder gar zu geben, wenn noch kein Verständnis dafür besteht, weil sie nur als echtes »Aha-Erlebnis« fruchtbar sind. Verallgemeinerungen, wie »Ein gemeinsames Werk hängt von der Zusammenarbeit aller Beteiligten ab« übersteigen in der Regel die Verständniskraft der Kinder auf dieser Stufe. Es geht lediglich darum, kleine Schritte der Verallgemeinerung anzubahnen.

Auf der Stufe der Besinnung ist es wichtig, Erfahrungen der Kinder heranzuziehen und zu verarbeiten. »Ich habe auch schon einmal mit meiner Schwester zusammen ein Bild gemalt. Wir haben vorher ausgemacht, daß ...« Solche Beiträge gilt es immer wieder zu provozieren, damit die Schularbeit zum Bezugspunkt außerschulischer Erfahrung wird. Dabei ist es möglich, die Übertragung der bei der Wandtafelzeichnung erworbenen Kenntnisse und Einsichten auf andere Bereiche anzubahnen. Das kann vom Basteln und Handarbeiten der Kinder bis zu häuslichen Hilfsdiensten reichen. Da solche Übertragungen für den Erfolg besonders wichtig sind, wird der Lehrer der Unterrichtseinheit »Gruppenarbeit beim Wandtafelzeichnen« womöglich weitere Einheiten zum Thema Gruppenarbeit folgen lassen und so eine breite Erfahrungsgrundlage für die Verallgemeinerung der Aussagen schaffen.

Zur »Verarbeitung« der gesammelten Erfahrungen gehört es aber auch, daß praktikable Regeln aufgestellt werden, in denen das erworbene Wissen festgehalten und angewendet wird. Beim Thema »Gruppenarbeit« können solche Regeln lauten: Vor Beginn der Arbeit werden die Aufgaben verteilt. Während der Arbeit muß jeder auf die Mitarbeiter achten. Zuletzt prüfen wir, ob die Teilarbeiten zusammenpassen.

Es wäre falsch, würde man in solchen Regeln den Hauptzweck des Unterrichts sehen. Daneben stehen gleichberechtigt das Beobachtenlernen sozialen Verhaltens und das Bedenkenlernen sozialer Zusammenhänge. Eine einseitige Betonung der Regeln kann leicht dazu führen, daß bloße Verhaltensregelung an Stelle sozialer Einsichtnahme tritt. Der Lehrer, dem es vor allem auf Regeln ankommt, hätte einfacher verfahren können: Er hätte an Stelle der Beobachtung von Gruppenarbeit und der Besinnung über die Beobachtungen selbst Regeln aufstellen und Gruppenarbeit »einschulen« können. *Der Sinn unseres Vorgehens liegt darin, die Kinder zu selbständiger Auseinandersetzung mit sozialen Phänomenen zu führen, nicht zu blindem Regelgehorsam.* So verstanden, müssen die Regeln, die wir aufstellen, immer wieder — am neuen Fall — in Frage gestellt und in ihrer relativen Gültigkeit sichtbar gemacht werden.

Über den Schritt der Besinnung bei der ersten Unterrichtseinheit und nachfolgenden hinaus, findet die Arbeit im täglichen Unterricht ihre ständige Anwendung. Wird dies versäumt, so verliert der beschriebene Unterricht seine wichtigste Bedeutung. Immer, wenn es um die Zusammenarbeit von Gruppen geht, kann auf die Kenntnisse und Einsichten zurückgegriffen werden, die bei der geschilderten Einführung in die Gruppenarbeit erworben wurden. Die Unterrichtseinheiten, die der Einführung der Sozialformen dienen, werden so zum Bezugspunkt, der immer wieder aufgesucht wird, wenn im Schulalltag ähnliche Fragen berührt werden. Dabei wird das erworbene Wissen gefestigt, erweitert und in Frage gestellt. Zur Fehlform würde ein solches Unternehmen, wenn es einseitig auf Leistungssteigerung durch Arbeitsteilung gerichtet wäre. Dies wiederspräche dem Grundgedanken dieser Darstellung.

2.3 Unterrichtsbeispiele

2.31 Einzelarbeit (im 1. Schuljahr ab Monat Januar)
Thema: Wir bauen Wörter

Vorbemerkung: Der Unterricht findet zu einem Zeitpunkt statt, an dem sich die Mehrzahl der Kinder auf der Stufe der Analyse (der Hauptstufe) des Leselehrgangs befindet. Die Aufgliederung einiger Wörter in alle Laute und Buchstaben wurde bereits gelernt. Bei dieser Unterrichtseinheit wird mit dem Buchstabensetzkasten oder mit einer Hafttafel (Flanell-, Kletten- oder Magnettafel) gearbeitet. In ähnlicher Weise kann aber auch das Erlernen des richtigen selbständigen Abschreibens (in Schreib- oder Druckschrift) geschehen. Dann werden die dargestellten Aufgaben sinngemäß schreibend ausgeführt. In vereinfachter Form (ohne akustischen Aufbau der Wörter) läßt sich die Unterrichtseinheit schon im ersten Jahresdrittel des ersten Schuljahrs mit Erfolg durchführen.

Didaktische Erläuterung: Das richtige selbständige Darstellen von Wörtern bei Hausaufgaben und Stillarbeit in der Schule wirkt sich erheblich auf den Erfolg des Lesen- und Schreibenlernens aus. Fehlformen, wie z. B. das Nachbilden des Schriftvorbildes Buchstabe für Buchstabe oder das oberflächliche Darstellen ohne nachfolgende Kontrolle am Vorbild verfestigen sich sehr leicht und wirken dann hemmend und störend bis in die folgenden Schuljahre hinein. Es geht hier darum, eine sachgerechte Arbeitsweise von Anfang an richtig zu lernen, um den optimalen Erfolg des Lesen- und Schreibenlernens zu sichern.
Darüber hinaus werden hier übertragbare Kenntnisse, Verhaltensweisen und Normen für selbständige Alleinarbeit am ganz einfachen und für Schulanfänger gänzlich durchschaubaren Fall gelernt. Dazu gehört u. a., daß bei selbständiger Alleinarbeit die Arbeitsanweisung genau beachtet werden muß, daß die Besinnung auf das richtige Vorgehen besonders wichtig ist, weil der Lernende auf sich allein gestellt ist, daß jedes Teilergebnis auf seine Richtigkeit kontrolliert

werden muß. Im nachfolgend beschriebenen Unterricht wird eine Grundeinsicht angebahnt, die für erfolgreiches Alleinlernen von ausschlaggebender Bedeutung ist: Der Alleinlernende muß jenes Verfahren wählen, bei dem er am meisten lernen kann, nicht aber jenes, mit dem die gesetzte Aufgabe am raschesten erfüllt wird. Der Blick wird auf den Zweck des Alleinlernens gelenkt: Der Schüler soll lernen, sich selbst zu bilden. Da das Freiwerden von fremder Hilfe gerade Schulanfängern als erstrebenswertes Ziel erscheint, kann die Unterrichtseinheit in wirkungsvoller Weise zur Motivierung des Lernens beitragen.

Zu einem späteren Zeitpunkt, wenn es um die Einführung der Gruppenarbeit geht, wird auf die Bedeutung der Alleinarbeit für das Gelingen eines gemeinsamen Werkes zurückgegriffen werden. Dann wird der soziale Bezug der Alleinarbeit stärker in den Vordergrund gerückt.

Unterrichtsablauf

An einem Flügel der Wandtafel hat der Lehrer eine Wörtergruppe aus der Fibel (oder eine eigene Wörterzusammenstellung, die die Kinder später vervielfältigt erhalten) geschrieben:

Wurst
Mund
Kuchen
ruft
lustig
schmutzig   (Fibel *Kinderland*, S. 73)

Er gibt folgende Arbeitsanweisung: »Jedes Kind soll diese Wörter an seinem Setzkasten (auf seiner Magnettafel) mit Buchstaben bauen.« Einige Kinder wiederholen die Arbeitsanweisung. Der Lehrer fährt fort: »Wir beginnen aber nicht sofort, sondern wollen erst einige Kinder bei der Arbeit beobachten. Ihr sollt feststellen, welches Kind die Arbeit am besten ausführt. Zuerst seht ihr, wie Peter arbeitet. Beobachtet ihn genau, wir wollen nachher darüber sprechen.«

1. Szene

Der große Setzkasten (Die Hafttafel) steht neben der Wandtafel etwas schräg zur Klasse, so daß alle Kinder Peter bei der Arbeit gut beobachten können. Wenn ein Podium vorhanden ist, wird Peters Arbeitsplatz erhöht. Bei großen Klassen ist es zweckmäßig, die weit hinten Sitzenden mit ihren Stühlen nach vorne kommen zu lassen. Peter wurde am Vortage vom Lehrer in seine Aufgabe genau eingewiesen. Nun demonstriert er das Arbeitsverhalten mit deutlichen Bewegungen.

Er blickt zur Wandtafel, nimmt den Buchstaben W aus dem Fach des Setzkastens und stellt ihn auf die Leiste. Dann blickt er wieder zur Wandtafel, holt den Buchstaben u und stellt ihn neben das W. So verfährt er auch mit den anderen Buchstaben, bis das erste Wort fertig ist. Dann beginnt er sofort mit dem zweiten Wort. Es dauert nicht lange, bis er auch das zweite Wort gesetzt hat.

Nun beginnt er mit dem dritten. Nachdem einige Wörter auf diese Weise entstanden sind, bricht der Lehrer die Arbeit ab und bittet Peter, Platz zu nehmen.

Aussprache

Nun wendet sich der Lehrer an die Klasse: »Was meint ihr dazu?«
»Peter hat schnell gemacht. Das ist ganz schnell gegangen.«
»Er hat die Buchstaben richtig (ordentlich) nebeneinander gelegt.«
»Bei Wurst ist zu wenig Platz.« (Abstand zum nächsten Wort — wird verbessert.)
»Der Peter hat jeden Buchstaben immer wieder angeschaut. Ich hätte das Wort auf einmal gebaut.«
»Wir wollen jetzt noch nicht sagen, ob es Peter gut oder schlecht gemacht hat. Ich möchte gern wissen, ob ihr scharf beobachtet habt. Berichtet ganz genau, was Peter getan hat!«

Mit Hilfe des Lehrers wird nun Peters Handeln rekonstruiert. Zuletzt wird Peter nochmals an den Setzkasten gerufen und baut ein weiteres Wort, damit man feststellen kann, ob alles über sein Verhalten gesagt wurde.

»Jetzt überlegen wir, ob Peter es richtig gemacht hat!«
Zuerst wird die Arbeitsanweisung wiederholt, die der Lehrer gegeben hat. Die Kinder stellen zunächst fest, daß sich Peter an die Arbeitsanweisung gehalten hat.

Dann wird Kritik laut, wobei sich die Kinder an der in der Klasse üblichen Verfahrensweise orientieren:
»Peter hat die Wörter gar nicht zuerst gelesen. Vielleicht kann er sie gar nicht lesen. Er muß zuerst jedes Wort lesen, dann darf er es erst bauen.«
»Der Peter hat immer nur einen Buchstaben hingelegt. Er soll aber das ganze Wort auf einmal bauen.«
»Da lernt er nichts dabei, wenn er es so macht, ich muß zu Hause immer ganze Wörter auf einmal bauen.«
»Könnt ihr den Peter anreden und ihm sagen, wie er es richtig machen muß?«
»Peter, du sollst die Wörter erst lesen und dann erst bauen!«
»Peter, du sollst nicht bei jedem Buchstaben auf die Wandtafel schauen!«
»Peter, du sollst ein Wort lesen und dann die Wandtafel (Tafelflügel) zumachen. Dann sollst du das Wort aus dem Kopf bauen!«
»Beim Bauen soll der Peter auch leise mitsprechen. So: W-Wu-Wur-Wurs-Wurst.«

Zuletzt sagt der Lehrer, daß Peter die Arbeit nur vorgespielt hat, damit die Klasse beobachten kann und lernt, wie man es richtig macht.

2. Szene

Nun wird Sibylle an die Tafel gerufen. Der Lehrer erklärt: »Sibylle wird die Arbeit anders ausführen. Beobachtet, ob sie es richtig macht.« Die von Peter gesetzten Wörter werden rasch weggeräumt. Der andere Wandtafelflügel wird geöffnet und es erscheint eine neue Wörtergruppe:

Nase
Kasper
fallen
Straße
tanzt
lacht   (Fibel *Kinderland*, S. 73)

Sibylle schaut das erste Wort an, liest es deutlich halblaut vor, schließt den Tafelflügel und beginnt dann, das Wort zu setzen. Dabei spricht sie nicht mit. Beim zweiten Wort verfährt sie ebenso, vergißt aber beim Setzen den Buchstaben e. Die Kinder wollen sofort Einwendungen machen, der Lehrer fordert sie aber auf, abzuwarten. Beim dritten Wort setzt Sibylle nur ein l. Bei »Straße« vergißt sie das r. Dann bricht der Lehrer ab.

Zunächst werden unter lebhafter Beteiligung der Kinder die Fehler verbessert. Die sofortige Richtigstellung ist notwendig, damit sich keine falschen Schriftbilder einprägen. Dann lenkt der Lehrer das Gespräch auf das Verhalten von Sibylle:

»Seid ihr damit einverstanden, wie Sibylle es gemacht hat?«

»Nein, Sibylle hat so viele Fehler gemacht.«

»Das kommt davon, weil sie nicht laut mitgebaut hat. Sie hat die Wörter nur gelesen, aber nicht wieder gebaut.«

»Findet ihr noch mehr Fehler, die Sibylle gemacht hat?« ...

»Meiner Meinung nach war Sibylle viel zu rasch fertig.«

»Sibylle muß jedes Wort noch einmal nachschauen, das sie gebaut hat.«

»Sie muß noch einmal auf der Tafel nachschauen, ob sie die Wörter richtig geschrieben hat.«

»Sibylle muß kontrollieren, ob sie die Wörter richtig geschrieben hat. Sie muß ihre Wörter mit den Wörtern an der Tafel vergleichen.«

»Sibylle hat noch einen Fehler gemacht. Sie hätte die Wörter nicht bloß lesen, sondern gleich bauen sollen.«

»Da hast du recht! Das ist die beste Vorübung dafür, daß sie es nachher richtig macht. — Jetzt wollen wir Sibylle sagen, wie sie es das nächste Mal besser machen muß.«

»Sibylle, du sollst die Wörter nicht nur lesen, sondern auch bauen!«

»Sibylle, du sollst beim Setzen mitsprechen!«

usw.

»Peter war rasch fertig und hatte alle Wörter richtig. Sibylle hat etwas länger gebraucht und hatte einige Fehler. Überlegt, wer es besser gemacht hat, Sibylle oder Peter!«

Hier werden die Kinder zum Vergleich und zu überlegter Stellungnahme aufgefordert. Die Worte des Lehrers werden als Herausforderung zum

Nachdenken empfunden. Das gelingt nur, wenn die Klasse immer wieder in dieser Weise angesprochen wird.

»Peter hat es besser gemacht, Peter hatte wenigstens alles richtig.«
»Aber Sibylle hat aus dem Kopf gebaut. Peter hat die Wörter vielleicht gar nicht gewußt.«
»Du hast recht. Sibylle hat versucht, die Wörter aus dem Kopf zu bauen. Sie hat ja deshalb die Tafel zugemacht. Sie wollte mehr leisten als Peter. Man kann mehr lernen, wenn man so arbeitet wie Sibylle.

Aber Sibylle hat ihre Arbeit nicht richtig ausgeführt. Wir wollen jetzt noch einen Mitschüler bei der Arbeit beobachten, nämlich Winfried. Beobachtet, ob Winfried alles richtig macht!«

3. Szene

Es wäre jetzt auch möglich, ein anderes Kind der Klasse aufzufordern, die Arbeit richtig auszuführen: Der Lehrer hat aber Winfried darauf vorbereitet, um ein möglichst deutliches Beispiel für die richtige Arbeitsweise zu geben. Winfried führt die Arbeit — nochmals an der ersten Wörtergruppe — langsam und in allen Einzelheiten gut erkennbar vor. Die Verbalisierung des Vorgangs und Vergleiche mit Peters und Sibylles Arbeitsverhalten schließen den Unterrichtsablauf ab.

Anwendung des Gelernten

Die nächste Anwendung am folgenden Schultag besteht darin, daß die Kinder die Arbeit an Hand der Fibel (oder der vervielfältigten Wörtergruppen) ausführen. Der Lehrer kontrolliert dabei genau die Richtigkeit des Vorgehens. Es ist zweckmäßig, die Gruppe der Leistungsschwachen nochmals gesondert zusammenzufassen. — Die weitere Anwendung erfolgt im laufenden Unterricht, wenn gleiche oder ähnliche Arbeitsanweisungen gegeben werden. Dann wird an die Einführung der Arbeitsweise erinnert und das Erlernte dadurch gefestigt, vertieft und erweitert.

Die weiteste Anwendung besteht darin, daß die für alle Einzelarbeit geltenden Gesichtspunkte wo nur möglich angewendet werden. So gilt z. B. für das Abschreiben eines Textes als Stillarbeit oder Hausaufgabe, daß von jedem Schüler jenes Verfahren zu wählen ist, bei dem er selbst am meisten lernen kann. Der Lehrer hilft — so führte es der Verfasser in vielen Klassen durch — zu individueller Arbeitsweise: Das eine Kind schreibt im Normalfall wortweise ab und müht sich immer wieder darum, zwei einfache Wörter auf einmal niederzuschreiben, das andere schreibt satzweise ab und zerlegt längere Sätze in Sinnabschnitte, besonders leistungsfähige Kinder der Klasse lernen einige Sätze oder auch kurze Texte auswendig, ehe sie sie schreiben.

Nachbemerkung

Zur sehr intensiven Durchführung des dargestellten Unterrichts, bei Kindern, die sich schlecht konzentrieren können oder bei Ausführung im ersten Schuljahr (in vereinfachter Form) ist es möglich, die drei Szenen auf drei Schultage zu verteilen. Der Zusammenhang kann durch entsprechende Wiederholungen hergestellt werden.

Das Beispiel hatte eine sehr einfache, aber wichtige Arbeitsweise im ersten Schuljahr zum Inhalt. In einem gut durchgeführten Erstlese- und Schreibunterricht kommen viele weitere Arbeitsweisen zur Anwendung, z. B. bei der Durchgliederung von Wörtern, Sätzen und Texten (vgl. *Rabenstein* 1970 Päd. W.). Es sollten zwar nicht alle, aber doch die wichtigsten in einer gleich ausführlichen Weise eingeführt werden. Das gleiche gilt für Arbeitsweisen im elementaren Mathematikunterricht. Die elementaren Fachlehrgänge eignen sich besonders für die Anbahnung selbständiger Alleinarbeit, wobei zugleich fachgemäße Arbeitsweisen vermittelt werden.

2.32 Unterrichtsgespräch (2. Schuljahr)
Thema: Fußgänger überqueren die Straße

Anmerkung: Die Fußgänger sind durch farbige Kleidungsstücke gekennzeichnet. auf die im Text bezug genommen wird, die aber im Schwarz-Weiß-Druck nicht erscheinen.

Didaktische Erläuterung

Das verkehrskundlich und für Schulkinder wichtige Thema »Fußgänger überqueren die Straße« wird hier an Hand eines Verkehrsbildes bearbeitet. Dabei werden die Kinder gleichzeitig mit der bildhaften, stark vereinfachenden Darstellungsweise vertraut, die in der Verkehrskunde (und darüber hinaus) verwendet wird. Dieser Unterrichtsablauf stellt die Grundlage für eine Reflexion mit der Klasse über das Unterrichtsgespräch dar.

Das Verkehrsthema eignet sich für die Bearbeitung in Form eines Unterrichtsgesprächs, weil die auf dem Bild dargestellte Situation mit Hilfe der Erfahrungen und des Vorwissens der Kinder weitgehend selbständig geklärt und beurteilt werden kann. — Der Lehrer hat mit einer Gruppe von 8 Schülern die Arbeit am Bild am Vortage ohne Beisein der anderen Kinder vorgeübt. Dabei wurde zunächst eine eingehende Auseinandersetzung mit dem Bild herbeigeführt. Dann machte der Lehrer die Kinder auf Fehler in ihrem Vorgehen aufmerksam: Abschweifen von der Aufgabe, Mitschüler nicht zu Ende reden lassen, die Beiträge anderer zu wenig berücksichtigen, schlecht verständlich sprechen. Zwei dieser Fehler wurden nun absichtlich gemacht, wobei deutlich wurde, wie störend sie wirkten. Dann erklärte der Lehrer den Kindern, daß sie der Klasse am nächsten Tag vorzeigen sollten, wie ein Unterrichtsgespräch über das Bild verlaufen soll.

Zwei Szenen wurden eingeübt:
1. Szene: Unterrichtsgespräch mit Abschweifungen
2. Szene: Unterrichtsgespräch mit mangelnder gegenseitiger Berücksichtigung der Teilnehmer

Die Szenen wurden auf zwei Schultage verteilt. Das ermöglicht, die zweite Szene noch einmal vorzubereiten. Ein anderer, gut gangbarer Weg ist der, die beiden Szenen auf Tonband aufzunehmen (wobei sehr deutlich gesprochen werden muß) und der Klasse vorzuführen. Dabei steht das Gerät unter dem Wandtafelbild im Mittelpunkt des Geschehens.

Ziel des Unterrichts mit der Klasse war es nun, den Begriff des Unterrichtsgesprächs einzuführen, einige wichtige Merkmale zu erarbeiten und einige Gesprächsregeln einzuführen. Der Blick der Kinder sollte auf das Verhalten der Gesprächsteilnehmer gelenkt, die Stellungnahme dazu angebahnt werden. Damit sollte die Reflexion eingeleitet und erste Voraussetzungen zur besseren Steuerung des eigenen Verhaltens geschaffen werden.

Die Anforderungen, die gestellt werden, hängen bei diesem Thema in besonderem Grad vom sprachlichen Niveau der Klasse ab. Die Durchführung der gleichen Unterrichtseinheit ist in stärker differenzierter Form im dritten und vierten Schuljahr zu empfehlen.

Unterrichtsablauf

Das Bild wurde groß an die Wandtafel gezeichnet, ist aber noch nicht zu sehen. Die Gruppe der acht Kinder sitzt im Halbkreis vor der Wandtafel. Wenn ein Podium vorhanden ist, wird die Gruppe erhöht gesetzt. Die Sitzordnung der übrigen Schüler soll so sein, daß sie die Vorgänge gut beobachten können.

Nun führt der Lehrer in die Unterrichtsaufgabe ein: »Wir wollen heute eine Schulklasse bei der Arbeit beobachten. Die Schulklasse sitzt vor euch. Es sind acht Kinder, die ihr alle gut kennt. Sie stellen heute eine Schulklasse dar. Könnt ihr euch denken, was für einen Unterricht sie uns vorführen werden?«

Diese Einleitung zielt darauf ab, der Klasse die Situation zu erklären und die Erwartungen in die beabsichtigte Richtung zu lenken. Sobald dies geschehen ist, schreibt der Lehrer an die Tafel:

Wir beobachten ein Unterrichtsgespräch

Die Kinder lesen und äußern sich. Es wird festgestellt, daß bei einem Unterrichtsgespräch die Schüler miteinander und mit dem Lehrer sprechen. Das Gespräch in der Pause ist kein Unterrichtsgespräch; beim Unterrichtsgespräch muß etwas gelernt werden. Das Unterrichtsgespräch ist Arbeit.

Der Lehrer sagt: »Nun werde ich euch sagen, was die kleine Schulklasse heute beim Unterrichtsgespräch lernen soll. Ich habe ein Bild an die Wandtafel gemalt. Dieses Bild sollen die Kinder einige Minuten lang still betrachten. Dann sollen sie miteinander über das Bild sprechen. Wir wollen sehen, ob sie das Gespräch so führen, daß sie alles lernen, was man an diesem Bild lernen kann. Zuerst schauen wir uns alle miteinander das Bild an, damit ihr feststellen könnt, was auf dem Bild zu sehen ist; dann fängt die Gruppe an zu arbeiten.«

Die Tafel wird geöffnet und das Bild einige Minuten lang von allen betrachtet. Kinder, die sich äußern wollen, weist der Lehrer zurück. Dann erklärt er der Klasse noch einmal, daß es jetzt ihre Aufgabe ist, die Gruppe beim Unterrichtsgespräch zu beobachten. Nun übernimmt er die Gesprächsleitung bei der »Klasse«, steht dabei neben der Tafel und tritt auch im Gespräch nicht in den Vordergrund.

1. Szene

»Ihr habt euch das Bild angesehen; nun wollen wir darüber sprechen!«

»Auf dem Bild ist ein Haus, da werden Zeitungen verkauft.«

»Da sagt man Kiosk dazu.«

»Und da ist ein Mädchen, das fährt seine Puppe spazieren.«

»So einen Puppenwagen habe ich auch zum Geburtstag bekommen.«

»Wir wollen aber nicht von dem Kiosk und von dem Puppenwagen reden, sondern von den Fußgängern, die über die Straße gehen.«

»Da sind Zebrastreifen, da geht ein Mädchen über die Straße« (wird gezeigt).

»Das Mädchen hat ein grünes Kleid an. So ein Kleid habe ich auch. Das ziehe ich immer am Sonntag an.«

»Ich habe ein neues Strickkleid, das habe ich von der Oma bekommen.«

»Kinder, wir wollen doch darüber sprechen, wie die Fußgänger über die Straße gehen. Schaut euch bitte das Bild an und sagt, ob es die Fußgänger richtig machen.«

»Da ist einer, der rennt über die Straße. Das soll er nicht machen!«

»Warum denn nicht?

»Weil er in ein Auto hineinrennen kann, er schaut ja gar nicht nach links und rechts.«

»So schnell rennen kann ich auch. Ich habe das Wettrennen beim Schulsportfest gewonnen.«

»Das stimmt gar nicht, du warst bloß zweiter.«

»Wollten wir nicht darüber sprechen, ob es die Fußgänger auf dem Bild richtig machen?«

»Der Junge da mit der Schultasche läuft neben dem Zebrastreifen über die Straße. Er soll doch auf dem Zebrastreifen gehen.«

»Der hat es vielleicht recht eilig, weil er sonst zu spät in die Schule kommt.«

»Heute ist der Michael zu spät gekommen; der hat gebummelt.«
Der Lehrer bricht das Unterrichtsgespräch ab.

Aussprache
»Seid ihr mit dem Unterrichtsgespräch unserer Klasse zufrieden?«
»Nein, die haben zu viel herumgeredet.«
»Die haben von Sachen geredet, die gar nicht dazugehören!«
»Stimmt das wirklich?«
»Ja, der Klaus hat gesagt, daß er am schnellsten rennen kann. Das gehört
doch nicht dazu.«
»Und die Ute hat gesagt, daß sie ein grünes Kleid hat, das gehört auch
nicht dazu!«
»Worüber sollte denn bei dem Unterrichtsgespräch geredet werden?«
»Ob die Fußgänger richtig über die Straße gehen. Das ist ein Gespräch
vom Verkehr.«
usw.
Zuletzt nimmt der Lehrer ein Schild aus blauem Plakatkarton hervor. Mit
gelber Schrift steht darauf geschrieben: Sprich zur Sache! Er sagt: Wenn wieder
einmal einer von uns bei einem Unterrichtsgespräch etwas redet, was nicht zur
Sache gehört, dann wollen wir ihm sagen: »Sprich zur Sache!«
Das Schild wird an der Seitenwand des Klassenzimmers, gut sichtbar für alle,
befestigt.

2. Szene (am nächsten Tag)
»Ihr erinnert euch doch noch, daß unsere Gruppe gestern ein Unterrichts-
gespräch geführt hat. Wir wollen sehen, ob sie es heute besser macht. Ihr habt
wieder die Aufgabe, genau zu beobachten.«
Die Tafel wird geöffnet. (Es ist anregend, an dem Bild in der Zwischenzeit
einige Veränderungen vorzunehmen. Hier wurde darauf verzichtet, damit das
Gespräch mit dem wiedergegebenen Bild verglichen werden kann.)
»Betrachtet das Bild! Wir wollen darüber sprechen, ob die Fußgänger auf dem
Bild die Straße richtig überqueren. Alles andere lassen wir weg!«
»Das Mädchen mit dem grünen Kleid geht bei dem Zebrastreifen über
die Straße, das ist richtig.«
»Das Mädchen auf der anderen Seite . . .«
»Das hab' ich auch sagen wollen! Das Mädchen auf der anderen Seite
läßt den Radfahrer vorbei. Das ist richtig, weil der ja gar nicht so schnell
bremsen kann.«
»Schaut euch einmal den Mann mit der Tasche an!«
»Der macht es richtig . . .«
»Nein, der macht es nicht richtig . . .«
»Der läuft schräg über die Straße, das darf er nicht.«
»Warum eigentlich nicht?«
»Weil das verboten ist.«

»Das muß aber doch einen Grund haben?«
»Wenn einer schief über die Straße läuft...«
»Ich weiß es besser! Wenn einer schräg über die Straße läuft...«
»... geht«
»... über die Straße geht...«
»Der braucht ja viel zu lang...«
»Da kann ein schnelles Auto kommen, wenn der noch auf der Straße ist.«
»Schaut euch auch noch die Mutter an, die das kleine Mädchen an der Hand führt.«
»Die warten, ob ein Auto kommt...«
»Das hab' ich auch gesehen, die Mutter schaut nach rechts...«
»Das haben wir schon in der ersten Klasse gelernt: Schau links, schau rechts, geh' gerade aus, dann kommst du sicher gut nach Haus!«
(Die ganze Gruppe spricht mit.)
Der Lehrer bricht das Gespräch ab.

Aussprache

»Hat es euch heute besser gefallen? Hat es die Gruppe heute besser gemacht?«
Die Kinder stellen fest, daß heute »zur Sache« gesprochen worden ist.
»Vielleicht lag das auch ein bißchen an mir. Habt ihr gemerkt, daß ich das Unterrichtsgespräch heute anders angefangen habe als gestern?«
»Sie haben gleich am Anfang gesagt, daß nur von den Fußgängern gesprochen werden soll.«
»Sie haben gesagt: Alles andere lassen wir weg!«
»Da hat dann keiner von etwas anderem gesprochen.«
»Ihr habt recht. Der Lehrer soll gleich am Anfang sagen, was an dem Bild gelernt werden soll. Dann hat das Gespräch ein Ziel. Jeder weiß dann, welche Aufgabe er bei dem Unterrichtsgespräch hat.«
»Aber etwas hat mir nicht gefallen, die haben immer so durcheinandergeredet.«
»Der Klaus hat die Ingrid gar nicht ausreden lassen, er hat einfach dazwischengeredet.«
»Die Traudi auch. Die ist aufgesprungen und hat dazwischengeredet.«
usw.
Der Lehrer hält ein zweites, längeres Schild bereit, zeigt aber den Text noch nicht. Die Kinder dürfen »raten«. Dann wird das Schild umgedreht. Der Text lautet: »Laß den anderen aussprechen und höre ihm zu!« Das Schild wird unter dem ersten befestigt. Wenn Kinder bei späteren Unterrichtsgesprächen gegen die Regeln verstoßen, werden sie auf die Schilder verwiesen. Es können im Laufe der Zeit zwar noch einige weitere Schilder hinzugefügt werden, auf keinen Fall aber zu viele. Manche weitere »Regel« wird nur gemerkt. Die Kinder sollen auch bald erfahren, daß es »Ausnahmen von der Regel« gibt. Es gibt Fälle, bei denen man die Regeln »Sprich zur Sache!« oder »Laß den anderen aussprechen und höre ihm zu!« aus gutem Grund nicht beachtet wird. So erfahren die Kinder

die begrenzte Gültigkeit solcher Regeln: Es sind Vereinbarungen, die uns helfen, daß das Gespräch besser verläuft.

Fortsetzung der Unterrichtsarbeit

An einem der nächsten Tage hat der Lehrer ein neues Bild an die Wandtafel gezeichnet. Eine Gruppe von Kindern wird auf freiwillige Meldung hin zusammengestellt, darf sich auf die Stühle vor der Klasse setzen und darf versuchen, ein Gespräch zu führen, bei dem die beiden Regeln eingehalten werden. Wieder ist der Lehrer Gesprächsleiter, wieder handelt es sich um ein Verkehrsbild, diesmal: Kinder fahren mit dem Fahrrad zur Schule (ein an vielen Grundschulen aktuelles Thema). Der Schwerpunkt der Aussprache liegt nicht nur darauf, ob die Gesprächsregeln eingehalten wurden, sondern vor allem darauf, ob das Unterrichtsgespräch ergiebig war, ob dabei in kurzer Zeit ein guter Ertrag zustande kam. Wenn der Lehrer ein Tonband laufen läßt, kann das Gespräch wiederholt oder — bei schlechter Tonqualität — von ihm aufgeschrieben und später vorgelesen werden. Dadurch wird den Kindern die Hauptfrage immer mehr in den Blick gerückt: Was wurde bei diesem Unterrichtsgespräch gelernt?

2.33 Partnerarbeit (2. Schuljahr)
Thema: Wir lernen die Uhr ablesen

Vorbemerkung: Die Zeitangaben werden in verschiedenen Gegenden in der Umgangssprache unterschiedlich ausgedrückt. Dazu kommt die Schwierigkeit, daß häufig am gleichen Ort verschiedene Ausdrucksweisen nebeneinander gebraucht werden. Bei diesem Unterrichtsbeispiel wird die am Schulort am häufigsten verwendete Sprechweise benützt. Später werden weitere Benennungsweisen (Arbeitskarten der Serien 3 und 4) hinzugenommen.

Didaktische Erläuterung:

Zum Sachfall: Das Thema ist das Anfangsglied einer Reihe von Aufgaben, durch die Zeitbewußtsein und Zeitverständnis der Grundschulkinder gefördert werden sollen. Mit dem Kennenlernen der Uhr beginnt sich dem Kind die Dimension der Zeit erst richtig zu erschließen. Das Interesse für Zeitabläufe wird stärker. Insofern stellt die Einführung in das Ablesen der Uhrzeit eine grundlegende Aufgabe für den geschichtlichen Fachbereich des Sachunterrichts dar.

Bei den Kindern einer Klasse findet sich meist sehr unterschiedliches Vorwissen. Gegenwärtig erscheint die Einführung in das Ablesen der Uhr im zweiten Schuljahr angemessen. Es ist möglich, daß bei entsprechender Förderung im Vorschulalter der dargestellte Unterricht bereits früher mit Erfolg durchgeführt werden kann.

Die Schwierigkeit des Ablesens der Uhrzeit liegt vor allem darin, daß Zeitpunkte auf dem Zifferblatt erst dann zureichend erfaßt werden können, wenn der Lauf der Uhrzeiger durchschaut worden ist. So kann z.B. den Zeitpunkt ½ 8 Uhr erst derjenige mit Verständnis ablesen, der weiß, daß beide Zeiger eine halbe Stundenstrecke seit dem Zeitpunkt 7 Uhr zurückgelegt haben. Dabei müssen auch die Bruchzahlen ½, ¼ und ¾ verstanden und auf die Wegstrecken der Uhrzeiger angewendet werden. Bei Unterrichtsversuchen hat es sich gezeigt, daß die damit verbundenen Schwierigkeiten immer wieder unterschätzt werden. Es ist zweckmäßig, das Ablesen der Uhrzeit zunächst an einer Lernuhr zu lehren, die nur den Stundenzeiger (den kleinen Zeiger) besitzt. Diese Vereinfachung macht es möglich, von Anfang an die Zeitpunkte, die der kleine Zeiger anzeigt und die Wegstrecken, die er in einer bestimmten Zeit zurücklegt, aufeinander zu beziehen. Wenn der Weg des kleinen Zeigers ganz durchschaut worden ist, wird dann in ähnlicher Weise der Weg des großen Zeigers, des Minutenzeigers, geklärt und mit dem des kleinen Zeigers koordiniert. Dadurch entsteht ein Wissen um die Lage der Zeitmarken, die die Zeitpunkte angeben, auf dem Weg, den die beiden Zeiger zurücklegen. Die Kinder wissen dann z. B.: Wenn der kleine Zeiger genau in der Mitte zwischen 6 und 7 steht, dann steht der große Zeiger auf 6. Seit 6 Uhr hat der kleine Zeiger diesen . . . und der große Zeiger diesen . . . Weg zurückgelegt. Seit 6 Uhr ist schon eine halbe Stunde vergangen und bis 7 Uhr dauert es noch eine halbe Stunde. — Auf dieser Grundlage werden dem Kind die verschiedenen gebräuchlichen Sprechweisen zur Bezeichnung der Zeitpunkte (viertel sieben, Viertel nach sechs, sechs Uhr fünfzehn) verständlich. Die genaue Kenntnis des Weges, den die Zeiger zurücklegen, ermöglicht den Kindern bei der Partnerarbeit auch, sich gegenseitig zu helfen, wenn ein Fehler bei einer Zeitangabe gemacht wurde.

Eine solche Einführung in das Ablesen der Uhrzeit mit der ganzen Klasse ging der hier dargestellten Weiterführung voraus. Die bereits angebahnte Fertigkeit soll jetzt gesichert und gefestigt werden, noch bestehende Lücken sollen behoben werden.

Zur Partnerarbeit mit Arbeitskarten: Arbeitskarten eignen sich besonders gut dafür, Kinder im ersten und zweiten Schuljahr in das partnerschaftliche Miteinanderlernen einzuführen. In unserem Falle handelt es sich um Übungskarten, die nach dem Verfahren des Lottospiels gehandhabt werden. Solche partnerschaftliche Übungsarbeit (die auch ohne Arbeitskarten möglich ist, z. B. beim Partnerdiktat), bereitet anspruchsvollere Formen vor, wobei dann auch neues Wissen in Partnerarbeit gewonnen werden kann (z. B. in der elementaren Menschenkunde).

Bei dem hier dargestellten Unterricht werden zunächst zwei Serien von Arbeitskarten verwendet. Die eine Serie stellt verschiedene Uhrzeiten an Zifferblättern dar, die andere die entsprechenden Zeitangaben in schriftlicher Form. Legt der eine Partner eine Karte der einen Serie auf, so löst der andere Partner die Aufgabe dadurch, daß er die entsprechende Karte der anderen Serie hinzufügt (zuordnet). Nach kurzer Arbeit mit den beiden ersten Serien werden zwei neue hinzugenommen, wodurch die Möglichkeiten für die Partnerarbeit vervielfacht werden. Der Ausbau durch weitere Serien, z. B. zum Üben der (erst nach dem ersten Weltkrieg eingeführten!) Uhrzeitangaben mit den Zahlen 0 bis 24 bietet

sich an. Die Herstellung des Materials ist einfach und trägt außerdem zur Erreichung der Lehrziele bei dieser Unterrichtsaufgabe bei (vgl. S. 38!).
Zunächst sind die Partner an die Regel des Übungsablaufs gebunden. Partner A stellt 8 Aufgaben, indem er die Karten der 1. Serie nacheinander auflegt. Partner B löst die Aufgaben, indem er jeweils die entsprechende Karte der 2. Serie hinzulegt. Die Uhrzeiten bei diesen beiden Serien wurden so ausgewählt, daß Verwechslungen entstehen können. So kann viertel acht und viertel sieben Uhr von Kindern leicht verwechselt werden, denen die Bedeutung dieser beiden Zeitangaben noch nicht ganz klar ist. An .den Kontrollzahlen auf der Rückseite können die Kinder feststellen, ob die Aufgaben richtig gelöst wurden. — Wenn Fehler auftreten, entsteht erstmalig eine Situation, die den Schülern verschiedene Verhaltensweisen erlaubt. Der Partner, der die Aufgabe gestellt hat, kann »falsch!« sagen, so daß der andere sich besinnen und korrigieren muß. Der Partner, der die Aufgabe gestellt hat, kann aber auch selbst berichtigen, entweder sofort oder erst dann, wenn der andere allein nicht zurechtkommt. Wenn ein Partner eine Aufgabe nicht bewältigt, kann der andere aber auch versuchen, ihm die Lösung zu erklären, wozu hier die Lernuhr herangezogen werden kann, die jedes Kind besitzt. Die Frage »Wie kann man sich verhalten, wenn der Partner Fehler macht?« und die Besinnung darüber, wie die verschiedenen Verhaltensweisen zu begründen sind, stellt eine erste Möglichkeit dar, die Eigenart partnerschaftlichen Lernens zu erhellen. Die gegenseitige Abhängigkeit der beiden Lernenden kann sichtbar gemacht werden.

Es ist dafür aber notwendig, daß die Kinder ihr partnerschaftliches Tun nicht als Spiel, sondern als Lernakt verstehen. In einer den Schülern verständlichen und nachhaltigen Weise wird der Lehrer darlegen, daß die Karten Hilfen beim Lernen sind und daß sie es möglich machen, daß zwei Kinder miteinander lernen. Im Fortgang des dargestellten Unterrichts wurde die Aufgabe gestellt, daß so lange partnerschaftlich geübt werden soll, bis eine ganze Aufgabenreihe mit höchstens einem Fehler abläuft. Unter einer Aufgabenreihe werden 32 Aufgaben verstanden, nämlich: A legt die Karten von Serie 1, B legt die Karten von Serie 2 dazu (8 Aufgaben), Rollenwechsel der Schüler (8 Aufgaben), Umkehrung (16 Aufgaben). Bei solcher Aufgabenstellung wird den Kindern weiterhin rasch verständlich, daß gegenseitige Lernhilfe der beste Weg ist, der Partnerschaft zu einem guten Abschneiden im Klassenverband zu verhelfen. Es wird sehr bald deutlich, daß bloßes Berichtigen ohne gegenseitige Lernhilfe für erfolgreiche Partnerarbeit nicht ausreicht.

Nach der Einführung neuer Serien ergibt sich ein weiteres Problem. Der Lehrer führt eine »Aufgabenliste« ein, in der alle Übungsmöglichkeiten mit den Karten zusammengestellt sind, die die Kinder in der Hand haben. Nun kann der Lehrer angeben, welche Reihen ausgeführt werden sollen. Er kann aber auch die Partnerschaften selbst entscheiden lassen, welche Reihen sie wählen. Das verlangt, die Überlegung anzustellen: »Was können wir schon, was müssen wir noch lernen?« Dabei muß jeder Schüler nicht nur seine eigenen Leistungen, sondern auch die seines Partners im Blick haben. Durch Veränderung der Zusammensetzung der Partnerschaften hat der Lehrer die Möglichkeit, Kinder vor neue Aufgaben der Zusammenarbeit zu stellen. Dies ist auch im Hinblick auf Kinder mit Verhaltensschwierigkeiten wichtig.

Wenn in einer Klasse Partnerarbeit über längere Zeit häufig durchgeführt wurde, ergeben sich Gespräche, die dem Vergleich von Partnerarbeit und Klassenunterricht bzw. Partnerarbeit und Einzelunterricht unter verschiedenem Gesichtspunkt dienen.

Der Lehrer hat verschiedene methodische Möglichkeiten, Partnerarbeit in seiner Klasse zu beginnen, zu fördern und zum Gegenstand unterrichtlicher Betrachtungen zu machen. Bei unserem Beispiel steht wieder die szenische Darstellung am Anfang, der aber bald der Versuch mit der ganzen Klasse folgt. Wenn die ganze Klasse partnerschaftlich arbeitet, ist der Lehrer von seiner Führungsrolle entlastet. Er kann nun als Beobachter und Helfer der einzelnen Partnerschaften fungieren. Als Beobachter wird er viele neue Anregungen erhalten, von denen einige dazu führen können, daß bestimmte Situationen der ganzen Klasse dargestellt und mit ihr besprochen werden. So wird die Partnerarbeit nicht nur bei ihrer Einführung, sondern immer wieder bei gegebenem Anlaß zum Gegenstand unterrichtlicher Betrachtung. Als Betreuer der einzelnen Partnerschaften wird der Lehrer ihnen beratend und helfend zur Seite stehen, wobei er auch zeitweilig die Rolle des einen Partners übernehmen kann, um ihm zu zeigen, wie er in einer bestimmten Situation handeln kann. Auch dadurch wird die Struktur des Partnerunterrichts für die Schüler immer deutlicher. Sie erkennen die veränderte Rolle des Lehrers und sehen dadurch ihre eigene Aufgabe besser. Auch bei der Partnerarbeit, wie bei den anderen Sozialformen, zielen wir darauf ab, die Unterrichtsform im Laufe der Zeit immer weiter auszubauen und gleichzeitig die Auseinandersetzung mit ihr zu fördern.

Unterrichtsablauf

I. Teil: Einführung der Arbeitskarten

Der Lehrer berichtet, daß er Karten angefertigt habe, mit denen die Klasse arbeiten wird. Dabei werden immer zwei Kinder zusammenarbeiten, jeder Schüler mit seinem Tischnachbarn. Zunächst aber sollen die Kinder die Arbeitskarten genau kennenlernen und erfahren, wie damit gearbeitet wird.

Der Lehrer hat vier Arbeitskarten in großem Format zur Demonstration der Arbeitsweise hergestellt. Jede ist in einer anderen Farbe mit Faserschreiber bemalt bzw. beschriftet worden. Die vier Farben erleichtern später das Erteilen der Arbeitsanweisungen. Die vier Karten sind auf Seite 37 dargestellt.

Von diesen vier Karten werden zunächst nur die ersten beiden eingeführt. Der Lehrer befestigt sie an der Wandtafel. Die Karten werden betrachtet und dann zerschnitten, damit man Zifferblätter und Uhrzeiten einander — handelnd — zuordnen kann. So entsteht eine Serie schwarz bemalter und eine Serie rot beschrifteter Arbeitskarten. (Zu einem späteren Zeitpunkt wird mit den blau und grün beschrifteten Karten der Serien 3 und 4 genau so verfahren.)

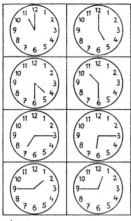

elf Uhr	fünf Uhr
halb fünf Uhr	halb elf Uhr
viertel acht Uhr	viertel sieben Uhr
dreiviertel zwei Uhr	dreiviertel ein Uhr

schwarz

rot

11 Uhr	5 Uhr
halb 5 Uhr	halb 11 Uhr
Viertel nach 7 Uhr	Viertel nach 6 Uhr
Viertel vor 2 Uhr	Viertel vor 1 Uhr

blau

11^{00} Uhr	5^{00} Uhr
4^{30} Uhr	10^{30} Uhr
7^{15} Uhr	6^{15} Uhr
1^{45} Uhr	12^{45} Uhr

grün

Auf der Rückseite zeigen alle Arbeitskarten folgende Einteilung:

A	C
F	D
H	B
E	G

Die Demonstrationskarten haften an der Flanelltafel (Kletten-, Magnettafel). So ist es möglich, die Zuordnungen gut sichtbar für alle Kinder vorzunehmen. Arbeitsweise bei der Demonstration: Ein Kind wählt eine Karte mit einem Zifferblatt und legt sie auf die Flanelltafel auf. Ein anderes Kind legt die entsprechende Karte mit der Uhrzeit daneben. Dann werden die Karten umgedreht und daraufhin kontrolliert, ob sich auf der Rückseite die gleichen Buchstaben befinden. Diese Einführung von Arbeitskarten und Arbeitstechnik geht der Einführung in die Partnerarbeit voraus.

Anmerkungen zur Erstellung der Schülerarbeitskarten

Die Karten mit den Zifferblättern müssen vom Lehrer selbst angefertigt werden (Umdruck). Die anderen Serien können dagegen von den Schülern hergestellt werden, die dabei die Schreibweise der Uhrzeitangaben lernen und sich die Ausdrücke einprägen. Steife Zeichenblätter (DIN A 4) werden in acht Felder eingeteilt (von der Mitte ausgehen!), mit Filzstift beschriftet und dann zerschnitten.

Zum Ausbau der Zuordnungsaufgaben:

Durch Hinzunahme der blauen und grünen Arbeitskarten ergeben sich sehr viele Möglichkeiten der Aufgabenstellung. Der Lehrer führt jetzt eine Liste mit Arbeitsanweisungen ein, die einen nach Schwierigkeiten abgestuften Übungsgang darstellt. Diese Aufgabenliste kann so aussehen:

1. A legt schwarz	—	B ordnet rot zu	Wechseln!
2. B legt rot	—	A ordnet schwarz zu	Wechseln!
3. B legt schwarz	—	A ordnet blau zu	Wechseln!
4. A legt blau	—	B ordnet schwarz zu	Wechseln!
5. A legt rot	—	B ordnet blau zu	Wechseln!
6. B legt blau	—	A ordnet rot zu	Wechseln!
7. B legt schwarz	—	A ordnet grün zu	Wechseln!
8. A legt grün	—	B ordnet schwarz zu	Wechseln!
9. A legt rot	—	B ordnet grün zu	Wechseln!
10. B legt grün	—	A ordnet rot zu	Wechseln!

Der weitere Ausbau eines solchen auf Arbeitskarten fußenden Partnerunterrichts ist an diesem und anderen Unterrichtsthemen möglich.

II. Teil: Einführung der Partnerarbeit

Auf der einen Hälfte der Hafttafel befinden sich die Karten der 1. und 2. Serie (schwarz und rot). Die Karten sind ungeordnet. Die rechte Hälfte der Hafttafel ist leer.

Der Lehrer kündigt an: »Zwei Kinder werden euch nun vorführen, wie die Partnerarbeit mit den Karten vor sich geht. Beobachtet sie und überlegt dann, ob sie es richtig gemacht haben!«

Die Aufmerksamkeit der Beobachter ist zunächst nur auf die sachliche Richtigkeit der Arbeitsweise gerichtet, weniger auf die Zusammenarbeit der beiden Partner. Bei der Aussprache lenkt der Lehrer das Gespräch dann auch auf den sozialen Aspekt der Partnerarbeit hin.

Szenische Darstellung

Inge nimmt die Zifferblattkarte C und legt sie auf der leeren rechten Seite der Hafttafel auf. Bärbel fügt die richtige Zeitangabe hinzu. Hierauf wenden beide Kinder ihre Karten um und stellen fest, daß die Kontrollbuchstaben übereinstimmen.

Genau so verfahren sie mit den Karten A, D und F. Dann legt Inge die Zifferblatt-Karte H (viertel acht Uhr) auf die Hafttafel. Bärbel legt die Karte B (viertel sieben Uhr) daneben. Sie drehen die Karten zur Kontrolle um und stellen fest, daß die Zuordnung falsch ist.

Inge nimmt die falsch zugeordnete Karte B wieder weg und legt dafür die Karte H hin.

Auch bei den letzten beiden Aufgaben irrt sich Bärbel noch einmal. Sie ordnet statt »dreiviertel zwei Uhr« dem Zifferblatt »dreiviertel ein Uhr« zu. Wieder berichtigt Inge nach der Kontrolle.

Aussprache

Nachdem alle Zuordnungen getroffen sind, fragt der Lehrer die Klasse, ob Inge und Bärbel ihre Aufgabe richtig ausgeführt haben. Das führt zunächst zu einem Gespräch über die »Spielregel« bei der Partnerarbeit. Die Kinder stellen fest, daß Inge und Bärbel eine gute »Spielregel« eingehalten haben.

Dann sagt ein Kind: »Bärbel hat zwei Fehler gemacht. Aber Inge hat es nachher verbessert. Jetzt ist alles richtig.«

Der Lehrer gibt zu bedenken, daß Bärbel beim nächsten Mal die Fehler wieder machen könnte. Er fragt Inge, ob sie wisse, warum Bärbel die Fehler gemacht habe.

Inge: »Bärbel hat nicht an ihre Lernuhr gedacht. Um viertel acht ist der kleine Zeiger schon bei sieben vorbeigelaufen und geht schon auf die Acht zu. Da muß es heißen: viertel acht.«

Die Erklärung wird wiederholt und der Lauf beider Zeiger an der großen Lernuhr dargestellt. Dann werden Bärbel einige ähnliche Aufgaben gestellt, die Bärbel lösen und an der Lernuhr erklären darf. Es zeigt sich, daß sie den Zusammenhang jetzt verstanden hat. Daraufhin fragt der Lehrer, ob sich Inge bei der Partnerarbeit richtig verhalten habe, als Bärbel den Fehler gemacht hat. — Gesprächsergebnis: Inge hätte Bärbel an der Lernuhr erklären sollen, wie man die Uhrzeit richtig bestimmt. Dann hätte sich Bärbel wahrscheinlich beim zweiten Mal nicht mehr geirrt. Die beiden Partner sollen nicht nur die Zuordnungen kontrollieren und Fehler berichtigen, sie sollen versuchen, sich Fehler gegenseitig zu erklären. Dabei wird die Lernuhr zu Hilfe genommen, die jedes Kind besitzt. Diese auf den speziellen Fall bezogene Einsicht wird später verallgemeinert, wenn mehrere Fälle vorliegen: Bei der Partnerarbeit soll einer dem andern beim Lernen helfen.

Weiterführung (an den folgenden Tagen)

Zwei andere Kinder führen (ohne zusätzliche Vorbereitung) die gleiche Partnerarbeit noch einmal vor. Dann werden die bereitgestellten kleinen Arbeitskarten an die Kinder der Klasse ausgegeben. Nach einem kurzen Versuch der Partnerarbeit mit allen Kindern wird die Arbeitsanweisung für die ganze Aufgabenreihe (32 Aufgaben, vgl. S. 38!) erteilt und besprochen. Die Kurzform der Arbeitsanweisung steht zuletzt an der Wandtafel (und bereitet das Verständnis der »Aufgabenliste« vor):

1. A legt schwarz — B ordnet rot zu.
2. B legt schwarz — A ordnet rot zu.
3. A legt rot — B ordnet schwarz zu.
4. B legt rot — A ordnet schwarz zu.

Nun arbeitet die Klasse. Der Lehrer beobachtet und hilft. Sachliche Schwierigkeit und Schwierigkeiten der Zusammenarbeit werden, soweit es für alle Kinder notwendig erscheint, gemeinsam besprochen. Partnerschaften, die an verschiedenen Tagen gut zusammenarbeiten (rasches Arbeitstempo, gegenseitige Lernhilfe, selbständige Ausweitungen des Verfahrens ...) dürfen von Zeit zu Zeit ihre Arbeitsweise der ganzen Klasse zeigen. Auch der Vergleich der Arbeit verschiedener Partnerschaften kann — pädagogisch gut durchdacht — zu besserem Verständnis der Partnerarbeit führen.

2.4 Rückblick

An Hand von drei Unterrichtsbeispielen wurde gezeigt, wie Unterrichtsformen schon im ersten und zweiten Schuljahr zum Gegenstand des Lernens werden können. Es wurde dargestellt, wie dabei unterrichtsmethodisch verfahren werden kann, wobei die Vielfalt der Möglichkeiten, aber auch sachlogisch bedingte Übereinstimmungen verschiedener Unterrichtsgestaltungen sichtbar wurden. Ferner sollten die Beispiele zeigen, wie man mit Kindern im ersten und zweiten Schuljahr über Fragen der Arbeitsweise im Unterricht sprechen kann. Der erste Unterrichtsablauf stammt nicht aus dem Sachunterricht, weil die elementaren Lehrgänge sich im Anfangsunterricht besser eignen, Arbeitsweisen zum Gegenstand der Betrachtung zu machen.

Es ist notwendig, diese Arbeit im dritten und vierten Schuljahr weiterzuführen. Dann tritt der soziologische Tatbestand immer stärker in den Vordergrund. Die Kinder lernen soziologische Gebilde, wie Partnerschaft, Gruppe, Institution ... und ihre kennzeichnenden Merkmale immer genauer kennen. Hierauf beruht der fortschreitende Ausbau des sachlichen Gesprächs über Zusammenleben und Zusammenarbeiten in der Schule.

Der Bezug der »Sozialformen« zu den »fachspezifischen Arbeitsweisen« ist ein doppelter, woraus sich ihre Bedeutung für den Unterricht im ersten und zweiten Schuljahr ergibt:

Sozialformen sind *Voraussetzung für fachspezifische Arbeitsweisen* in allen Unterrichtsbereichen, weil von ihrer Beherrschung die Verwirklichung fachgemäßen Arbeitens in der Grundschule abhängt. Sie müssen deshalb gut erlernt und nachhaltig gefestigt werden.

Sozialformen erfordern ihrer Struktur gemäß *sozialkundliche Arbeitsweisen* zu ihrer Bearbeitung, wenn sie zum Gegenstand des Unterrichts erhoben werden. Freie Beobachtung, Beobachtung mit Hilfe bestimmter Beobachtungsgesichtspunkte, »teilnehmende« Beobachtung, sowie Vorformen des Experiments treten bei unseren Unterrichtsbeispielen in Erscheinung. Bei der Auseinandersetzung mit den erfaßten Tatbeständen zielt der Lehrer darauf ab, daß die Fragestellung im Blick behalten wird, unter der die Beobachtungen erfolgten. Gewonnene Einsichten werden unter gleichen und veränderten Bedingungen immer wieder geprüft. Im 3. und 4. Schuljahr sollen die angebahnten Arbeitsweisen ausgebaut und neue, wie z. B. Befragung und Interview, hinzugenommen werden.

HANS GLÖCKEL

3. Geschichte im 3./4. Schuljahr

3.1 Die Problematik geschichtlichen Unterrichts in der Grundschule

Grundschulkinder besitzen nicht die volle Reife für den Geschichtsunterricht. Ihnen mangelt das nötige Zeitverständnis; sie können die Motive geschichtlicher Personen (die fast ausnahmslos Erwachsene waren) nur naiv und vordergründig nachempfinden; sie haben kaum Verständnis für die wirkende Macht der Ideen; ihr konkretes Denken vermag die gesellschaftlichen Strukturen und das verwickelte Geflecht wirkender Faktoren in geschichtlichen Vorgängen nicht zureichend zu erfassen. Einhellig ist man daher der Ansicht, daß ein Unterricht, der dem komplexen Gegenstand Geschichte gerecht werden soll, erst ab etwa dem 7. Schuljahr, also mit der beginnenden Reifezeit, einsetzen und erst in den Jahren der Adoleszenz auf ein wirklich angemessenes Verständnis stoßen kann. Unterrichtliche Erfahrungen und wissenschaftliche Forschungsergebnisse sprechen ausnahmslos für diese Annahme.

Gleichwohl hat man seit langem schon im Heimatkundeunterricht der Grundschule dem geschichtlichen Aspekt Raum gegeben, und man hat gut daran getan. Wenn das Kind dieser Altersstufe auch der Komplexität des Geschichtlichen verständnislos gegenübersteht, so ist es doch fähig, einzelne seiner Züge zu erfassen, an einigen Stellen einen ersten Zugang zu ihm zu gewinnen und einzelne ihm angemessene Arbeitsweisen zu üben. Wenn es auch nur in Randbereiche des Geschichtlichen vorstößt, so bahnt sich dabei doch die Entwicklung eines tieferen Verständnisses an, das sich gewiß nicht so entwickeln würde, wenn es ohne Anregung bliebe. Fachpsychologische Untersuchungen (*Roth* 1955; *Küppers* 1961, u. a.) und unterrichtliche Erfahrungen bestätigen das rege Interesse bereits der Neun- und Zehnjährigen für die Vergangenheit, die vielfältigen Berührungen mit geschichtlichen Inhalten außerhalb der Schule, die Offenheit für das Ferne, Fremde, Bunte, Bewegte, geheimnisvoll Faszinierende geschichtlichen Lebens. Dieses Interesse nicht zu enttäuschen, sondern zu befriedigen und noch zu steigern, und es dabei nicht in die Irre zu führen, sondern von Anfang an auf das Ziel der späteren, sachgerechten Beschäftigung mit Geschichte auszurichten, muß das Hauptanliegen des Lehrers sein, der diese Altersstufe betreut. Um einen ersten Anfang kann es sich immer nur handeln. Aber dieser Anfang soll in der rechten Weise geschehen. Für den Lehrer ergibt sich daraus die Frage nach kind- und sachgerechten Zugängen zur Geschichte.

3.2 Kindgemäße Zugänge zur Geschichte

Verschiedene Wege dieser Hinführung zur Geschichte hat man vorgeschlagen und erprobt, an verschiedenen Stellen glaubte man einen für das Kind beschreitbaren Zugang zu ihrem so vielfältigen und verflochtenen Reich gefunden zu haben. Wenn sich die Bemühungen um diesen »Vorkurs« zur Geschichte oft nur auf das 5. und 6. Schuljahr erstreckten, so war das eine unberechtigte Beschränkung des Blickes; denn das Problem besteht für den Sachunterricht der Grundschule erst recht.

3.21 Von der Heimatgeschichte her

Dieser Ansatz bestimmt bis heute weitgehend den Heimatkundeunterricht. Man durchforscht die nähere und weitere Umgebung, trifft in ihr Überreste vergangenen Lebens in Gestalt von Bauwerken, Kunst- und Gebrauchsgegenständen, Ordnungen, Bräuchen, Namen an und versucht, »ausgehend von Zeugen geschichtlicher Befunde in epischer Breite füllige Lebensbilder verschiedener Zeiten zu übermitteln und vom Kind ganz naiv nachgestalten zu lassen« (*Jeziorsky* 1965).

Dieser Weg fördert das Verstehen und Erleben der heimatlichen Umgebung und die Verbundenheit mit ihr. Er erlaubt und verlangt die unmittelbare Auseinandersetzung mit dem konkret-anschaulichen geschichtlichen Objekt. Dieses stützt die kindliche Phantasie, bindet sie an die Realität und wird zum »Zeugnis der Wahrheit« jener fernen Geschichten, die eben nicht in irgendeiner vagen räumlich-zeitlichen Ferne, sondern an bestimmter Stelle vor genau angebbarer Zeit geschehen sind.

So hat dieser Weg viel für sich, und er ist auch heute noch gangbar. Freilich wurde er vielfach in einer Art und Weise verwirklicht, die heute nicht mehr befriedigen kann.

Er orientierte sich zu häufig an einer Auffassung von Heimatgeschichte, die in einem antiquarischen Aufsammeln von Namen, Daten und Kuriositäten ihr Genüge fand. Er rückte sehr häufig die baulichen Überreste einseitig in den Vordergrund, so daß die Heimatkundehefte der Kinder Fremdenverkehrsprospekten nicht unähnlich sahen. Er bedeutete in vielem eine Verfrühung, weil der allgemeingeschichtliche Hintergrund fehlte, ohne den das heimatgeschichtliche Ereignis gar nicht verstanden werden kann.

Dieser Weg legte das sehr häufige Fehlverständnis nahe, daß Kunde der Heimat mit der Grundschule erledigt sei, während sie doch auf allen Stufen des Geschichtsunterrichts als »Prinzip« zu berücksichtigen ist. Wenn immer möglich, sollen am »heimatgeschichtlichen Symbol« (*Ebeling* 1965) die allgemeinen Geschehnisse transparent werden, soll umgekehrt in der allgemeinen Geschichte das heimatliche Geschehen Ort und Erklärung finden. Leider blieben aber in höheren Jahrgängen die heimatliche und die allgemeine Geschichte sehr oft ohne allen Bezug aufeinander.

Der geschichtliche Aspekt der Heimatkunde wurde nicht selten über Gebühr ausgeweitet. Vor allem in Orten, die noch viele Zeugnisse der Vergangenheit besitzen, beherrschte er geradezu den Lehrplan. Andere Aspekte des Sachunterrichts wurden darüber vernachlässigt.

Endlich blieb dieser Weg sehr oft der einzige, als ob es nicht noch weitere Zugänge zur Geschichte gäbe.

3.22 Von der Familiengeschichte her

Die eigene Familie ist dem Kinde seelisch noch viel näher als die oft recht äußerlich-räumlich verstandene »Heimat«. Auch die Familie hat ihre Geschichte, und in ihr spiegelt sich die größere Geschichte der Heimat, des Volkes, der Welt. Sollte nicht auch die Frage nach der eigenen Herkunft, nach den Schicksalen der Vorfahren für Geschichte im allgemeinen aufschließen können? Gewiß reicht die Erinnerung heute in vielen Familien kaum über die Generation der Großeltern zurück. Um so notwendiger dürfte aber die schulische Anregung sein. Bei ihr wird es gerade auf diesem Gebiet freilich bleiben müssen; denn wenn der familiäre Intimbereich nicht verletzt werden soll, ist ein sehr behutsames Vorgehen geboten.

3.23 Von der Vorgeschichte her

Das zeitlich Fernste kann dem Kinde seelisch nahe sein. So hat man immer wieder beobachtet, wie faszinierend auf Neun- bis Zwölfjährige die Vorgeschichte wirken kann. Es dürften die einfachen, überschaubaren Lebensverhältnisse und -ordnungen jener Menschen sein, die elementaren menschlichen Bezüge, denen sich das Kind des »Robinson-Alters« so verwandt fühlt und die es tätigkeits- und erlebnishungrig im Rollenspiel nachvollzieht. Seinem Verständnishorizont kommt die eigenartige Verkürzung der Vorgeschichte entgegen, die darin besteht, daß wir keine schriftlichen Überlieferungen haben, daher keine Namen und keine persönlichen Schicksale kennen und auch zur Erlebnis- und Ideenwelt jener Menschen nur einen sehr begrenzten Zugang haben. Andererseits fördert die häufig mögliche Anknüpfung an heimatliche Fundorte und -stücke das Wirklichkeitserlebnis und sollte daher genützt werden.

3.24 Vom Nachvollzug menschlicher Urerfindungen und kulturgeschichtlichen Entwicklungsreihen her

Vorgeschichte mit ihrer weitgehenden Beschränkung auf die materielle Kultur führt nahezu zwangsläufig zu den Urtätigkeiten und -erfindungen des Menschen hin. Deren handelnd-denkender Nachvollzug kommt dem konkret-praktischen Interesse des Kindes entgegen und fördert sowohl das technische als auch das geschichtliche Verständnis. Eine schlichte »Werkzeuggeschichte« weitet sich wie von selbst zu kulturgeschichtlichen Entwicklungsreihen (vom Kienspan zum elektrischen Licht, vom Rauchzeichen zum Fernsehen u. ä.), die in ihrer Anschaulichkeit und linearen Folgerichtigkeit bei Kindern aller Altersstufen auf reges Interesse und leichtes Verständnis stoßen. Man hat eingewandt, solche Entwicklungsreihen seien gar nicht eigentlich historisch, weil sie gerade ihrer Folgerichtigkeit wegen das gefährlich falsche Bild eines allgemeinen, zwangsläufigen »Fortschritts« der Menschheit nahelegten. Auch rissen sie die jeweilige Erfindung aus dem Zusammenhang der geschichtlichen Situation und erklärten daher nur ihre technischen, nicht aber ihre historischen Bedingungen. Diese Einschränkungen sind zu berücksichtigen. Als erster Zugang, der ein tieferes Eindringen und genaueres Unterscheiden ja nur anbahnen soll, ist auch dieser Weg nicht auszuschließen.

3.25 Vom aktuellen Gegenwartsgeschehen her

Kinder leben in ihrer eigenen Welt. Politische, wirtschaftliche, kulturelle Ereignisse, die die Erwachsenen bewegen, gehen an ihnen oft fast unbemerkt vorüber. Ihre Teilhabe am täglichen Nachrichtenstrom bewirkt selten mehr als eine oberflächliche Informiertheit. Zu verwickelt sind in der Regel die Sachverhalte, zu fremd die Verhältnisse, zu schwierig die Sprache, als daß Kinder das Gegenwartsgeschehen durchschauen könnten, und ihre mangelnde Fähigkeit dazu äußert sich in geringem Interesse. Es müssen schon große, bewegende Ereignisse sein — eine Mondlandung, ein Attentat, eine öffentliche Feier, ein Krieg —, wenn sich echte kindliche Teilnahme an der Aufregung der Erwachsenen entzünden soll. So ist die Frage von den aktuellen Ereignissen zu ihren zurückliegenden Bedingungen nicht ein Weg, der sich immer leicht und problemlos anböte. Wenn er einmal gangbar erscheint, weil ein geeigneter Anlaß besteht und die Kinder echte Teilnahme zeigen, sollte man ihn gehen. Denn wie kein anderer kann er das Erlebnis persönlichen, schicksalhaften Betroffenseins von der Geschichte auslösen.

Selbstverständlich gewinnen auch die sozialkundlichen Themen des Sachunterrichts — Post und Eisenbahn, Bürgermeister und Polizei, Wasserversorgung und Krankenhaus — durch ihre geschichtliche Ausweitung an Farbe und Tiefe. Freilich ist bei ihnen die Aktualität keine öffentliche, sondern eine klasseninterne, durch den Unterricht hervorgerufene.

3.26 Von geschichtlichen Sagen her

Dieser Zugang galt zur Zeit Zillers und seiner Nachfolger, aber auch noch in den zwanziger Jahren als der »Königsweg« zur Geschichte. Psychologisch begründete man ihn mit der Zwischenstellung der Sage als der geeigneten Brücke vom mythisch-magischen zum realistischen Erleben, sachlich lag ihm eine klassisch-romantische Geschichtsauffassung zugrunde, die sich im Gymnasium mehr den antiken und den klassischen deutschen, in der Volksschule mehr den Orts- und Heimatsagen zuwandte und in ihnen die Wurzeln menschlichen Wesens und eigenen Volkstums zu erkennen glaubte. Heute erfährt dieser Ansatz oft scharfe Kritik. Man stößt sich an den fließenden Übergängen zwischen Wahrheit und Dichtung, an den irrationalen, »unwissenschaftlichen« Zügen der Sage und betrachtet ihre Nachbarschaft zur realistischen geschichtlichen Erzählung als ausgesprochen gefährlich (*Reiche* 1952). Was weiterhin der Wertschätzung der Sage auf die Dauer sehr schaden mußte, war die Tatsache, daß man unter ihren Begriff sehr verschiedene Dinge faßte und Gutes nicht von Schlechtem, erstrangige

Literatur nicht von banalem Fabulieren schied. Odysseus und Gudrun standen in einer Reihe neben der weißen Frau am Eulenturm und dem kopflosen Mann im Hohlweg, den lokalpatriotischer Eifer dem eigenen Dörfchen als »Heimatsage« schuldig zu sein glaubte. Als erstes ist also eine gründliche Säuberung des Sagen-»Schatzes« vonnöten. Es bleiben dann zwei Kategorien von Sagen, die in der Schule ihren Platz beanspruchen dürfen:

Einmal sind es die großen »klassischen« Sagen der Welt- (nicht nur der nationalen) Literatur, wie Ilias und Odyssee, Nibelungen- und Gudrunlied, Lohengrin und Parsival u. ä. Sie gehören zur literarischen Grundbildung und sind daher im Literaturunterricht (teilweise schon in der Grundschule) zu behandeln. Freilich handeln sie von geschichtlichen Stoffen. Also muß sich der Geschichtsunterricht irgendwie zu ihnen stellen.

Zum anderen sind es die »Volks«-, d. h. literarisch anspruchslosen Sagen, die einen festen historischen Kern enthalten. Sie sind in der Regel von lokalem oder regionalem, nur selten von nationalem Interesse. Historisch betrachtet sind auch sie »Quellen«, freilich nicht für das Geschehen, von dem sie berichten, sondern für das Denken und Empfinden der Generationen, die jenes Geschehen in dieser Form ausdrückten. Sie haben daher durchaus einen bescheidenen Platz im Geschichtsunterricht.

Beide Arten von Sagen sind dann nicht nur nicht schädlich, sondern sogar sehr förderlich für das geschichtliche Verständnis, wenn man sie als das behandelt, was sie sind: als die fantasievoll-mythische Umkleidung eines historischen Kerns, und wenn folglich die Fragestellung darauf zielt, den Kern von dieser Umkleidung zu trennen.

So behält auch dieser Ansatz ein begrenztes Recht. Daß er in einer Klasse immer nur an wenigen Beispielen zu verwirklichen ist, und daß man heute nicht mehr ein ganzes Jahr lang nur Sagen zur Vorbereitung auf Geschichte erzählen kann, versteht sich von selbst.

3.27 Von Lebensbildern geschichtlicher Persönlichkeiten her

Kinder wollen von Menschen hören, die einen Namen haben, wollen mit ihnen erleben und fühlen, handeln und erleiden, sich mit ihnen identifizieren, sich für oder gegen sie entscheiden. Also hat man versucht, über Geschichten von historischen Persönlichkeiten zur Geschichte hinzuführen. Der weitgereiste Marco Polo und der mutige Otto Lilienthal, der unglückliche junge Friedrich und der glückhafte junge Mozart, der treue Friedrich Engels und die heilige Elisabeth und viele andere liefern den Stoff für eine bunte Auswahl unverbundener, mehr oder weniger anekdotenhafter Erzählungen. Kinder hören und lesen solche Geschichten gern, um so lieber, je abenteuerlicher und bewegter sie sind. Freilich sind gerade die großen Persönlichkeiten der Geschichte in ihrem Wirkungsbereich so weit und vielfach verflochten, in ihren Motiven so »erwachsen«, daß sie von Kindern nicht wirklich verstanden werden können. Es ist »kein kleiner Schritt von den gesichtslosen Helden dieser Stufe zur Fülle und Bezogenheit echter geschichtlicher Personen« (*Krieger* 1969). Auch kann die Beschränkung auf »Helden« aller Art einer gefährlichen Einseitigkeit der Geschichtsauffassung Vorschub leisten. So haben solche Geschichten um Personen wohl dort ihr größtes Recht, wo sie »typische Ausformungen des Menschseins in historischer Gemeinschaft« (Ebeling 1965) an möglichst authentischen Einzelgestalten aufzeigen, wie den Herrscher, den Bauer, den Bürger, den Krieger, den Mönch, den Missionar, den Erfinder, den Künstler, den Sklaven (und, soweit möglich alle auch in ihrer weiblichen Ausprägung!), oder wo sie Grundsituationen menschlichen Lebens in beispielhafter Klarheit zeigen, wie Erfolg und Scheitern, Treue und Verrat, Einordnung und Aufruhr, Behauptung und Unterwerfung usw. Sie schaffen Kategorien des Verständnisses, auf die der Geschichtsunterricht bauen kann.

3.28 Von den biblischen Geschichten her

In diesem Zusammenhang dürfen auf keinen Fall die biblischen Geschichten übersehen werden. Schon immer hat man sie als eine wertvolle Propädeutik des Geschichtsunterrichts betrachtet und teilweise ausdrücklich also solche in den Lehrplan eingesetzt. Da sie aber im Religionsunterricht sowieso behandelt werden, braucht der Sachunterricht sie nicht noch einmal vorzusehen. Sollte es freilich einmal dazu kommen, daß ein größerer Teil der Schüler keinerlei religiöse Unterweisung mehr erhält, so müßte man überlegen, wie diese untragbare Lücke auszufüllen wäre. Denn diese Geschichten enthalten einen Schatz von Urmustern menschlichen Wesens und Schicksals in unüberbietbarer Gestaltung: konkret und anschaulich, aber ohne überflüssige Details und daher plastisch und prägnant. In einfacheren Lebensverhältnissen spielend, bieten sie zugleich eine elementare Kulturgeschichte. Aber sie gehen weit darüber hinaus; denn in ihrer Mitte steht immer die geistige Grundfrage des Menschen nach dem Heil seiner Seele. Auch sie ist eine, wenn nicht die zentrale Kategorie der Geschichte. Die Kinder haben dafür ein gutes Gespür. Biblische Geschichten, gut erzählt, gehören zu ihren liebsten Stoffen.

3.29 Von der Förderung des Zeitverständnisses her

Da das Zeitverständnis eine wichtige Komponente des Geschichtsverständnisses darstellt, dient jede Maßnahme zu seiner Förderung zugleich diesem. Das Erlernen der zeitlichen Ordnungsbegriffe und ihrer Berechnung, biologische Erfahrungen mit dem Lebensbogen von Pflanzen und Tieren, Erkenntnis der Generationenfolge, nachdenkliches Erleben der eigenen Zeit, Heraushebung markanter Punkte (Feste, Feiern, einmalige Ereignisse), erste Versuche zur Durchgliederung historischer Zeiträume mittels ihrer räumlichen Veranschaulichung, insgesamt eine Fülle von hilfreichen und notwendigen Maßnahmen gehört dazu. Die Grundschule darf gerade diese Aufgabe auf keinen Fall vernachlässigen.

Damit sind die wesentlichsten Vorschläge für eine Propädeutik der Geschichte aufgezählt. Es hat sich gezeigt, daß kein Weg ganz verworfen werden kann, und so dürfte eine Vielfalt von Wegen dem Kind die meisten Chancen zur Entfaltung seines Geschichtsbewußtseins bieten. Denn auch die Kinder sind verschieden.

Was den einen begeistert, läßt den anderen kalt; was diesem sich aufschließt, bleibt jenem verschlossen. So halte ich einen Streit um die Frage, welcher der Zugänge grundsätzlich vorzuziehen sei, für müßig. Entscheidend ist weniger das »Was?«, d. h. der oder jener Stoffbereich, sondern das »Wie?« der unterrichtlichen Behandlung. Die Feststellung, daß ein Weg kindgemäß und daher grundsätzlich gangbar ist, genügt nicht. Er muß sachgerecht begangen werden, wenn er in der rechten Weise für die Geschichte aufschließen soll. Es wird zu zeigen sein, daß das Bemühen um Sachgerechtheit dem Streben nach Kindgemäßheit nicht notwendig entgegensteht.

3.3 Sachgerechtes Lernen der Geschichte

Das Vorbild sachgerechter Beschäftigung mit der Geschichte finden wir zweifellos in der Arbeit des Geschichtsforschers. Was tut er eigentlich?

Er hat seinen Gegenstand, das Geschehen, nicht unmittelbar vor sich; denn es ist vergangen. Er gewinnt sein Wissen von ihm aus *geschichtlichen Quellen*. Er pflegt sie einzuteilen in

a) Überreste (in unabsichtlicher Weise überkommen), und zwar
   Sachüberreste wie Bauten, Kunstwerke, Flurformen, Geräte, Werkzeuge, körperliche Überreste, Bilder, . . .
   abstrakte Überreste wie soziale Ordnungen, Institutionen, Rechtsnormen, Sitten, Sprachformen, Namen, Zahlen . . .
   schriftliche Überreste wie Urkunden, Akten, Briefe, literarische Werke . . .

b) Tradition (als absichtliche Überlieferung zum Zwecke historischer Erinnerung) in Form
   mündlicher Überlieferung als Erzählung oder Bericht, auch verschlüsselt als Sage, Mythos usw. . . .
   schriftliche Überlieferung in Chroniken, Annalen, Lebensbeschreibungen, Memoiren . . .

Er stellt sich eine ganz bestimmte *Frage*, prüft daraufhin kritisch den Aussagewert der jeweiligen Quellen und bedient sich zu dieser *»Quellenkritik«* einer Reihe spezialisierter historischer Hilfswissenschaften. Er *vergleicht* die so gewonnene Aussage mit anderen und fügt sie nach gründlichem Abwägen in den ihm schon bekannten *Zusammenhang* ein. Er begnügt sich aber nicht mit dem Wissen, daß etwas geschehen sei, sondern fragt nach dem *»Warum?«*, stößt dabei auf ein Geflecht verschiedenartiger, in vielfältiger Wechselwirkung stehender Ursachen und Bedingungen, gesetzhafter und sinnhafter Beziehungen, und versucht es soweit wie möglich aufzulösen. Er *stellt* endlich seine Erkenntnisse in geeigneter Form zur Kenntnisnahme und zur Überprüfung durch andere *dar*. Auch er selbst geht nicht vom Nullpunkt aus: er baut auf dem Wissen, das er von anderen *übernommen* hat. Er benützt nicht nur Quellen, sondern auch Handbücher, Monographien, Tabellen, Atlanten usw. Auf diesem ganzen Wege fordert der Gegenstand ihm die persönliche *Stellungnahme und Bewertung* ab. Er macht sie sich bewußt, um zu möglichst *objektiven Aussagen* zu gelangen.

Was soll uns diese Überlegung für den Schulunterricht nützen? Besteht nicht der denkbar größte Gegensatz zwischen dem naiven Erleben des Kindes und dem streng wissenschaftlichen Vorgehen des qualifizierten Forschers? Nun, es besteht zwar ein sehr großer Abstand im Niveau der Beschäftigung mit dem Sachverhalt, aber *kein grundsätzlicher Unterschied im Verhältnis zur geschichtlichen Wahrheit. Wer nach ihr strebt, muß den Weg gehen, auf dem allein geschichtliches Wissen gewonnen werden kann, und wenn er es in noch so schlichter Weise tut — vorausgesetzt, es soll ein verstandenes Wissen sein* (vgl. *Bruner in Metcalf* 1963, 947).

Das darf nicht mißverstanden werden: Nicht im tatsächlichen Vollzug im einzelnen gleicht die Unterrichtsmethode der Methode der Wissenschaft, weil für sie noch andere Bedingungen bestehen, wohl aber in der *inneren Logik des Vorgehens.*

Welche Quellen der Information stehen dem Geschichtsunterricht zur Verfügung? Man betrachte die obige Aufzählung: grundsätzlich keine anderen, wenn auch in altersgerechter Auswahl und Vereinfachung! Sachgerecht lernt der Schüler dann, wenn er, da er seinen Gegenstand prinzipiell nicht unmittelbar vor die Sinne stellen kann, so nahe wie möglich an ihn herangeht, wenn er nicht fertige Ergebnisse nachsagt, sondern diese in Auseinandersetzung mit dem Sachüberrest, dem Text, der mündlichen Information, der Abbildung, der Zahlenangabe gewinnt, wenn er möglichst viele Informationsquellen verwendet, diese gründlich auslotet, miteinander vergleicht, wenn er nach Erklärungen sucht, Hypothesen aufstellt, bestätigt, verwirft, wenn er über Gewißheit und Grenzen seines so erworbenen Wissens nachdenkt, den eigenen Standpunkt bedenkt und sein Ergebnis in angemessener Darstellung zum Ausdruck bringt. Gewiß bedarf er dazu der Anleitung und Hilfe; gewiß übernimmt er einen Großteil seines Wissens in fertiger Form, anfangs mehr vom Lehrer, später mehr aus verfügbaren Hilfsmitteln. Deswegen ist es durchaus legitim, wenn der Lehrer den Kindern Geschichte erzählt. Es darf aber nicht die einzige Art der Berührung mit Geschichte sein. Denn am meisten sachgerecht arbeitet der Schüler immer dann, wenn er *das Werden geschichtlichen Wissens auf seinem Verständnisniveau aktiv nachvollzieht.*

Und wenn es auch zunächst überraschen mag: dieser Weg ist zugleich kindgerecht! Er führt die engste Berührung mit dem konkreten Gegenstand herbei und erlaubt das größte Maß an selbständiger Auseinandersetzung mit ihm. Am wenigsten sach- und kindgerecht aber ist der Verbalismus abstrakter, anschauungs- und blutarmer Leitfadentexte, der den Unterricht in so vielen Schulen noch beherrscht und in seiner geistigen Hochstapelei von vielen gar noch als »wissenschaftlich« mißverstanden wird. Dieses armselige Zerrbild geschichtlichen Lernens wird in der Regel mit dem vermeintlichen Druck einer fatalistisch hingenommenen Stofffülle entschuldigt, die ein gründlich vertiefendes (als allein sach- und kindgerechtes) Vorgehen nicht zulasse. Aber gerade weil die Bewältigung aller möglichen und würdigen Einzelinhalte von Anfang an ein hoffnungsloses Unterfangen ist (auch die geltenden Lehrpläne stellen nur eine relativ willkürliche Auswahl dar), kommt es doch darauf an, *daß der Schüler lernt, wie man in Geschichte fragen muß*, um zu gültigen Antworten zu kommen; mit anderen Worten: *daß er die Methode geschichtlichen Erkennens lernt.* Sie macht ihn fähig, das unentbehrliche Orientierungswissen, das er fertig übernehmen muß, selbständig zu beurteilen, und sie befähigt ihn zum selbständigen Erwerb weiteren Wissens. Sie allein bewirkt, daß er sein Wissen beherrscht und nicht von ihm beherrscht wird.

Diese Urteils- und Lernfähigkeit ist in unserer Zeit ein wesentliches Bildungsziel. Ein Unterricht, der gegenstandsgerechtes Fragen und Lernen lehrt, ist also nicht nur sach- und kind-, sondern auch *zielgerecht.*

Die methodische Grundstruktur dieses Unterrichts ist vorgezeichnet: Unter einer bestimmten *Fragestellung* bauen wir auf der Stufe der *Vergegenwärtigung* aus der Arbeit an den verfügbaren »Quellen« ein Vorstellungsbild des damaligen Geschehens auf. Auf der Stufe der *Besinnung* denken wir über die Sachzusammenhänge dieses Geschehens, über seine Bedeutung für uns und über die Gewißheit unseres Wissens von ihm nach. Die Stufe der *Aufarbeitung* in altersgemäßer Darstellung rundet erst den Lernprozeß mit einem verbindlichen Ergebnis ab. Diese Grundstruktur erlaubt vielfältige Variationen und paßt sich mancherlei Gestaltungsideen an; im Kern muß sie aber erhalten bleiben, wenn immer der Unterricht richtig, d. h. kind-, sach- und zielgerecht sein soll.

Die folgenden Beispiele sollen zeigen, wie ein solches Arbeiten in der Grundschule in einem höheren Grade, als es bisher üblich war, angebahnt werden kann. Sie wurden aus verschiedenen der genannten Sachbereiche genommen. Schwerpunkt der Betrachtung sollte aber das »Wie« des Unterrichts, die innere Logik seines Vorgehens sein. Alle Beispiele wurden unter Mitarbeit von Studierenden der Pädagogischen Hochschule in vierten Grundschulklassen, z. T. mehrfach, erprobt. Mit Vereinfachungen dürften sie sich zum Teil auch für das dritte Schuljahr eignen. Ein noch früherer Beginn dürfte auf unübersteigbare Grenzen stoßen. Wie die Beispiele im folgenden aufgezeichnet sind, stellen sie die gerafften bzw. ergänzten Protokolle jener Unterrichtsstunden dar, denen didaktisch-methodische Erläuterungen beigegeben sind.

3.4 Unterrichtseinheiten

3.41 Von der Betrachtung vorgeschichtlicher Funde zum Lebensbild der Vorzeitmenschen

3.411 Ziel der Unterrichtseinheit

Der Wert des Zugangs über die Vorgeschichte wurde bereits (unter 3.23) begründet. In dieser Unterrichtseinheit soll ein möglicher Weg sachgerechter

Verwirklichung gezeigt werden. Selbstverständlich vermittelt sie konkrete Anschauungen und Detailkenntnisse in nicht geringer Zahl. Sie zielt aber nicht auf einen fest umrissenen Wissenskanon, sondern auf die Weisen sachgerechter Beschäftigung mit dem Gegenstand: das Beobachten, Vergleichen, Unterscheiden, das Bilden und Überprüfen von Hypothesen, das nachvollziehende »Verstehen« menschlicher Situationen, die kombinierende Phantasie, das Fragen nach den Gründen und Grenzen unseres Wissens. Der Unterricht soll den Weg nachvollziehen, auf dem Wissen von der Vorgeschichte zustandekommt. Das kann freilich nur in sehr vereinfachender Weise geschehen. Die Hauptschritte des Weges sind aber vorhanden, und auf ihnen liegt das jeweilige Schwergewicht.

3.412 Verlauf des Unterrichts

ERSTER TEIL (= EINSTIEG): SELTSAME FUNDE

1. Arbeit am gegenständlichen Überrest: Betrachtung einzelner Fundgegenstände

Ein Kasten mit naturgetreuen Nachbildungen vorgeschichtlicher Funde aus der Lehrmittelsammlung steht verdeckt bereit. Die Schüler sitzen im Halbkreis um den Lehrer.

»Ich habe euch etwas mitgebracht«. Der Lehrer holt einen Faustkeil aus dem Kasten, reicht ihn herum, läßt ihn betrachten und betasten.

Das ist ein Stein. Er ist oben bräunlich und unten gelblich. Er ist glatt. Er hat so Kanten. Er sieht wie bearbeitet aus . . .

»So hat man ihn gefunden. So lag er in der Erde, und zwar im Boden einer Felsenhöhle, ähnlich der vom Hohlen Fels bei Happurg«.

Die K. vermuten, der Stein stamme von Urmenschen, die ihn so bearbeitet hätten. Andere bezweifeln das und meinen, »die Natur hätte ihn so gemacht«.

L. zeigt einen weiteren Faustkeil von besonders spitzer Form. »Da sieht man es noch deutlicher: So zerbricht kein Stein von selbst. Auch Tiere können so etwas nicht machen. Das kann nur ein Mensch gewesen sein.«

K. versuchen zu erklären, wie das der Mensch wohl gemacht habe, wozu er den Stein gebraucht habe usw.

»Das ist ein sehr harter Stein. Man nennt ihn Feuerstein. Wenn man ihn schlägt, so springen lauter kleine, flachgebogene Stückchen ab, und es entstehen so scharfe Kanten«.

K. versuchen, beide Steine richtig in die Hand zu nehmen und überlegen, wozu sie wohl gedient haben könnten. Die Hand des Lehrers paßt besser. Er zeigt, wie sich der Stein in die Faust schmiegt, wie man mit ihm schlagen und ziehend reißen kann. »Man nennt ihn Faustkeil.« Er legt beide Steine auf den Tisch.

Nun zeigt der Lehrer einen fein bearbeiteten, schmalen Feuersteindolch vor. »Auch das hat man in der Erde gefunden, allerdings nicht in einer Höhle, sondern auf freiem Felde, als man in der Erde grub.«

Der ist viel schöner. Er sieht aus wie ein Messer. Mit ihm kann man viel besser stechen und schneiden. Mit ihm kann man sich wehren, ein Tier schlachten, Fell schneiden... Er ist kunstvoller bearbeitet als der Faustkeil. Er zerbricht aber auch leichter. »Es ist ein Dolch aus Feuerstein«. L. legt ihn zu den Faustkeilen.

Ähnlich, nur etwas kürzer werden besprochen und gezeigt: ein Absatzbeil aus Bronze, eine Harpune mit Widerhaken aus Knochen, eine Wurfspeerspitze aus Knochen, eine durchbohrte und geglättete Steinaxt, eine Handspitze aus Feuerstein, ein Beilgriff aus Hirschhorn, ein Tüllenbeil aus Eisen. Material, Herstellung, Bau, Befestigung an Stielen, mögliche Verwendung werden überlegt, ohne daß man sich schon auf Gewißheiten festlegte. Der Lehrer betont immer wieder, daß es sich nur um unsere Vermutungen handle: »Das könnte wohl so sein, wie du sagst. Aber man kann es vielleicht auch anders erklären«. Falsche Beiträge werden durch genauere Betrachtung der Gegenstände als unwahrscheinlich oder unmöglich erwiesen, nicht durch die Berufung auf ein anderweitig gewonnenes Wissen. Manches wird offen gelassen.

2. Zeitliche Ordnung der Fundstücke

Die Einzelstücke liegen in der Reihenfolge der Betrachtung, also zeitlich ungeordnet auf dem Tisch.

»Wenn ich mit so einem Ding arbeiten müßte, mir fiele die Wahl leicht.«

Mit dem Metallbeil kann man einen Baum viel schneller fällen als mit dem Steinbeil. Das durchbohrte Steinbeil ist wieder besser als der Faustkeil usw. Niemand würde ein steinernes Werkzeug nehmen, wenn er ein metallenes haben kann usw.

»Demnach müßten unsere Gegenstände eigentlich in einer anderen Reihenfolge liegen.«

Die K. versuchen sofort, nach dem Früher und Später zu ordnen, schlagen vor, widersprechen, argumentieren. Als Gründe geben sie das gröbere oder feinere Aussehen der Gegenstände, ihre technische Vollendung, ihre Brauchbarkeit an. Der Lehrer hilft, wo nötig, und erklärt nebenbei den Unterschied von Fern- und Nahwaffen. Zum Schluß liegen die Fundstücke in der Ordnung, in der ihre Namen auch an der Tafel fixiert werden:

TA   *Wir sahen:* einen breiten Faustkeil, einen spitzen Faustkeil und eine Handspitze aus Feuerstein, eine Harpune und eine Wurfspeerspitze aus Knochen, einen Dolch aus Feuerstein, einen Stiel für ein Steinbeil aus Hirschhorn, eine durchbohrte und geschliffene Axt aus Stein, ein Absatzbeil aus Bronze, ein Tüllenbeil aus Eisen.

3. Gewinnung der eigentlichen Fragestellung

»Über die paar Gegenstände, die man in der Erde gefunden hat, wissen wir schon allerlei durch genaues Hinschauen und Nachdenken. Gewiß möchtet ihr aber noch viel mehr darüber wissen.«

Die Fragen der Kinder werden geordnet an die Tafel geschrieben:
TA Wie haben die Menschen damals gelebt?
Wie haben sie die Werkzeuge hergestellt?
Wie sahen die Menschen damals aus?
Wo hat man die Sachen gefunden?
Warum findet man sie gerade in der Erde?
u. a.
»Um all das zu erfahren und zu verstehen, brauchen wir schon einige Stunden. Helft alle mit, überlegt, sucht zusammen, was ihr darüber finden könnt, und bringt es mit.«

4. Aufarbeitung

Schriftlicher Eintrag der Liste der Fundgegenstände; freiwillige Skizzen dazu. Die Liste eignet sich auch zum Partnerdiktat und zur Aufschreibübung (d. h. zum fehlerlosen Niederschreiben aus dem Gedächtnis).
Sprachliche Umformungen:
eine Harpune aus Knochen — eine Knochen-Harpune — eine knöcherne Harpune,
ein Faustkeil aus Feuerstein — ein Feuerstein-Faustkeil (?) — ein steinerner Faustkeil (warum nicht »ein feuersteinerner«?)
Wozu kann man die Gegenstände verwenden?
Mit dem Faustkeil kann man zuschlagen, ein Tier töten, kämpfen, die Erde aufwühlen, ein Fell aufreißen . . .
Der Faustkeil eignet sich zum Zuschlagen, zum Töten von Tieren . . .
Die Kinder bringen Bilder, Bücher usw. von den Vorzeitmenschen mit. Einige Buben versuchen, mit Stöcken und Bast die Beile zu schäften (was sie nur andeuten dürfen, weil die Nachbildungen zerbrechlich sind). Der Gedanke »eigentlich dürften wir ja nur Steinwerkzeuge dazu verwenden« macht ihnen die Situation jener Menschen noch einmal besonders deutlich.
Einige Schüler schreiben Beschriftungsschilder für die Fundstücke, auch die noch nicht vorgezeigten, und ordnen sie im Schaukasten zu einer Ausstellung. Entfernte oder vertauschte Schildchen geben Anlaß zu Benennungsübungen.

ZWEITER TEIL: UNTERRICHTSFILM F 263 »AUSGRABUNGEN AUS DER STEINZEIT«

1. Vorbereitung

»Ihr wolltet wissen, wie man die Dinge gefunden hat, die wir betrachtet und ausgestellt haben. Unser Film heißt »Ausgrabungen aus der Steinzeit«. Er wird uns Vorgeschichtsforscher bei ihrer Arbeit zeigen. Was erwartet ihr zu sehen?«
Die K. tragen ihre Vermutungen zusammen und wiederholen dabei die Ergebnisse der ersten Stunde. Der Lehrer bestätigt bzw. verneint und

faßt endlich die Ergebnisse des Gesprächs in einer Ankündigung des Inhalts zusammen:
»Wir werden zwei Ausgrabungen sehen. Bei der ersten werden nur Gegenstände gefunden, z. B. ein Mahlstein, eine Steinaxt, ein Steinschlägel, ein Tongefäß, eine steinerne Pflugschar. Bei der zweiten wird ein menschliches Skelett samt Schädel freigelegt. Auf eines muß ich euch vorher hinweisen: Ihr werdet euch gewiß fragen, wie die Forscher darauf kamen, daß sie gerade an diesen Stellen graben müssen. Sie merkten es daran, daß an diesen Stellen der Boden eine andere Farbe hatte, viel dunkler war als der sonstige helle Sandboden. Auf diese Verfärbungen des Bodens sollt ihr besonders achten. Die weiteren Beobachtungsaufgaben versteht ihr von selbst«. L. schreibt an und weist jeweils einer Schülergruppe ihre Aufgabe zu

TA   Wir achten auf:
1. Die Verfärbungen im Boden
2. Die Fundstücke
3. Die Arbeitsgeräte und die Tätigkeiten der Forscher
Einige K. wiederholen ihre Beobachtungsaufgabe.

2. Darbietung des Films
Der Film wird vorgeführt. Schüler und Lehrer begnügen sich mit kurzen Äußerungen bzw. Hinweisen.

3. Verarbeitung des Gesehenen
»Sicher war im Film manches ganz anders, als ihr euch vorgestellt habt.«
Die K. äußern sich zunächst frei und ungelenkt über alles, was ihnen besonderen Eindruck machte. Besonders die Sorgfalt der Forscher bei der Freilegung des Skeletts hat es ihnen angetan. Der L. lenkt die Beiträge und Fragen hin zur geordneten Besprechung nach den erteilten Arbeitsaufgaben.
Die von oben und von der Seite runden Bodenverfärbungen werden als Abfallgruben, die von oben rechteckigen als Gräber erklärt. Die Tafelanschrift wird ergänzt:

TA   Die Verfärbungen im Boden zeigen Überreste menschlichen Lebens an.

Die Fundstücke werden aufgezählt und kurz beschrieben. Nur steinerne Gegenstände wurden gefunden: Die Menschen kannten also kein Metall, gewiß aber Holz, Felle, vielleicht auch gewebten Stoff. Diese Materialien sind aber längst verfault. Ähnlich ist es mit den menschlichen Körpern: nur das Härteste, die Knochen, sind noch erhalten.

TA   Die Fundstücke: ein Mahlstein, eine Steinaxt, ein Steinschlägel, ein Tongefäß, eine steinerne Pflugschar, ein menschliches Skelett mit Schädel.

Die einzelnen Geräte und die Tätigkeiten der Ausgräber werden benannt und aufgeschrieben:

TA   Mit Spaten und Schaufel heben die Helfer die Deckschichten ab.
Mit Spatel und Nadel legen die Forscher die Fundstücke vorsichtig frei.
Mit grobem und feinem Pinsel entfernen sie die Erdreste.
Mit Mullbinden umwickeln sie den morschen Schädel.
Mit Maßband, Meßblatt und Fotoapparat halten sie das Aussehen der Fundstelle genau fest.

4. Besinnung

»So viel Mühe wird aufgewendet für ein paar alte Steine und ein paar morsche Knochen. Lohnt sich das?«
Die Dinge sind wertvoll, weil sie uns von früher erzählen. Nur ganz wenige solcher Dinge sind von früher erhalten. Sie müssen sorgfältig bewahrt werden.
L. erzählt von den vielen Verlusten durch Unaufmerksamkeit, Unwissen, aber auch durch wilde Grabungen aus Neugier oder sogar aus Habsucht. Solche Funde gehören uns allen und nicht dem einzelnen. Wer auf sie stößt, muß das sofort melden. Dann kommen die Vorgeschichtsforscher und kümmern sich um die Fundstelle. Heute haben sie sehr viel zu tun. Weil so viel gebaut wird, werden beim Ausbaggern immer wieder solche Überreste aufgedeckt. Sie müssen rasch gerettet werden, damit der Bau weitergehen kann. »Da ist es dann gut, wenn Leute dabei sind, die schon in der Schule gelernt haben, wie wertvoll diese Funde sind. Ihr gehört jetzt zu diesen Leuten.«

5. Aufarbeitung

Niederschrift in Einzel- oder Partnerarbeit: Wir sahen den Film »Ausgrabungen aus der Steinzeit«. Die Niederschrift soll alle Wörter enthalten, die an der Tafel unterstrichen waren. Bessere Schüler bringen eine selbständige Leistung, schwächere bleiben näher am Tafeltext.

DRITTER TEIL: WAS UNS DIE FUNDE ERZÄHLEN

1. Aufgabenstellung:

»Wir haben Fundstücke aus alter Zeit betrachtet und im Film gesehen, wie man sie gefunden hat. Was euch am meisten interessiert, habt ihr aber noch nicht erfahren.«
Wir möchten wissen, wie die Menschen damals gelebt haben ...
»Ja, aber ich sage euch das nicht so einfach; ihr sollt durch eigenes Nachdenken darauf kommen. Ich berichte euch nur, was die Forscher gefunden haben.«

2. Erarbeitung

a) »Von ihren Waffen und Werkzeugen wißt ihr ja schon manches.«

Die Kinder versuchen sich in Schlußfolgerungen und wiederholen dabei das bereits Bekannte über Waffen und Werkzeuge und deren Gebrauch.

b) »Was sie aber mit diesen Waffen erlegten, wissen wir noch nicht. Immerhin könnt ihr einiges schon ziemlich sicher sagen.

Harpunen für Fische, Fernwaffen wie Speere und Pfeile für flüchtige Tiere wie Reh usw.

»Zum Glück hat man nicht nur Werkzeuge gefunden. Bei ihnen lagen oft viele Knochen von Tieren. Die Tierforscher brauchen einen solchen Knochen nur genau zu untersuchen, dann wissen sie, zu welchem Tier er gehört. Man fand Tiere, die es heute noch gibt, und andere, die es nicht mehr gibt, wie z. B. das Rentier, das Mammut, das Wollnashorn, den Höhlenbären«.

Die Tiere werden beschrieben und, wenn möglich, im Bild gezeigt, die Namen werden an die Tafel geschrieben.

TA *Man fand:* Knochen von Rentieren, vom Mammut, vom Wollnashorn, vom Höhlenbär.

»Man fand auch Knochen von Hirschen, Tigern, Steppenelefanten, Flußpferden und Nashörnern, Wildpferden und Rindern . . .«

TA weiter wie oben (so auch im folgenden)

»Aber seltsamerweise fand man nie Knochen von der ersten und der zweiten Gruppe beisammen. Sie lagen ganz verschieden tief im Boden«.

Die erstgenannten Tiere leben in kalten, die anderen in warmen Ländern. Also muß sich das Klima geändert haben. Es muß kalte und warme Zeiten gegeben haben. Die kalten heißen Eiszeiten . . .

c) »Man fand sehr viele Tierknochen, aber nur sehr wenige Menschenknochen«.

Es hat nur wenige Menschen damals gegeben. Sie wohnten weit verstreut. Jede Gruppe brauchte ein großes Jagdgebiet.

d) »Man fand große Gruben mit dunkler Verfärbung des Bodens, in ihnen Mammutknochen, dazu schwache Überreste von Holzpfählen. Die Knochen waren zertrümmert, Elfenbeinsplitter lagen daneben. Es handelte sich um Knochen von jungen Tieren.«

Die jungen, unerfahrenen Mammute wurden in Fallgruben gefangen. In den Gruben steckten Holzpfähle mit der Spitze nach oben. Sie waren gewiß oben abgedeckt, wenn man auch keine Überreste der Abdeckung mehr gefunden hat.

e) »In einer Felsenschlucht lagen in ungeheuren Haufen die Knochen von über zehntausend Wildpferden«.

Die Pferde, die im Schrecken scheuen und blindlings davonrasen, wurden in diese Falle gejagt.

f) »Bei den Knochen und den Werkzeugen fand man auch immer wieder angekohlte Holz- und Knochenreste«.

Die Menschen mußten Feuer gehabt haben. Wie sie es wohl entzündeten? Blitz, Reiben, Feuerquirl . . .

g) »Wir denken uns eine solche Höhle von oben nach unten durchgeschnitten. Unten lagen durchbohrte Faustkeile, Steinschaber und ähnliches, dazu Höhlenbärenknochen, Mammutknochen... Oben lagen durchbohrte Steinbeile, Topfscherben aus gebranntem Ton« (Skizze oder Bild).

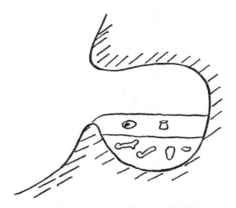

Die tieferen Schichten sind die älteren. Wie wir in der ersten Stunde schon fanden, lernten die Menschen erst später, Steine zu durchbohren, zu schleifen, Töpfe zu formen und zu brennen.

Die Höhle wurde zu verschiedenen Zeiten von Menschen bewohnt. Wahrscheinlich lebten viele Generationen von Menschen in ihr.

Die Menschen mußten das Feuer gekannt haben, wenn sie Ton brennen konnten. Aber auch die viel früher lebenden Menschen hatten schon das Feuer...

h) »In den Tongefäßen fand man noch verkohlte Speisereste. Als man sie unter dem Mikroskop untersuchte, stellte man Getreidekörner darin fest. In der Nähe lagen flache, gebogene, scharfe Steine (Skizze) und große, muldenförmige Steine mit rauher Oberfläche, in die kleinere, ebenso rauhe Steine paßten«.

Die Menschen müssen Getreide gekannt haben. Die flachen Steine haben die Form von Sicheln, also haben die Menschen wohl schon Ackerbau getrieben. Mit den Handmühlen zerrieben sie die Körner zu Mehl...

i) »Man fand Menschenknochen, wohlgeordnete Skelette, teils lang liegend in Überresten von Baumstämmen, teils mit angehockten Beinen, um die Beine Überreste von Stricken, das alles mit Steinen umpackt. Dabei standen Tontöpfe mit Essensresten. Auch Waffen wie Steindolche, Beile usw. lagen dabei«.
   Die Menschen glaubten an ein Weiterleben der Toten. Vielleicht fesselten sie diese, weil sie Angst hatten, sie könnten als Geister zurückkehren ...
   Das können wir aber nicht genau wissen. Warum nicht? Weil sie es uns nicht mehr sagen können, und weil wir nichts Schriftliches von ihnen haben. Ihren Glauben können wir also nur vermuten.

k) »In einer Felsengrube fand man aber auch ungeordnete Haufen von Menschenknochen kreuz und quer übereinander liegend, meist von Frauen und Kindern, teils zertrümmert, die Schädel eingeschlagen ...«
   Menschenopfer? Menschenfresserei? Es ist ziemlich sicher, daß jene Menschen getötet und verzehrt wurden. Aus Hunger? Aus religiösen Gründen als Opfer? Wie könnten wir darüber Gewißheit erlangen? Auch heute gibt es noch Menschenfresser. Sie tun es aber nie, um satt zu werden, sondern weil sie glauben, damit die Kraft des Opfers zu bekommen, die Götter zu versöhnen usw. Ob es damals auch so war? Ganz gewiß werden wir es nie erfahren. Warum nicht? s. o.

l) »Man fand Knochen und Rentiergeweihe, in die Bilder eingeritzt waren«.
   Der Lehrer versammelt die Kinder zum Halbkreis und zeigt ihnen Nachbildungen solcher Fundstücke. Die Kinder erkennen ein Mammut, ein Pferd, ein Rentier. »An manchen Höhlenwänden und -decken entdeckte man Bilder von Rindern, Pferden, Mammuten, auch von rennenden Menschen mit Waffen, vor allem aber Tiere, Tiere, Tiere.« Der L. zeigt einige Abbildungen solcher Höhlenmalereien. Sie werden gründlich betrachtet. K. vermuten, sie hätten dem Schmuck der Wohnhöhlen gedient, sie seien ein »Tagebuch der Jagderfolge« oder »Götzenbilder« gewesen.
   Diese Bilder entdeckte man in ganz dunklen, fast unzugänglichen Nebenhöhlen, in die kein Licht fiel und in denen auch keine Abfälle und Überreste lagen«.
   Die Menschen mußten Lampen oder Fackeln benützt haben, um die Bilder zeichnen und sehen zu können.
   Die Zeichnungen konnten nicht dem Schmuck gedient haben, sondern vielleicht dem Jagdzauber o. ä.
   Die Menschen zeichneten, was ihnen wichtig war: ihre Jagdtiere ...
   »Wie es dabei zugegangen sein mag? Das wollen wir uns das nächste Mal ausmalen«.

3. Aufarbeitung

Niederschrift in Einzel- oder Partnerarbeit:
   Man fand Scherben von gebranntem Ton. *Daraus können wir schließen, daß* die Menschen schon das Feuer kannten.

Man fand Mammutknochen in Gruben. Daraus können wir schließen, daß die Menschen Fallgruben bauten.

usw.

Arbeit am sprachlichen Ausdruck: Wie können wir das »Schließen« noch ausdrücken?

Man fand Tongefäße. *Also* müssen die Menschen das Feuer gekannt haben.

Man fand ... Sie müssen *daher* ...

Aus den Tonkrügen ist zu *ersehen, daß* ...

Die gefundenen Tonkrüge *deuten darauf hin* ...

Aus dem Fund von Tonkrügen *wissen wir* ...

usw.

VIERTER TEIL: EIN LEBENSBILD AUS DER VORZEIT

1. Vergegenwärtigung

»Heute gehen wir mit den Urmenschen auf die Jagd. Helft alle mit!«

Wie sollen sie heißen? Wo sollen sie wohnen? Wie sollen sie angezogen sein? Welche Waffen sollen sie haben? Welche Tiere sollen sie jagen? usw. Im entwickelnd-darstellenden Verfahren bauen Lehrer und Kinder ein detailreiches, bewegtes Bild des damaligen Geschehens auf. Der Lehrer bestimmt durch Leitimpulse die Vorstellungsrichtung, die Kinder tragen in produktiver Weise ihre nun schon recht reichen und exakten Vorstellungen bei. Der Lehrer malt ergänzend die Situationen aus und erzählt in zusammenhängender Weise die Höhepunkte des Geschehens.

Inhalt der Geschichte in Stichworten (in Anlehnung an *Ebeling* 1965):

Horde in ihrer Höhle. Häuptling Ummo, Männer, Frauen und Kinder — teils in Fellen, teils nackt ... Männer bereiten Waffen ... Frauen schaben Felle ... Einer fehlt: der Zauberer Hajo ... im dunklen Gang verschwunden ... kommt wieder ... winkt den Männern ... diese greifen nach den Waffen und folgen ihm ins Dunkle ... alles voll ängstlicher Spannung ... Frauen dürfen nicht folgen ... durch enge Gänge und Spalten ... Höhle weitet sich ... Fakkeln ... Ausrufe des Erstaunens ... an den Wänden Bilder von Tieren, Pferden ... Zauberer taucht auf, in Bärenfell gekleidet, mit Hirschgeweih auf dem Kopf, beginnt den Beschwörungstanz ... Männer folgen, immer rascher, immer heißer, immer enger um die Tierbilder, stechen mit den Speeren nach ihnen, jubeln und schreien vor Erregung, fühlen sich mutig und stark und erfolgreich ... kehren zurück in die Wohnhöhle, brechen auf zur Jagd ...

Männerhorde teilt sich ... Wildpferdherde entdeckt auf Hochfläche ... kreisen Pferde ein ... schleichen näher ... Leithengst wird unruhig, wittert ... Männer von hinten brechen mit Gebrüll vor, Pferde erschrecken, da auch Männer von den Seiten ... Herde jagt davon, die vorderen Tiere bäumen sich vor dem Abgrund, die hinteren drängen nach, stürzen mit Angstgeschrei in die Tiefe, einige brechen seitlich aus, überrennen Männer, treffen einen mit den Hufen, flüchten ... Horde stützt sich auf die Beute, schlagen mit Keulen die Pferde gar

tot, schlitzen die Hälse auf, trinken Blut, reißen und schneiden Fleisch heraus . . .
holen Frauen . . . schleppen Vorrat heim, braten und essen, essen . . . holen den
Toten, klagen um ihn, legen ihn in Grube, fesseln ihn, schleichen voll Angst weg,
meiden den Ort hinfort . . .

2. *Besinnung*

Die Kinder sind interessiert, ja begeistert mitgegangen, ihr Ausdrucksbedürfnis
ist befriedigt, die sachlichen Zusammenhänge sind ihnen klar.

Der Lehrer bahnt nun vorsichtig die ganz andere Fragehaltung der Besinnung
an.

»Die Jagd hat euch gefallen. Möchtet ihr nicht auch ein solches Leben führen?«

Einige Jungen sind gleich dafür, sind ihrer Begeisterung aber doch nicht so
sicher. Als andere die Widrigkeiten, Unbequemlichkeiten und Gefahren
jenes Lebens aufzeigen, gefällt es ihnen in der eigenen Zeit doch besser . . .

»Der Jagdzauber kam euch seltsam vor, und ihr möchtet wohl lachen, wenn
erwachsene Männer sich so gebärden«.

Die K. verstehen ohne Schwierigkeit, daß der Zauber den Menschen in
ihrer Bedrängnis, Angst und Schwäche Zuversicht und Mut gab, daß er
also nicht nur ein »fauler Zauber« war, sondern auf die Menschen tatsächlich »verzaubernd« wirkte. Ob das für uns Heutige auch noch gilt?
Die Frage wird nur ganz vorsichtig angedeutet und nicht in die Tiefe
geführt. (Talisman, Maskottchen, Anfeuerungsrufe beim Sport, Marsch-
musik).

Das Gespräch führt weiter zu der Einsicht, daß die Menschen von Natur
aus viel schwächer ausgestattet sind als die Tiere, daß sie aber die beste
Waffe haben, nämlich ihren Geist, der sie den Tieren überlegen macht.

»Ist das nun eine wahre oder eine erfundene Geschichte?«

Alle K. haben verstanden, daß die Geschichte teils wahr, teils erdichtet
ist. Erfunden sind die Namen und die Szenen. Wahr sind alle Einzelheiten über Waffen, Wohnung usw. »Warum erzähle ich euch dann keine
ganz wahre Geschichte?« *Weil niemand sie erzählen kann!* Wir wissen
nichts von den Namen jener Menschen, nichts von ihren persönlichen
Erlebnissen und Schicksalen. Wir haben nur die Funde, und wir schließen
daraus, daß es solche »Geschichten« so oder ähnlich damals gegeben haben
muß. Alles, was wir von den Vorzeitmenschen in Büchern lesen können,
ist so entstanden. Forscher haben ausgegraben und nachgedacht, Erzähler
haben sich die Geschichten dazu ausgemalt.

ZUR ERGÄNZUNG UND ABRUNDUNG DER UNTERRICHTSEINHEIT

Nun ist es an der Zeit, die eine oder andere fertige Erzählung aus der Vorgeschichte vorzulesen oder mit den Kindern zu erlesen. Sie finden sich allerdings
in sehr unterschiedlicher Qualität. Zu empfehlen sind die Erzählungen von *H.
Ebeling* (in »Die Reise in die Vergangenheit« und »Geschichten aus der Ge-

schichte«) und die von *F. Walburg* herausgegebenen »Erzählungen aus der Geschichte« in Einzelheften.

Darüber hinaus sollte die Einzellektüre angeregt werden durch Hinweise auf geeignete Jugendbücher, von denen sich einige auch in der Schülerbücherei finden sollten.

Unsere selbst erarbeitete Erzählung spielt in der späten Altsteinzeit, die gezeigten und besprochenen Funde reichen aber in die jüngere Steinzeit und die beginnende Metallzeit. Man könnte nun eine weitere Geschichte vom seßhaften Leben der Bauern in der Jungstein- oder der Bronzezeit darbieten oder erarbeiten und den historisch so wichtigen Unterschied zwischen dem schweifenden und dem seßhaften Menschen, der bisher nur nebenbei anklang, deutlich herausarbeiten.

Ebenso nahe liegt die Erarbeitung einer ersten »Zeitleiste«, wie sie unter 3.42 ausführlich dargestellt ist.

Die von Lehrer und Schülern zusammengetragenen Bilder werden auf den jeweiligen Anteil von sicherem Wissen und hinzugetaner Phantasie hin untersucht, beschriftet und zu einer Ausstellung geordnet.

Für den zeichnerischen Ausdruck in mehr erzählender (Szenen in Einzel- oder Gemeinschaftsleistung, als Wandfries usw.) oder mehr darstellender Art (Einzelobjekte) gibt es manche Möglichkeiten.

Das gleiche Thema behandelt der Unterrichts-Tonfilm FT 479. Er ist inhaltlich noch vielseitiger und technisch besser, zeigt aber Ausgrabungen aus der fränkischen Zeit. Er ermöglicht einen recht guten Vergleich der Stein- und der Eisenzeit. Wie uns berichtet wurde, hat er schon im 3. Schuljahr reges Interesse ausgelöst.

Eng mit der Vorgeschichte verbunden ist der Nachvollzug der einen oder anderen »Urerfindung« wie des Töpferns, Spinnens, Webens, Metallgießens, Feuermachens usw. Hier können wir auf die mustergültig durchgeführten Unterrichtseinheiten in *Ebeling/Kühl* (1964) verweisen. Produktive Vorwegnahme in der Vorstellung, praktisches Tun in Auseinandersetzung mit der Eigengesetzlichkeit des Materials, gedanklich-sprachliche Bewältigung der Erfahrungen durchdringen sich in diesen Unterrichtsbeispielen aufs engste, Sach-, Werk- und Deutschunterricht gehen eine enge Verbindung ein.

3.413 Erläuterungen

zu I.: Betrachtung der Fundstücke

Der Beginn ist ein »Einstieg« im eigentlichen Sinne dieses Begriffes. Er führt unmittelbar an den Gegenstand hin, packt ihn an einer Stelle, die für das Kind unmittelbar zu erfassen ist, und enthält doch eine Fülle von Problemen, die sich beim Eindringen eines nach dem anderen ergeben und die Arbeit der folgenden Stunden sachlogisch und psychologisch motivieren.

Voraussetzung eines solchen Beginns ist das Vorhandensein realer Dinge, die man betrachten, betasten, mit allen Sinnen prüfen kann. Das kann nicht genügend betont werden. *Ohne fachgemäßes Material ist fachgemäßes Arbeiten nicht möglich.* Billiger geht es nicht. Billiger wären zwar bloße Worte, aber nur mit ihnen zu arbeiten ist weder fach- noch kindgemäß und dementsprechend wenig wert.

In unserem Falle sind es die Fundstücke, mit denen auch der Forscher seinen Erkenntnisweg beginnt. Die naturgetreuen Nachbildungen, die wir verwenden, sind im Lehrmittelhandel zu erschwinglichen Preisen (ca. 250,— bis 300,— DM je Serie) erhältlich und sollten in jeder Schule vorhanden sein. Besser noch wären freilich originale Stücke. Doch werden diese, obgleich in recht großer Zahl vorhanden, von den Museen in der Regel eifersüchtig gehütet, und man muß sich schon hinbegeben, um mit ihnen arbeiten zu können. Der Museumsbesuch macht natürlich mehr Umstände, und er muß gut organisiert sein, wenn er gelingen soll.

Noch günstiger wäre es, könnte man eine Ausgrabungsstätte besuchen und somit noch näher am Gegenstand, dem Leben der Steinzeitmenschen, beginnen. Das dürfte aber nicht oft möglich sein. In unserem Falle ersetzt der Film diesen Besuch zwar nicht völlig, aber hinreichend. Zu überlegen wäre, ob man nicht mit einem kurzen Bericht über eine Fund-Situation beginnen und dann gleich den Film zeigen solle. Uns erschien der Beginn mit den Einzelgegenständen noch unmittelbarer und zugleich problemhaltiger.

Die Auswahl der gezeigten Stücke ist völlig unerheblich. Wenn die ersten recht gründlich betrachtet werden, kann man die weiteren ziemlich rasch erledigen und der späteren Betrachtung im Schaukasten überlassen.

Entscheidend ist, daß bei diesem ersten Schritt immer der Vermutungscharakter aller Erklärungsversuche bewußt bleibt. Nicht ein fertiges, von irgendeiner Autorität stammendes »Faktenwissen« wird angestrebt, sondern genaues Beobachten und durch Orientierung an der Beobachtung gezügeltes Denken.

zu I/2: Die Stücke sind zeitlich ungeordnet gezeigt worden. So findet man sie tatsächlich vor, und so nötigen sie zu vergleichendem, schlußfolgerndem, kritisch prüfendem, produktivem Denken. Die üblichen Ordnungsbegriffe wie Altsteinzeit, Jungsteinzeit usw. werden absichtlich nicht gebracht. Auf sie kommt es in diesem Stadium der Überlegungen gar nicht an. Sie sind noch nicht genügend durch Anschauung, Beispiel, denkende Verknüpfung unterbaut, als daß sie mehr als leere Worte sein könnten. Sie würden nur ein Wissen vortäuschen, das noch gar nicht vorhanden sein kann. Auch würden sie als »Fakten« aufgefaßt werden, während sie doch nur rückblickend gegebene, willkürliche Einteilungen und Bezeichnungen sind. Wenn Kinder sie erwähnen, werden sie freundlich als richtig, aber unerheblich bestätigt.

zu I/3: Hier wird die Aufgabe der ganzen ersten Stunde als eines »Einstiegs« in dem Sinne deutlich, daß in der unmittelbaren Begegnung mit einem Ausschnitt des Gesamtgegenstandes die Fragestellung gewonnen werden soll, die einem planmäßigen Nachforschen und Weiterfragen erst Anstoß und Richtung gibt. Eine kurze »Hinführung« oder ein gekünsteltes Geschichtchen leisten das nicht. Ihre motivierende Wirkung hat meist zu kurzen Atem. Soll eine Frage wirklich drängend und bedeutsam werden und längeres, auch mühseliges Arbeiten motivieren, so darf sie nicht an den Gegenstand angeklebt, sondern muß aus ihm selbst gewonnen werden.

zu I/4: Die Aufarbeitung rundet den Lernprozeß erst ab, und sie ist, wie wir sahen, auch von der Sache her notwendig. Die Aufgaben sind, wenn möglich, differenzierend gestellt. Sie sichern einen gemeinsamen Wissensstand und ermöglichen doch viele Grade individueller Beteiligung und Vollendung.

zu II: Unterrichtsfilm

zu II/1: Der Film ersetzt den Unterrichtsgang zu einer Ausgrabungsstätte. Er zeigt anschaulich, was Vorgeschichtsforscher tun und in welcher Umgebung sie arbeiten. Was er bietet, genügt durchaus für diese Stufe. Mehr Einzelheiten über Ausgrabungstechniken, Präparieren, Datierungsmethoden usw. würden zu weit führen. Sie werden nur erwähnt, wenn nach ihnen gefragt wird.

Geschickte Fragestellung läßt die Wiederholung des Vorangegangenen zur Vorbereitung auf den Film werden. Diese ist u. U. entbehrlich, wenn man den Film zweimal vorführen will. Die unvorbereitete und unkommentierte Erstvorführung wäre durchaus geeignet, Fragestellungen und Beobachtungskategorien für die zweite Betrachtung erst gewinnen zu lassen. Da in unserem Falle nur eine Vorführung vorgesehen ist, sind die angegebenen Ankündigungen und Aufgaben notwendig.

zu II/2: Beim Stummfilm sind kurze Kommentare und Schüleräußerungen durchaus angebracht. Ununterbrochenes Reden würde allerdings mehr ab- als hinlenken.

zu II/3: Die Besprechung darf nicht zu starr gelenkt werden. Das gemeinsam Gesehene steuert das Gespräch zunächst zur Genüge. Bei spontaner Äußerung erbringen die Schüler mehr produktive Leistungen. Ihre wirklichen Anliegen, Einsichten, Mißverständnisse werden dem Lehrer viel deutlicher, wenn er nicht von Anfang an das Gespräch gängelt.

zu II/4: Die Besinnung über den unmeßbaren »ideellen« Wert der scheinbar wertlosen Dinge beeinflußt die Haltung ihnen gegenüber und führt notwendig zu Verhaltensregeln.

zu II/5: Nach so gründlicher Anschauung und Besprechung kann man eine zusammenhängende Darstellung als selbständige Leistung fordern. Sie differenziert sich von selbst nach der sprachlichen Fähigkeit der Schüler.

zu III.: Was uns die Funde erzählen

Haben die ersten beiden Teile das Fragen geweckt und Voraussetzungen geklärt, so steht hier ganz allein das sachgerechte Denken — das Schließen von vorliegenden Funden auf damaliges Geschehen — im Mittelpunkt. Eine einzige Sinnhaltung beherrscht die ganze Stunde: Der Lehrer gibt Schritt für Schritt die »Indizien« vor und bedient sich dabei aller verfügbaren Mittel wie des Worts, der Tafelskizze, der Abbildung, des realen Überrests. Die Schüler vollziehen mit seiner Unterstützung die Schlußfolgerungen im gemeinsam suchenden Gespräch. Die Anzahl der angegebenen Einzelheiten ist in unserer Darstellung ziemlich groß. Sie kann ohne weiteres gekürzt oder auf getrennte Stunden verteilt werden.

Nicht die Vollständigkeit der Details ist wichtig, wenn auch das Verlangen der Kinder nach ihnen gestillt werden muß, sondern die alles durchziehende Fragestellung des Schließens vom sinnlich Wahrnehmbaren auf das notwendig zu Denkende und Vorzustellende.

Auch die Aufarbeitung beschränkt sich bewußt auf die nochmalige Vertiefung der logischen Struktur dieser Stunde und die Förderung ihres angemessenen sprachlichen Ausdrucks.

zu IV: Ein Lebensbild
zu IV/1: Die Kinder sind bisher dem Unterricht sehr interessiert gefolgt, aber sie erleben diese Stunde als den eigentlichen Höhepunkt, erfüllt sie doch endlich ihr Bedürfnis nach lebendigem Geschehen in konkreten Szenen und dramatischer Handlung. Aber auch die Forderung der Sachgemäßheit ist erfüllt: es ist die gleiche kombinierende Phantasie, die beim Wissenschaftler wie beim Kinde aus den Teilbefunden das Gesamtbild erstehen läßt.

Da die Kinder schon viele Einzelkenntnisse und -vorstellungen besitzen, mit der ganz selbständigen Gestaltung aber noch überfordert wären, bietet sich das entwickelnd-darstellende Verfahren in der Form des Impulsunterrichts als besonders geeignet an. Bei subtiler Führung durch den gut vorbereiteten Lehrer, der durch eigene Zugaben (*nicht* durch gängelndes Abfragen!) die Vorstellungsrichtung bestimmt, den produktiven Beiträgen der Kinder aber viel freien Raum läßt, kann eine mitreißende Gemeinschaftsleistung entstehen.

Nicht jedem Lehrer liegt diese Art der Unterrichtsführung, nicht jede Klasse ist auf sie eingeschult, zumal sie heute nicht mehr, wie zur Zeit der Herbartianer, allein den Unterricht bestimmen darf. Die Gedankenführung der ganzen Einheit würde auch erlauben, schon jetzt eine fertige Geschichte zu erzählen, vorzulesen, gemeinsam zu erlesen oder einzeln lesen zu lassen. Die Leistung der produktiven Phantasie wäre dabei freilich geringer.

zu IV/2: Die »Besinnung«, hier in einem Zuge dargestellt, kann und sollte u. U. getrennt werden. Bei näherem Hinsehen enthält sie nämlich ganz unterschiedliche Fragestellungen:

Die erste Frage verlangt persönliche Identifikation und führt auf den Vergleich mit der Gegenwart hin, um am Kontrast beide Zeiten deutlicher werden zu lassen.

Die zweite Frage zielt »psychologisierend« auf eine Grundeinsicht menschenkundlicher Art.

Die dritte endlich ist eine »erkenntnistheoretische« und stößt das Nachdenken über Herkunft und Gewißheit unseres Wissens an.

In jeder Klasse ergeben sich bei der Durchführung weitere Anlässe zur Besinnung. Je spontaner sie von den Kindern geäußert werden, desto willkommener sind sie. Immer wieder findet sich Gelegenheit zu kurzen Gesprächen solcher Art. Ein zu häufiger Wechsel der Sinnhaltungen sollte freilich vermieden werden.

zu: Ergänzung und Abrundung der Unterrichtseinheit

Diese Anregungen sollen deutlich machen, daß unser methodisch planmäßiger, einmaliger Durchgang bei aller sachlogischen Folgerichtigkeit psychologisch und damit didaktisch noch nicht vollständig ist. Das erst erwachte Interesse bedarf weiteren Angebots, der Eindruck drängt zu noch vielfältigerem Ausdruck, die noch frischen Einsichten bedürfen nochmaliger Unterbauung durch Anschauung und praktisches Tun. Viele Möglichkeiten der Weiterführung gibt es. Je tiefer Lehrer und Klasse sich in das Thema einlassen, desto größer ist der zu erwartende Gewinn für das keimende Geschichtsinteresse und -verständnis. Doch sollte sich der Lehrer niemals von dem Phantom stofflicher Vollständigkeit zu einer ober-flächlichen Stoffhetze drängen lassen. Ein Thema wie dieses ist nicht abschließbar, und es soll nicht abgeschlossen werden. Auch ein zu frühes, ängstliches Messen von »Erfolgen«, meß- und kontrollierbaren »Lernzielen« usw. ist nicht im Sinne unserer Arbeit. Um das Ziel einer fachgemäßen Beschäftigung mit der Geschichte zu erreichen, bedarf es eines längeren Atems.

3.414 Ein vergleichender Unterrichtsversuch: Behandlung des gleichen Themas in anderer Reihenfolge

In einem Parallelversuch wurde in einer vergleichbaren Klasse die gleiche Unterrichtseinheit in umgekehrter Reihenfolge behandelt. Anlaß gab das ent-wicklungspsychologische Argument, daß die Kinder dieses Alters stark nach lebendigen Einzelpersonen und spannungsreichem Geschehen drängten. Also, so folgerte man, würde man sie mit der Darbietung der Jagdgeschichte am ehesten packen können. Hätten sie sich in diese eingelebt, so könne man von ihr aus die Frage nach ihrer Wahrheit und nach den Quellen unseres Wissens über sie stellen. Der Versuch zeigte, daß sich das Thema auch so behandeln läßt. Neben der Erzählung wurde in der ersten Stunde auch ein Bild von jagenden Ur-menschen verwendet. Die Kinder folgten interessiert, das Unterrichtsziel wurde erreicht. Die Beobachter waren aber übereinstimmend der Ansicht, daß der erste Weg besser gelungen sei. Die Kinder hatten bei ihm mehr Gelegenheit zu produk-tiver Leistung. Auch hatte die Einheit einen weiteren Spannungsbogen. Während im zweiten Falle der Beginn mit der Erzählung das Interessanteste vorweg-genommen hatte, zeigte der erste Verlauf von Stunde zu Stunde eine Steigerung auf den endgültigen Höhepunkt hin. Der Anfang mit den zwar isolierten, aber doch mit allen Sinnen zu fassenden Einzelgegenständen ermöglichte ein konkretes Beginnen und ließ viele Fragen offen, die den weiteren Fortgang bestimmten und motivierten. Es zeigte sich, daß der sachgerechte Gedankengang auch der kindgemäßere war.

3.42 Ein Zeitstreifen zur Vorgeschichte

3.421 Ziel der Unterrichtseinheit

Die Einheit soll eine erste Auseinandersetzung mit dem Problem der Zeit in der Geschichte herbeiführen. Sie soll einige Zeitmarken setzen und darüber hinaus eine Ahnung von den ungeheuren Zeiträumen der Menschheitsgeschichte vermitteln sowie ein Nachdenken über Anfang und Ende der Zeit und die eigene Stellung in ihr anregen, ohne es zu irgendeinem »Abschluß« zu führen. Das Hauptgewicht liegt jedoch auf der Einführung in die facheigene Arbeitsweise, die in diesem Falle nicht der geschichtlichen Forschung, sondern der Darstellung von Forschungsergebnissen dient. Es handelt sich um die Übersetzung der unanschaubaren Zeit in den anschaulichen Raum, die, wie wir aus psychologischen Untersuchungen wissen (z. B. *Roth*, 1955), nicht nur für das Kind, sondern auch für den geschulten Erwachsenen eine unerläßliche Vorstellungshilfe bedeutet. Daß dieses Darstellungsweise nur zeitliche Verhältnisse, nicht die absolute Dauer verdeutlichen kann, daß es dazu vielmehr des Vergleichs mit absoluten Zeitspannen (z. B. Generationen) bedarf, und daß auch dabei die Vorstellungskraft gegenüber längeren Zeiträumen versagt, sollte auch bei dieser ersten Begegnung mit dem Zeitstreifen schon deutlich werden.

3.422 Verlauf des Unterrichts

1. Gewinnung der Fragestellung

Der Lehrer hat ca. 10 der in der vorigen Unterrichtseinheit betrachteten Fundstücke in wahlloser Folge auf den Tisch gelegt, um den die Kinder im Halbkreis stehen. »Ihr kennt diese Fundstücke schon und könnt sie gleich wieder ordnen«.

Die Kinder ordnen sie in der schon bekannten zeitlichen Reihenfolge, benennen dabei die Stücke und begründen kurz die Einordnung.

»Wir wissen also: der Faustkeil ist älter als der Steindolch, dieser älter als das Bronzebeil usw., und wir wissen, daß diese Reihenfolge stimmen muß. Freilich ist das noch ein recht ungenaues Wissen. Vieles wissen wir noch nicht.«

Wir wissen nur, was vor- und nachher kam, aber nicht, wie lange das her ist und wie lange die Zeit zwischen zwei Funden ist. K. stellen Vermutungen an, nennen hundert, tausend, hunderttausend, Millionen Jahre, ohne daß sie sich mehr darunter vorstellen könnten als ein ungefähres »sehr lange«.

»Ihr möchtet wissen, wie alt diese Gegenstände sind, und wie lange es gedauert hat, bis die Menschen von einer Erfindung zur anderen kamen. Das kann ich euch sagen: Dieser Faustkeil (hochhalten) ist hunderttausend Jahre alt, dieser Steindolch (dto.) 7000, dieses Bronzebeil (dto.) 3000 Jahre, dieses Eisenbeil (dto.) 2000 Jahre. Aber machen wir uns nichts vor: unter diesen Zahlen könnt ihr euch nur wenig vorstellen, sie helfen euch nicht viel.«

Wir bräuchten eine Hilfe, um uns diese langen Zeiten vorzustellen. K. bringen Vorschläge, diese werden besprochen; es wird aber nicht der Versuch gemacht, unbedingt eine Lösung aus den Kindern herauszufragen.

2. Erarbeitung der Zeitdarstellung am Zeitstreifen

a) »Ich habe euch eine solche Hilfe mitgebracht«. L. entrollt den vorbereiteten, 20 m langen Papierstreifen von ca. 50 cm Breite.

K. lesen die Beschriftung: vor 100 Jahren, vor 500, 1000, 2000, 10 000, 100 000 Jahren und sprechen sich darüber aus.

»Unser Zimmer reicht nicht aus. Wir gehen in den Hof, um dort unseren Zeitstreifen auszulegen.«

L. gibt Verhaltensanweisungen, K. gehen in den Hof, der Streifen wird ausgelegt und mit Steinen beschwert. Dann wird er ein erstes Mal abgeschritten.

»Nun können wir unsere Fundstücke auf die richtige Stelle legen. Was meint ihr wohl?«

K. versuchen, das Alter der Stücke zu erraten, L. gibt dann das richtige Alter an, K. legen die Stücke auf die entsprechende Zeitmarke: Faustkeil 100 000, spitzer Faustkeil 80 000, Handspitze 50 000, Harpune und Speerspitze 10 000, Feuersteindolch 6000, durchbohrte Steinaxt 4000, Broncebeil 3000, Eisenbeil 2000 Jahre.

Spontan äußern K. die Einsicht: den Faustkeil haben die Menschen sehr lange benützt, später folgten die Erfindungen immer rascher aufeinander.

»Wir könnten das bis in unsere Zeit fortsetzen.«

K. nennen einige jüngere Erfindungen wie Feuerwaffen (500), Auto (90), Flugzeug (60) o. ä., dazu einige lokale Daten: Alter der Burg (800), Geburtstag A. Dürers (500), Erbauung des Schulhauses (10). L. hat einige Kärtchen mit Symbolen vorbereitet, andere werden von K. rasch improvisiert und auf die richtige Stelle gelegt.

b) »Findest du dein Geburtsjahr? Das deiner Eltern, deiner Großeltern?«

K. legen sie fest: 10 Jahre liegen 2 mm vor dem »Jetzt« — So winzig gegen die 100 000 Jahre! Sie überlegen, was sie inzwischen schon erlebt haben. Ähnlich verfahren sie bei den Eltern und Großeltern.

»Man sagt, Kinder, Eltern, Großeltern, Urgroßeltern sind jeweils eine Generation. Ungefähr 25 Jahre sind die Menschen einer Generation alt, wenn sie wieder Kinder bekommen. Wir können also eine Generation mit etwa 25 Jahren rechnen. Etwa 75 Jahre werden die Menschen in der Regel alt. Auch das könnten wir darstellen.«

L. hat 15 mm lange, verschiedenfarbige Papierstreifchen vorbereitet. Sie bedeuten jeweils 75 Jahre. K. legen sie rückwärts schreitend auf den Zeitstreifen und entdecken dabei, daß die Generationenstreifen sich zu jeweils zwei Dritteln überschneiden.

5*

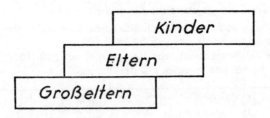

Kinder

Eltern

Großeltern

»Jetzt könnten wir rechnen«.

K. bringen allerlei Vorschläge: Seit Albrecht Dürers Geburtstag lebten 20 Generationen, seit Herstellung des Eisenbeils 80, seit Herstellung des Faustkeils 4000, oder: über 3000 Generationen benützten Faustkeile usw. Nur einige dieser Rechnungen werden vorgetragen, die anderen auf die Weiterarbeit im Klassenzimmer verschoben.

c) »Und dabei ist unser Zeitstreifen noch lange nicht vollständig. Wenn er die Zeit umfassen sollte, seit der es Menschen gegeben hat, müßte er noch etwa zwanzigmal so lang sein!«

Die Strecke von ca. 400 m wird abgeschätzt und wenn möglich auch abgeschritten. Dabei wird immer wieder in Erinnerung gerufen: jedes halbe cm wäre eine Generation, jeder Schritt etwa 100 Generationen, alle 10 m hätten 2000 Generationen gelebt. In all dieser Zeit kannten die Menschen nur die einfachsten steinernen, hölzernen, knöchernen Werkzeuge, überallhin könnten wir unseren Faustkeil legen . . .

Die Klasse ist am Anfang der 400 m angelangt: Was war vorher? Wo beginnt eigentlich die Zeit?

Die Klasse ist wieder zum »Jetzt« zurückgekehrt: Was kommt dann? »Diese beiden Fragen wollen wir uns später überlegen.«

Die Klasse kehrt ins Zimmer zurück.

3. Besinnung

a) »Immer wieder habt ihr gestaunt.«

K. äußern sich über die Kürze des eigenen Lebens, die Zahl der Generationen, die langen Zeiträume, den langsamen ›Fortschritt‹ in früherer Zeit, den raschen in jüngster Zeit.

In Wirklichkeit können wir uns alle solche ungeheuren Zeiträume immer noch nicht richtig vorstellen, aber unser Zeitstreifen hat uns doch eine Ahnung davon gegeben.

b) »Zwei Fragen haben wir uns aufgehoben. Die erste lautete: Was war vorher?

K. vermuten und diskutieren: das steht in der Bibel, Adam und Eva . . . Nein, der Mensch stammt vom Affen ab usw.

Wir wissen es nicht genau. In der Bibel steht, daß Gott am sechsten Schöpfungstag die Tiere und den Menschen schuf. Die Wissenschaftler stellen fest, daß es vor einigen Millionen Jahren schon Affen, aber noch keine Menschen gegeben hat, und daß die ersten Menschen den Affen recht ähnlich sahen. Woher können sie das wissen? Aus genauesten Untersuchungen der Knochenreste, die man mit den Knochen heutiger Tiere und Menschen vergleicht. L.: Trotzdem ist das, was in der Bibel steht, nicht falsch. Es ist nur anders ausgedrückt, in Bildern und Vergleichen, und man darf es nicht wörtlich verstehen. Richtig daran ist, daß die Menschen als letzte auf die Welt kamen, und daß kein Mensch weiß, woher die Welt und die Lebewesen überhaupt kommen. Richtig ist aber auch, daß alle Völker sich diese Frage stellten und in Form einer Geschichte darauf Antwort gaben . . .

c) »Die andere Frage lautete: Wie geht es wohl weiter?«
K. diskutieren. Das kann niemand wissen, die Menschen machen wohl immer weitere Erfindungen, nach uns kommen noch andere Generationen, vielleicht sterben die Menschen auch einmal aus, vielleicht vernichten sie sich selbst mit Atombomben und Giftgasen. Aber kein Mensch, auch nicht der gescheiteste, weiß, was die Zukunft bringt. Deshalb machen wir an den Schluß des Zeitstreifens ein großes Fragezeichen.
»Du hast dich selbst in diese Zeitreihe eingeordnet.«
Hinter uns liegt eine lange Kette von Generationen, vor uns hoffentlich noch viele Jahre eigenen Lebens und dann eigene Kinder, Enkel und Urenkel, wieder eine lange Kette. Jeder Mensch war und ist ein solches Glied in einer Kette, viele, viele Millionen von Menschen, die einst gelebt haben und jetzt noch leben . . .

d) »Eine Frage ist noch nicht gestellt (beantwortet) worden: Woher wissen wir eigentlich das Alter der Gegenstände, das ich euch genannt habe?«
Wir haben es aus Büchern; diese wurden von Wissenschaftlern geschrieben. Woher wissen es diese? Das ist eine sehr schwierige Sache. Es hat ja kein Steinzeitmensch aufgeschrieben, wann er gelebt hat. Aber die Forscher hatten eine Reihe kluger Einfälle, wie sie das Alter dennoch erschließen könnten. L. berichtet ganz kurz von der Altersbestimmung nach Bodenschicht, nach dem Vergleich ähnlicher Funde, durch chemische Untersuchung der Funde. Das alles ist für euch noch zu schwierig. Aber die Hauptsache versteht ihr schon: Kluge Leute haben ein Leben lang untersucht und nachgedacht und aufgeschrieben, andere haben das gleiche getan, und alle haben zusammengeholfen, nachgeprüft, einander bestätigt oder kritisiert, sich gestritten und wieder geeinigt. So wissen wir heute schon vieles ziemlich sicher, und noch mehr wird erforscht werden. Wie wir gesehen haben, können wir aber nicht alles wissen . . .

4. Aufarbeitung

Die Verkürzung des großen Zeitstreifens auf eine schulzimmer- oder schülerheftgerechte Länge gibt Anlaß zu maßstäblichen Überlegungen und vielerlei Gestaltungsarbeit.

Die Gegenstände werden durch Symboltäfelchen ersetzt, die entfernt oder vertauscht werden können und so der Wiederholung dienen. Auf den begleitenden sprachlichen Ausdruck wird dabei besonders geachtet.

Die im Freien nur angedeuteten Generationsberechnungen werden durch weitere, rechnerisch gründlicher durchdachte Beispiele ergänzt und vertieft, soweit die Kinder die Zahlenräume schon beherrschen, wenn sie nicht sogar einen Anstoß zum Ausgreifen in weitere Zahlenräume geben.

Zur sachlichen Ergänzung: Was haben wir mit den Menschen jener Zeit gemeinsam (Feuer, Jagdtiere [?], Pelzkleidung, Getreidenahrung, vor allem aber den Körperbau usw.). Was haben wir nicht mehr? (Steinwerkzeuge, Pfeil und Bogen usw.). Was haben wir Neues, das jene nicht hatten?

Wie viele Generationen kannten das Flugzeug, das Auto, die Feuerwaffen, den Wagen, Pfeil und Bogen, Faustkeile . . .?

Auch heute noch gibt es Menschen, die wie in der Steinzeit leben, die sog. Naturvölker. Freilich wird es sie nicht mehr lange geben, denn das moderne Leben dringt in die letzten Winkel der Erde . . .

5. Anwendung

Weitere Zeitstreifen, -leisten, -friese, -uhren werden bei anderen unterrichtlichen Themen erarbeitet. So wird diese Darstellungsweise immer besser verstanden und beherrscht (vgl. S. 83).

3.423 Erläuterungen

zu 1.: Der Unterrichtsverlauf knüpft unmittelbar an die erste Unterrichtseinheit an, die bis zur Klärung des zeitlichen Nacheinanders führte und sich dann in eine andere Richtung wandte. Aus einer kurzen Wiederholung erwächst nunmehr die Frage nach der zeitlichen Dauer und nach einer Vorstellungshilfe für diese. Wenn auch die Vorschläge der Kinder ernsthaft erwogen werden sollen, so wird doch bewußt darauf verzichtet, die Lösung mit ihnen zu erarbeiten. Zu viele technische Voraussetzungen müßten erörtert werden, die den Kindern noch fehlen und nur von der eigentlichen Fragestellung ablenken würden. Deswegen wird die Lösung fertig vorgelegt und nur ergänzt. Das schließt nicht aus, daß hinterher Überlegungen über andere Darstellungsmöglichkeiten angestellt werden, die von den Kindern in freiwilliger Arbeit auch gefertigt werden können.

Der Beginn wäre auch so möglich, daß man kommentarlos den Zeitstreifen auslegt und die Kinder dazu sprechen läßt. Man würde dann wohl von der Gegenwart zurückschreitend die Anknüpfung an die Vorgeschichte finden. Dann müßte der Sinn dieser Darstellungsweise an anderer Stelle besprochen werden.

zu 2. Die Länge des Streifens wurde so gewählt, daß sie räumlich noch überschaubar ist und doch die Darstellung einer Generation (½ cm) zuläßt. Daß der Unterricht hierbei ins Freie oder in einen Schulhausgang verlegt werden muß, schadet bei entsprechenden Ordnungsvorkehrungen nicht. Es unterstützt die Auffassung der Längenverhältnisse durch Bewegungserlebnisse. Man könnte auch mit noch größeren Maßstäben (z. B. 100 m = 100 000 Jahre) experimentieren, wenn die örtlichen Verhältnisse es zulassen, müßte dabei natürlich am Unterrichtsablauf einiges ändern.

Einer besonderen Begründung bedarf die Beschriftung des Zeitstreifens. Die Bezeichnungen »vor... Jahren« gehen von der Gegenwart aus und berücksichtigen nicht die Zeitenwende, unterscheiden also nicht zwischen vor und nach Christi Geburt und bedeuten daher keine Jahreszahlen. Diese Darstellung stellte sich in Vergleichsversuchen als die leichter zu verstehende heraus. Die Kinder müssen nicht in zwei Richtungen denken und zählen. Zudem fehlen ihnen noch fast alle Voraussetzungen zum Verständnis der üblichen Zeitrechnung. Wenn in der Weiterarbeit das Problem der Jahreszahlen auftaucht, wird die Zählung ab Christi Geburt dann von vornherein als das erkannt, was sie ist: nicht ein absoluter Zeitmaßstab, sondern eine historisch begründete Konvention, die sich zwar weitgehend durchgesetzt hat, neben der es aber noch andere gab und gibt.

Wenn an Ort und Stelle nachdrücklich gearbeitet werden soll, sollte man die Kinder zur Besprechung im Halbkreis auf den Boden oder auf mitgebrachte Stühle setzen lassen. Diese Sitzordnung fördert die Aufmerksamkeit und beugt Ablenkungen vor.

Abschnitt a) beantwortet die anfangs gestellte Frage. Begriffe wie Alt-, Mittel-, Jungsteinzeit usw. sind nicht nötig. Fallen sie doch, so werden sie wie nebenbei bestätigt. Es geht hier nicht um Wortetikette für inhaltlich kaum gefüllte Begriffe, sondern um Fragestellungen und Arbeitsweisen.

Abschnitt b) will den persönlichen Bezug herstellen und den Begriff der Generation gewinnen. Falls die Berechnungen sich als zu schwer erweisen, gibt der Lehrer die Antworten. Weder die Fragestellung der Stunde noch die äußere Situation noch die Rechenfertigkeit der Kinder lassen erwarten, daß die Rechnungen mühelos gelöst werden.

Abschnitt c) führt buchstäblich an die Grenzen des Zeitstreifens und arbeitet so der nachfolgenden Besinnung vor.

Zu 3. Sie kann noch am gleichen Tage unter dem Eindruck der Erarbeitung begonnen, aber keinesfalls zu Ende geführt werden. Ebenso gut kann man sie für den nächsten Tag ansetzen. Es muß nur genügend Zeit für sie bleiben, wenn das Unterrichtsziel erreicht werden soll.

In unserem Beispiel werden vier verschiedene Fragen durchdacht. Selbstverständlich ist ihre Reihenfolge nicht bindend. Es können auch andere Fragen besprochen werden, wenn die Kinder sie stellen. Die Besinnung ist um so besser, je zwangloser sie aus den Anstößen erwächst, die der bisherige Unterrichtsverlauf ergeben hat. Wenn die Besinnung hier so betont von der Stufe der Erarbeitung abgesetzt wird, so aus Gründen der Darstellung und zu dem Zwecke, die besondere Fragestellung, die die Besinnung erst zu einer eigenen Unterrichtsstufe macht, deutlich herauszuheben.

Frage a) will die Möglichkeiten und Grenzen des neuen Mediums bewußter machen.

Frage b) wird in der Regel von den Kindern selbst aufgeworfen. Sie ist eine

Urfrage der Menschheit und kann hier sehr verschieden weit und tief verfolgt werden.

Frage c) zielt in die Zukunft und will dem Kinde die Einordnung in die Geschlechterkette und auch die Offenheit und Schicksalhaftigkeit der Geschichte vor Augen führen.

Frage d) ist von anderer, wissenschaftsmethodischer Art. An ihr wird deutlich, daß hier im Gegensatz zur ersten Unterrichtseinheit nicht der Gedankengang der Forschung nachvollzogen wurde, sondern daß deren Ergebnisse zunächst benutzt wurden, ohne nach ihrer Herkunft zu fragen. Das hat zwei Gründe: Es handelt sich bei der Altersbestimmung um äußerst spezialisierte Verfahren, die von den Kindern nicht verstanden werden können, und es geht nicht um eine fachgemäße Arbeitsweise zur Gewinnung von Erkenntnissen, sondern um eine solche zu deren Darstellung.

zu 4. und 5. Auch diese Unterrichtseinheit ist erst als abgeschlossen zu betrachten, wenn durch Wiederholung, Anwendung der Ergebnisse und durch ausgiebige Ausdruckstätigkeit der Lernprozeß zu einem gewissen Abschluß gebracht wurde. Die Anregungen zur Aufarbeitung erschöpfen längst nicht alle Möglichkeiten. Besonders vielseitige, auch für die Grundschule geeignete Beispiele zur Förderung des Zeitverständnisses an Hand der Zeitleiste mit interessanten Aufgabenstellungen und ausgezeichneten Hinweisen zu einer gründlichen Aufarbeitung finden sich auch bei *Ebeling/Kühl* (1964) und bei *Ott* (1969).

3.43 Von der Heimatsage zu ihrem historischen Kern

3.431 Ziel der Unterrichtseinheit

Die Kenntnis der heimatlichen Sage ist nur ein Nebenziel. Sie ist literarisch unbedeutend. Immerhin gewinnen die Örtlichkeiten der Heimat durch sie an Bedeutsamkeit und geschichtlicher Tiefe. Das Kind wird in die Tradition des heimatlichen Umkreises aufgenommen. Eigentlicher Schwerpunkt der Unterrichtseinheit ist aber die Frage nach dem geschichtlichen Wahrheitskern der Sage. Dementsprechend liegt auf der Besinnung das Hauptgewicht. Die kritisch-realistischen Kinder dieser Altersstufe sind für diese Frage durchaus offen. Sie hören noch gern Sagen, geben sich mit ihnen aber nicht mehr zufrieden und fragen nach dem »wirklichen« Geschehen. Das ist aber auch die Fragestellung des Historikers, der aus vielerlei Tradiertem das tatsächliche Geschehen herausfiltern will, der keinen Hinweis, und sei er scheinbar noch so abseitig, übersehen, aber auch nichts, und sei es noch so plausibel, ungeprüft hinnehmen darf. Dementsprechend ist das Erschließen und Prüfen die zentrale Gedankenbewegung im Unterricht.

3.432 Verlauf des Unterrichts

1. Aufsuchen der gegenständlichen Überreste

Die Klasse unternimmt einen Unterrichtsgang zur Nürnberger Burg und besichtigt dabei die zweistöckige Kaiserkapelle. Sie wird besonders darauf hingewiesen, daß der ganze Bau aus dem einheimischen Sandstein besteht mit Ausnahme von vier schlanken Säulen aus italienischem Marmor im oberen Stockwerk, von denen eine einen eisernen Ring trägt. Der Lehrer deutet an, daß es mit diesen Säulen etwas Besonderes auf sich habe, und daß er noch davon erzählen werde... Der Unterrichtsgang wird in der üblichen Weise ausgewertet, sein sachlicher Ertrag fixiert. Die Kinder drängen nun auf die versprochene Geschichte von den Säulen. Der Lehrer sagt für die nächste Stunde zu.

2. Begegnung mit der Sage

Die Beobachtungen werden in Erinnerung gerufen, das »Besondere« der Marmorsäulen wird nochmals herausgestellt.

»Wie diese Marmorsäulen aus Italien in die Kapelle kamen, und warum eine von ihnen einen Ring trägt, erzählt die folgende Geschichte«. L. erzählt (hier nur Inhaltsangabe): Burgkaplan Pater Cyrillus hatte Sorgen, weil die Einweihung der Kapelle heranrückte und noch vier Säulen aus hartem, hellem Stein fehlten, die das Deckengewölbe tragen sollten. Nachts erschien ihm der Teufel und bot ihm eine Wette an: während der Kaplan die Messe lese, wolle er die vier Säulen aus einer alten Kirche in Rom herbeischleppen. Verliere der Pater, so sei dem Teufel seine Seele verfallen. Der Kaplan ging darauf ein und begann sogleich mit der Messe, der Teufel sputete sich nicht minder. Über der Burg zog ein fürchterliches Gewitter auf. Ehe der Pater die Hälfte der Messe gelesen hatte, kam der Teufel schon mit der dritten Säule. Der Priester beeilte sich aufs höchste und sprach eben bebend die Schlußworte: »Ite missa est«, als der Teufel zum vierten Male herangebraust kam. Als dieser merkte, daß er verspielt hatte, schmetterte er die Säule auf den Boden, daß sie in zwei Stücke zerbrach, und verschwand unter greulichem Fluchen. Die Kapelle konnte fertiggestellt und eingeweiht werden. Die geborstene Säule hielt man mit einem Ring zusammen.

Die K. sprechen sich frei über die Geschichte aus, fragen, urteilen, stellen bereits fest, daß sie »nicht wahr sei«.

3. Besinnung auf den Wahrheitsgehalt der Geschichte

a) »Ihr wißt natürlich schon, daß die Geschichte so nicht passiert sein kann«.
Es ist eine Sage, man hat sie sich nur ausgedacht usw.
»Alles ist aber nicht ausgedacht«.
Burg, Kapelle, Säulen aus Italien usw. sind echt.
»Wir wollen überlegen, was an der Sage wahr ist und was nicht«.
K. tragen Einzelheiten zusammen, L. bestätigt und korrigiert und schreibt sie in geordneter Reihenfolge an die Tafel (zunächst nur die beiden ersten Spalten)

vor 800 Jahren	wahr	zu sehen
Nürnberg	wahr	zu sehen
Doppelkapelle	wahr	zu sehen
für den Kaiser	wahr	Bericht zu lesen

Burgkaplan Cyrillus	?	möglich, kein Bericht
Wette mit dem Teufel	erdichtet	unmöglich
Teufel bringt	erdichtet	unmöglich
bei Gewitter	?	möglich
4 Marmorsäulen	wahr	zu sehen
aus Italien	wahr	zu sehen für den Fachmann
eine Säule zersprungen	wahr	zu sehen
Ring	wahr	zu sehen

»Ihr wart sehr sicher in eurem Urteil über wahr oder erdichtet. Woher wolltet ihr das überhaupt wissen?«

Einiges ist unmittelbar zu beobachten, anderes steht in den Geschichtsbüchern, einiges ist möglich, aber nicht zu beweisen, weil wir keinen Bericht davon haben. Anderes muß erdichtet sein.

Die dritte Spalte der TA wird ergänzt (s. o.).

Die Sage erzählt also Wahres und Erdichtetes, beides miteinander vermischt. Wenn man gründlich nachforscht, kann man das Wahre vom Erdichteten trennen. Warum erzählt man dann nicht gleich das Wahre allein und läßt das Erdichtete weg? Weil die Geschichte interessanter, spannender, »so schön gruselig«, nicht so langweilig ist wie der Bericht im Geschichtsbuch . . .

b) »Es steckt noch mehr dahinter. Die Sage ist schon sehr alt. Merkt ihr, daß wir aus ihr auch etwas über die Menschen erfahren, die sie erdichteten und weiter erzählten?«

Sie hörten gern solche Geschichten. Sie glaubten an den Teufel, hörten von ihm in den Predigten der Priester, sahen ihn in ihren Kirchen gemalt und aus Stein gehauen, glaubten ihn manchmal leibhaftig zu sehen, den Teufel, der Menschenseelen fangen wollte, den man aber überlisten konnte, vor dem ein frommer Mensch geschützt war, der Besonderes leisten konnte, das die Menschen nicht fertig brachten. — War es denn etwas Besonderes?

»Wie mußten Menschen leben, für die einige Marmorsäulen aus Italien etwas ganz Besonderes waren?«

K. versuchen, sich in deren Lage zu versetzen, L. gibt weitere Informationen: vorwiegend Bauern, wenige Geistliche und Kriegsleute, keine Eisenbahn, keine Straßen, nur Ochsenkarren auf holprigen Wegen, wenige kleine Städte, kaum Brücken über die Flüsse, weit verstreute Dörfer, dazwischen endlose Wälder. Menschen lebten in armseligen, strohgedeckten Hütten, kamen kaum über ihre Heimat hinaus, staunten über die großartige Kaiserburg, die Kapelle, besonders aber über die Säulen aus fremdem Stein und aus fernem Land, redeten lange über das Ereignis, konnten es sich kaum erklären, meinten, das müsse mit dem Teufel zugegangen sein, erzählten es weiter vom Großvater auf den Vater, den Sohn, den Enkel, den Urenkel . . .

So kann die Sage uns noch mehr Wahres erzählen, als wir anfangs glaubten, und zwar nicht durch das, *was* sie uns sagt, sondern *wie* sie es sagt. Wir müssen sie nur richtig verstehen.

4. Aufarbeitung

a) Jedes Kind muß eine sprachliche Gestaltung vorlegen und darf aus verschiedenen Aufgaben wählen:

Die Sage selbst gibt Stoff für Nacherzählung, Umformung in ein Wechselgespräch, szenische Darstellung. Anspruchsvoller, aber dem Unterrichtsziel besser angemessen ist eine Gestaltung, die das Werden der Sage aus den Gesprächen der Menschen nachvollzieht (z. B. Bauer Konrad und Knecht Hans reden über die seltsamen Säulen in der Burgkapelle), oder distanziert berichtet (Was wir aus der Sage über die Menschen von damals erfahren) oder die sachgebundene Phantasie spielen läßt (Was mit der vierten Säule in Wirklichkeit geschehen sein könnte) o. ä.

Die Tabelle wird in Eigentätigkeit wieder erstellt und eingetragen.

Auch zeichnerische Gestaltung ist möglich: eine Szene der Sage, eine Szene des wirklichen Transports usw.

b) Der Unterschied zwischen Sage und Märchen wird herausgearbeitet und durch Beispiele belegt: Das Märchen hat keinen geschichtlichen Kern. Ort, Zeit, Personen hat es nie gegeben. Enthalten Märchen also gar nichts Wahres? Was ist an ihnen wahr? Gibt es einen Unterschied von wahr und wirklich?

5. Anwendung

Weitere Sagen werden gelesen bzw. vorgelesen oder erzählt und in ähnlicher Weise befragt. Die gewonnenen Einsichten erlauben hierbei ein viel rascheres Vorgehen. Es können ohne weiteres mehrere Sagen in einer Stunde behandelt werden.

L. erzählt von einigen nicht-heimatlichen Fällen, in denen eine im Volke weitergetragene Sage den Anstoß zu erfolgreichen geschichtlichen Forschungen gab: Das Königsgrab von Seddin (s. *Kleemann*, 261); Der Rattenfänger von Hameln (s. *Stracke*).

3.433 Erläuterungen

zu 1. Der Unterrichtsgang ist unerläßlich, wenn der Wahrheitskern der Sage in voller, mit den Sinnen zu fassender Wirklichkeit vor den Kindern stehen soll. Doch wäre es auch sinnvoll, zuerst die Sage zu erzählen und dann die Örtlichkeit aufzusuchen. Die Kinder wären stärker motiviert und würden schärfer und selbständiger beobachten, freilich auch vorzeitig reflektieren. Unser Weg erlaubt ihnen ein naives, gesamtseelisches Heimischwerden in Wirklichkeit und Sage, ehe er ihnen die voraussetzungsvollere Aufgabe stellt, beide kritisch aneinander zu messen.

zu 2. Für die Lehrererzählung gelten die bekannten Regeln guten Erzählens. Wenn ein Text vorhanden ist, kann dieser ebensogut gemeinsam oder einzeln, leise oder laut, zu Hause oder in der Schule gelesen bzw. vom Lehrer oder einem (vorbereiteten!) Schüler vorgelesen werden. Sobald die Schüler die Lesefertigkeit erworben haben, gibt es keinen Grund, Erzählungen unbedingt mündlich vorzutragen.

zu 3a) Zur Isolierung der Schwierigkeiten wird die Tabelle in zweimaligem Durchgang erarbeitet. Die zweite Aufgabe erfordert eine höhere Besinnungsstufe und sollte daher von der ersten, schlichteren Fragestellung getrennt werden.

Noch voraussetzungsvoller ist die Fragestellung unter b). In einer dritten Klasse kann sie wegbleiben, eine vierte sollte den Gedankengang wagen. Bei entsprechend tieferem Eindringen ist diese Frage aber auch in höheren Altersstufen sinnvoll und mit zunehmender Reife immer ergiebiger.

Selbstverständlich muß der Lehrer die Informationen zur geschichtlichen Situation vorwiegend selbst beitragen. Sie sind hier nicht Selbstzweck, sondern ordnen sich der Frage nach dem verborgenen Wahrheitsgehalt der Sage unter.

zu 4. a) Die vielen Möglichkeiten sprachlicher Umsetzung lassen sich nicht von jedem Schüler verwirklichen. Die differenzierende Aufgabenstellung erlaubt eine Wahl nach den persönlichen Fähigkeiten und ergibt doch eine gründliche Durcharbeitung der verschiedenen gedanklichen Ebenen bei der gemeinsamen Besprechung der Arbeiten vor der Klasse.

b) Der Vergleich von Sage und Märchen bahnt die Unterscheidung von Literaturgattungen an und sollte nicht versäumt werden. Fachlich gehört er zum Deutschunterricht. Weitere Arten wie Legende oder Fabel könnten noch in den Vergleich einbezogen werden.

c) Andere Sagenbeispiele sind zunächst aus dem lokalen Sagenschatz zu wählen. Für einen weiteren Raum interessante Beispiele finden sich in Sammlungen deutscher Sagen und, soweit wissenschaftlich bedeutsam, bei *Kleemann*.

3.434 Kurzdarstellung der Behandlung einer klassischen Sage: Der Kampf um Troja

Unter der gleichen Fragestellung wurde mit einer 4. Klasse der Kampf um Troja behandelt. Wegen des Umfangs der Geschichte erforderte die Begegnung mit der Sage mehr Zeitaufwand, der aber wegen ihres literarischen Wertes gerechtfertigt schien. Sie gehört zur Weltliteratur und lebt bis in die Redensarten von der Achillesferse und dem trojanischen Pferd im Bewußtsein der Völker fort. Sie sollte daher auch zum Lehrplan der Volksschule gehören, und sie wird bei entsprechender Bearbeitung von 9- bis 10jährigen begeistert aufgenommen.

1. An die Stelle des »Aufsuchens der gegenständlichen Überreste« trat die gemeinsame Betrachtung von Abbildungen griechischer Vasen, Standbilder, Tempel u. ä.

2. Die Geschichte wurde in mehreren Abschnitten erzählt, unterbrochen von Schülerfragen, ergänzenden Informationen, stückweisem Nacherzählen, Zusammenfassen und Wiederholen. Dafür wurden zwei bis drei Kurzstunden benötigt.

An der Tafel entstand eine schematische Übersicht der vorkommenden Namen,
geordnet nach den Parteien:

		Götter	
		Zeus	
Hera			Apollon
Athene			Ares
Poseidon			Aphrodite
Thetis			Skamander

Griechen	Trojaner
Agamemnon	Priamos
Menelaos	Paris
Achill	Hektor
Patroklos	Äneas
Odysseus	Laokoon
Nestor	Kassandra
	⟶ (Helena)

Die Sinnhaltung blieb auf das Geschehen selbst in seiner Dramatik gerichtet.
Reflexionen über seinen Wahrheitsgehalt wurden vermieden. Die Kinder sollten
sich erst in die Sage einleben, weil man sich mit einer Sache einlassen muß, wenn
man sich reflektierend über sie erheben will. Als dann Troja zerstört war und
die Griechen siegreich nach Hause bzw. weiteren Verstrickungen entgegen fuhren,
war der Hunger nach Handlung soweit gestillt, daß die Schüler zu der ganz
anderen Sinnhaltung gelenkt werden konnten, die sich in der Frage nach der
Wahrheit und Wirklichkeit des Erzählten ausdrückt.
a) In einem ersten Schritt war zu berichten, daß man das Heldenepos lange Zeit
als bloße Dichtung ansah, bis dann Schliemann kam, der die Aussagen Homers
wörtlich nahm und — Troja entdeckte, wenn auch nicht das des Priamos und
Paris, sondern eine spätere, an der gleichen Stelle erbaute und auch längst zer-
störte Siedlung. Mit diesem »Beweis« ist freilich auch schon die Grenze unseres
Wissens erreicht. Nur weitere schriftliche Quellen könnten uns Namen und
Geschehen überliefern, und wir haben keine anderen als die Dichtung Homers.
b) Als ergiebiger, freilich auch als schwieriger erwies sich die Frage, was die Sage
Wahres über die Griechen berichte, über das Volk, das sich für solche Geschich-
ten begeisterte und sie jahrhundertelang weitererzählte. Man fand Aussagen
über ihre Lebensweise (Schiffe, Waffen, Kleidung), ihre Ordnungen (Kleinkönige,
Heerführer, Bundesgenossen und Feinde, Bestehen auf persönlicher Freiheit),
ihre Wertschätzungen (Tapferkeit, Kampfesruhm, Klugheit, Freundschaft, Treue,
Schönheitssinn) und ihre Fehler (Eigenwille, Grausamkeit, Habsucht, Hinterlist),
ihre Glaubensvorstellungen (Götter mit sehr menschlichen Zügen, göttliche
Naturgewalten, Orakel, Weissagung, Opfer, Weiterleben). Die Kinder verfolg-
ten überraschend eifrig auch diese Fragen, solange man ihren Blick nicht durch

eine zu große Fülle von Details verwirrte — ein Zeichen dafür, daß sie dem Verständnis angemessen waren. Statt der Ilias oder neben ihr bietet natürlich auch die Odyssee einen hervorragenden Stoff für diese Altersstufe. Hat man die Zeit nicht dafür, so sollte man doch die häusliche Lektüre durch gemeinsames Anlesen und kurze Nachbesprechung anregen. Gleiches gilt für die großen Sagen des germanischen Kulturkreises wie die Gudrun-, Siegfried-, Lohengrinsage u. a. Sie sind Bestandteil der Weltliteratur und sollten zum literarischen Angebot auch der kommenden Generation gehören. Auch eignen sie sich gut dazu, unter die Wahrheitsfrage gestellt zu werden und so zur eigentlichen Geschichte hinzuführen.

3.44 Von der Geschichte der eigenen Familie zur allgemeinen Geschichte

3.441 Ziel der Unterrichtseinheit

Das Wissen um die eigene Herkunft reicht heute oft nicht weiter als bis zu den Großeltern. Das bedeutet eine Verkürzung der geschichtlichen Dimension des Lebens. Die persönliche Berührung mit Geschichte wird zu einem nicht geringen Teil über die Schicksale der Familienmitglieder und Vorfahren vermittelt. So will die Unterrichtseinheit zunächst das kindliche und auch das häusliche Interesse an den eigenen Vorfahren wecken in der Hoffnung, daß daraus ein weiter reichendes Fragen nach Geschichte überhaupt erwachse, und daß die Einsicht in die Verflochtenheit von persönlichem und familiärem mit dem allgemeinen Schicksal das Bewußtsein persönlichen Betroffenseins von der Geschichte fördere. Darüber hinaus geht es auch hier um die Anbahnung fachgemäßen Arbeitens. Zuerst werden die Kinder mit der Darstellungsweise der Ahnentafel, den Methoden ihrer Erstellung und den Grenzen ihrer Aussagekraft vertraut gemacht. Dann geht es um die Beschaffung weiterer Informationen, das Aufsuchen und Zusammentragen aller möglichen »Quellen«, im besonderen um die Befragung von Augenzeugen, aber auch um die »Kritik« dieser Quellen, d. h. ihre vergleichende Gegenüberstellung und Beurteilung.

Der auf diese Weise erfaßbare Zeitraum wird nur wenige Generationen und damit nicht viel mehr als die Spanne der Zeitgeschichte umfassen, die freilich für uns die wichtigste Geschichtsepoche ist. Die Fülle des Materials drängt dabei nach einer Ordnung mit Hilfe der Zeitleiste. Der Weg von der eigenen Person und damit von der Gegenwart nach rückwärts ist durch die Aufgabenstellung vorgezeichnet.

3.442 Verlauf des Unterrichts

ERSTER TEIL: MEINE AHNEN

1. Einführung in die Darstellungsweise der Ahnentafel

L. zeigt ohne Erklärung die noch unbeschriftete Tafelskizze:

78

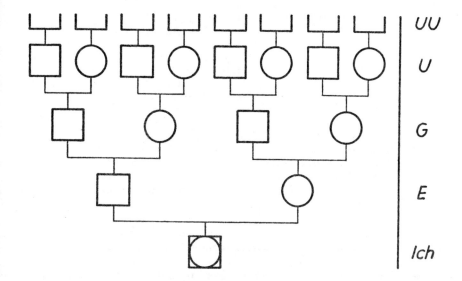

UU

U

G

E

Ich

Die K. wissen damit nichts anzufangen, unterhalten sich in Partnerarbeit
darüber und sind dann äußerungsbereiter. Sie vermuten, es handle sich um eine
Waage, ein Sternbild, einen Irrgarten, eine elektrische Schaltung usw. Endlich
fallen die Wörter »Stammbaum« und »Vorfahren«. Sie werden erklärt. Der L.
nennt die Bezeichnung »Ahnentafel« und erklärt die Symbole: Quadrat für
Männer, Kreis für Frauen.

Nun werden die Eltern, Urgroßeltern, Ururgroßeltern benannt und mit Buchstaben am Rande bezeichnet (s. o.), nach »väterlicherseits« und »mütterlicher-
seits« unterschieden, und zwar nicht nur aus der Sicht des »Ich«, sondern auch
aus der des Vaters, der Mutter, der Großmutter usw. Endlich wird der Begriff
der »Generation« gewonnen und gebraucht.

Das Schema verführt zum Rechnen: 2 — 4 — 8 — 16 — 32 — 64 — 128 usw.
Die Berechnung wird aber bald abgebrochen mit der Einsicht, daß es immer
größere Zahlen werden. Wie das wohl weitergeht? Man könnte das bis in die
Urzeit zurückverfolgen. »Bis zu den Steinmenschen«, sagt ein Kind. »Steinzeitmenschen«, berichtigt der Lehrer. Das waren unsere ganz fernen Vorfahren, die
noch in Höhlen lebten und sich mit Fellen kleideten.

2. Stellung der Aufgabe und Klärung des Vorgehens

»Jeder von euch könnte seine eigene Ahnentafel machen, und bei jedem sähe
sie anders aus. Wollen wir es einmal an einem Beispiel probieren.«

Ein Kind wird ausgewählt, die Daten seiner Eltern und Großeltern
eingetragen. Was möchten wir alles wissen? Eine Liste wird zusammengestellt und aufgeschrieben:

TA

Vor- und Zuname?
Wann und wo geboren?
Wann geheiratet?
Wo gelebt?
Welcher Beruf?
Wie viele Kinder?
Wann und wo gestorben?
Sonstiges?

»Woher könnten wir diese Angaben erhalten«?
Eltern, Großeltern fragen. Wenn die es nicht mehr wissen? Taufschein, Geburts- und Sterbeurkunden, Familienbuch ... Was würden Erwachsene tun, die damit nicht zufrieden sind? Standesamt, Kirchenbücher usw. »Das brauchen eure Eltern und braucht ihr natürlich nicht zu tun. Es genügt, wenn ihr mit Hilfe eurer Familie so weit kommt, wie es eben geht«.

L. betont ganz besonders, daß es sich um eine *freiwillige* Aufgabe handelt, die nur dann gemacht zu werden braucht, wenn die Eltern einverstanden sind.

Das vervielfältigte, leere Formular einer Ahnentafel wird an die Kinder ausgeteilt. Sie tragen ihre persönlichen Angaben in das Feld »Ich« und die Bezeichnung der Generationen am Rande ein.

3. Erstellung der Ahnentafeln in Einzelarbeit

Die K. erhalten mehrere Tage über ein Wochenende Zeit, um die Angaben zu beschaffen. Der L. betont mehrmals, daß es sich um eine sehr interessante, aber völlig freiwillige Aufgabe handelt. Er zeigt sich erfreut über die ersten Vorberichte, tröstet diejenigen, die keine Erlaubnis erhalten, läßt sich die ausgefüllten Ahnentafeln zeigen, sofern die Kinder einverstanden sind, und gibt notwendige Hilfen. Wer will, darf seine Ahnentafel aushängen.

4. Gemeinsame Betrachtung der ersten Ergebnisse — Besinnung

Die Kinder dürfen freiwillig berichten, was sie »entdeckt« haben:
»Meine Vorfahren sind alle Staatsbeamte.« — »Bei mir sind es immer wieder Ärzte, ich will auch einer werden.«
»Meine Vorfahren waren bis zu den Großeltern alle Bauern. Erst meine Eltern zogen in die Stadt.«
»Meine Vorfahren bis zu den Eltern sind in Schlesien geboren. Sie wurden aus ihrer Heimat vertrieben. Erst ich bin in Nürnberg geboren.«
»Unter meinen Ahnen hat einer ein ›von‹ vor dem Namen.« Er war ein Adeliger.
usw.

Außerdem wird herausgearbeitet, daß alle Ahnentafeln auch gemeinsame Züge zeigen: die Namen der Väter in aufsteigender Linie sind immer gleich. Die Geburtsjahre der Generationen sind zwar unterschiedlich, schwanken aber um einen gemeinsamen Mittelwert. Von einer Generation zur anderen sind es ca. 25 bis 30 Jahre. Das Gespräch führt nochmals auf die sich immer verdoppelnden Ahnenzahlen. Die K. erinnern daran, daß sie bei anderer Gelegenheit von der geringen Zahl der Vorzeitmenschen und der ständig wachsenden Menschheit gehört haben. Wie paßt das zusammen? Es ist für die K. nicht leicht zu verstehen, daß die gleichen Personen immer häufiger wiederkehren, aber der Gedanke überrascht sie, daß sie letztlich alle miteinander »verwandt« sind.

ZWEITER TEIL: WIE ELTERN UND GROSSELTERN LEBTEN

1. Überleitung zur nächsten Aufgabe

»Wir haben allerlei über unsere Vorfahren herausbekommen. Aber das Interessanteste wissen wir noch nicht.«

Wir möchten wissen, wie sie früher gelebt haben, ob sie arm oder reich waren, wie das Leben damals war, was sie besonderes erlebt haben, usw.

Wie könnten wir das herausfinden? Erzählungen, Tagebücher, Briefe, Fotografien, Bilder ... nicht nur solche aus der Familie, sondern auch Bücher mit Berichten und Bildern aus jener Zeit.

Aufgabe: Jedes Kind muß seinen Eltern oder seinen Großeltern diese Fragen stellen und einen schriftlichen Bericht darüber liefern, den es mündlich noch weiter ausführen kann. Im Gegensatz zur vorigen Aufgabe ist diese nicht freiwillig. Wer Bilder, Gebrauchsgegenstände, Schriftstücke usw. von damals mitbringen kann, soll es tun. Sie sollen aber nicht beliebig zusammengesucht werden, sondern müssen zur jeweiligen Generation passen. Wieder wird die gebührende Zeit zur Erledigung dieser Aufgabe gegeben.

2. Berichte über das Leben der Vorfahren (kulturgeschichtlicher Aspekt)

Die vorgelegten Berichte handeln von ganz verschiedenen Jahrzehnten. Deswegen könnte ein wahlloses Besprechen mehr verwirren als klären. Man beschließt eine Reihenfolge der Besprechung:

Wie unsere Vorfahren gelebt haben

Wohnung, Haushalt, Kleidung, Verkehr, Essen und Trinken, Familie und Schule, Feste und Feiern, Arbeit und Freizeit werden je nach den Beiträgen der Kinder in Auswahl besprochen. Auch der Lehrer trägt vieles bei. Immer wird auf eine gewisse zeitliche Ordnung hingearbeitet:

Zur Zeit der Urgroßeltern wurde das Auto erfunden, die Großeltern konnten sich noch keines kaufen, die Eltern können sich eines leisten, für uns Kinder ist es nichts Besonderes mehr.

Urgroßmutter und Großmutter standen noch am Waschtrog, auch die Mutter in ihrer Jugendzeit noch. Als junge Frau konnte sie die erste Waschmaschine kaufen. Wir Kinder kennen es nicht anders.

Die Großeltern gingen 7 Jahre zur Schule, die Eltern 8, wir müssen 9 Jahre zur Schule gehen, viele gehen freiwillig länger.

Urgroßvater arbeitete 60 Stunden in der Woche und hatte keinen freien

Samstagnachmittag. Großvater erlebte, wie die 48-Stunden-Woche eingeführt wurde. Heute arbeitet Vater 40 Stunden und hat den Samstag frei.

Die bisherigen Beispiele erwecken den Eindruck, als sei heute alles besser als früher. Es liegen aber auch andere Aussagen vor.

Vater konnte noch ganz selbstverständlich im heimatlichen Fluß baden. Wir können es nicht mehr. Er ist viel zu sehr verschmutzt. Großvater und Vater fingen eine Menge Fische in ihm — wir finden fast keine mehr.

Eltern und Großeltern konnten als Kinder bedenkenlos auf der Straße spielen. Wenn ein Fuhrwerk kam, so wichen sie eben aus. Und wir heute? Vater konnte als Knabe dem Großvater bei der Arbeit zusehen und helfen. Unser Vater arbeitet hinter einer hohen Fabrikmauer, und wir sehen ihn erst abends, wenn er müde nach Hause kommt.

usw.

Endlich gibt es noch einen Bereich, in dem man überhaupt nicht von »besser werden« oder »schlechter werden« reden kann.

Urgroßvater trug einen Schnurrbart, Großvater und Vater sind glattrasiert. Vielleicht werden wir Buben in zehn Jahren einen Vollbart tragen wie Ururgroßvater vor 100 Jahren. Auch die Rocklängen der Frauen werden zeitweise kürzer, zeitweise länger ...

usw.

3. Teilzusammenfassung

In Einzel- oder Gruppenarbeit enstehen arbeitsteilig Listen:

Was sie als Kinder kannten

Urgroßeltern	Großeltern	Eltern	Wir Kinder
Eisenbahn	Eisenbahn	Eisenbahn	Eisenbahn
—	Auto	Auto	Auto
—	Propellerflugzeug	Propellerflugzeug	Propellerflugzeug
—	—	Düsenflugzeug	Düsenflugzeug
—	Zeppelin	Zeppelin	—
Petroleumlampe	Petroleumlampe	Petroleumlampe	—
—	elektr. Licht	elektr. Licht	elektr. Licht

usw.

DRITTER TEIL: WAS GROSSELTERN UND ELTERN ERLEBTEN

1. Berichte über die Erlebnisse der Vorfahren (ereignisgeschichtlicher Aspekt)

Alle Fragen nach besonderen Ereignissen, Erlebnissen, Schicksalen bzw. alle Berichte über diese wurden verabredungsgemäß in der vorigen Stunde nicht besprochen, sondern für diesen weiteren Schritt aufgehoben.

Hier herrschen nun, von Ereignissen familiärer und lokaler Bedeutung, von Königs-, Kaiser-, Führerbesuchen u. ä. abgesehen, die beiden Kriege mit ihrer Not, ihrem Jammer und ihren Folgen wie Inflation, Vertreibung usw. vor. Die Berichte, von den Kindern mit Anteilnahme gehört, machen zunächst deutlich, daß diese gleiche Notzeit von den Familien recht verschieden überstanden wurde. Daraus ergibt sich die Überlegung, daß der Geschichtsforscher die Aussagen vieler Zeugen hören und vergleichen muß, wenn er ein wahrheitsgetreues Bild gewinnen will.

2. Erarbeitung einer Zeitleiste

Die Berichte haben eine gewisse Verwirrung über die Reihenfolge der Ereignisse und ihre Zuordnung zu den Generationen hinterlassen. Um so hilfreicher wird jetzt der Vorschlag empfunden, zur besseren Übersicht eine Zeitleiste anzufertigen. Sie wird schrittweise erarbeitet und sieht etwa so aus. (Die Generationenabstände werden als echter Durchschnitt aus den Angaben der Klasse errechnet.)

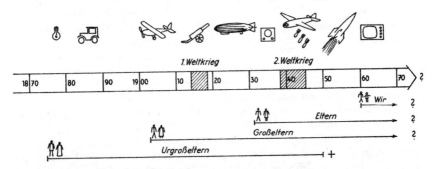

Eine Gruppe fertigt die Grundeinteilung auf einem Packpapierstreifen, jedes Kind darf eine selbstgefertigte Skizze als Symbol eines Sachverhalts darauf anbringen. Auch die Ergebnisse der kulturgeschichtlichen Betrachtung unter 7. finden Aufnahme. Die Kinder erkennen den Unterschied zwischen dem allmählichen Wandel des »friedlichen Lebens« und den großen Ereignissen der »Politik« und sehen ein, daß beide sich auf das Leben der Menschen auswirken. Auch die Unvollständigkeit der Geschichtsleiste nach der Vergangenheit, ihre Offenheit nach der Zukunft hin geben Anlaß zur Besinnung.

Manche der Kinder fertigen aus eigenem Antrieb eine eigene Zeitleiste und tragen ein, was sie sonst noch erfahren können.

3.443 Erläuterungen

zu I/1. Es mag verwundern, daß ohne andersartige Motivation mit dem Schema der Ahnentafel begonnen wird. Selbstverständlich sind auch andere Anfänge möglich. Dieser will sofort die Struktur des Gegenstands deutlich machen, um dann erst zu seiner inhaltlichen Füllung zu kommen. Man ist gleich bei der Sache, und sie wird doch so dargeboten, daß noch viel offen bleibt.

zu I/2. und I/3. Die Freiwilligkeit dieser Arbeit und jede gewünschte Diskretion müssen gewahrt bleiben; denn die Schule darf sich nicht in den familiären Intimbereich einmischen. Den Eltern bleibt die Entscheidung über die Teilnahme vorbehalten. Natürlich fragen alle Kinder um die Erlaubnis, und sie machen sich ihre Gedanken über das eventuelle Ausweichen der Erwachsenen. Früher oder später würden sie ähnliche Fragen aber doch stellen. Sollte ein Kind auf beunruhigende Tatsachen gestoßen sein (in unserem Falle konnte ein Schüler nur die halbe Ahnentafel ausfüllen, weil er »keinen Vater habe«), so kann die sachlich-freundliche Haltung des Lehrers vor der Klasse und im persönlichen Gespräch sogar sehr hilfreich sein.

zu I/4. Besinnungen dieser Art stehen durchaus in Beziehung zu einer weit und tief genug verstandenen Geschlechtserziehung.

zu II/1. Man könnte auch die ersten drei Schritte weglassen und mit einer anderen Motivation bei dieser Frage einsteigen. Der weitere Verlauf wäre der gleiche. Man hätte den Bezug zur Familiengeschichte nicht so eng und persönlich hergestellt, sich aber auch mögliche Schwierigkeiten erspart. Die Behandlung der Ahnentafel ist keine notwendige Voraussetzung des weiteren Vorgehens.

zu II/2. — III/1. Die Darstellung des Unterrichtsverlaufs geht nicht weiter ins Detail, weil die Auswahl aus der fast uferlosen Menge von Möglichkeiten ganz nach den Beiträgen und Fragen der Klasse geschehen soll. Jedes Streben nach stofflicher Vollständigkeit wäre sinnlos. Wichtig ist hingegen das ständige Bemühen um eine einfache zeitliche Ordnung der Einzelheiten, hier am Maß der Generationenfolge versucht, wie es die Tabelle unter II/3. zeigt. Die Fülle der Dinge macht Arbeitsteilung notwendig. Eine Gruppe behandelt Verkehr, die andere Kleidung, die dritte Heizung und Beleuchtung usw. Die Zweiteilung in Kultur- und Ereignis-Geschichte ist nicht am grünen Tisch entstanden. Sie war ursprünglich nicht vorgesehen, was sich aber bei der ersten Durchführung in der Klasse als Mangel erwies, weil die bunte Vielfalt des Gebotenen den Unterricht bald in ein zielloses Plaudern abgleiten ließ. Andere Unterteilungen sind möglich.

zu III/2. Über die Zeitleiste wurde an anderer Stelle ausführlicher gesprochen. Hier, von der Gegenwart einige Generationen zurückgehend, sind Jahreszahlen am Platz. Die Zuordnung der Generationenlinien soll den Bezug der Familien- zur allgemeinen Geschichte deutlich machen. Die Liste der Symbolbildchen ist vermehrbar. Im Gegensatz dazu sollte man bei den Angaben zur politischen Geschichte sehr sparsam sein, weil sie noch zu viel voraussetzen.

WOLF-DIETER ENGELHARDT

4. Einführung in das Arbeiten mit thematischen Karten — ein Beitrag zur Anbahnung geographischen Denkens

4.1 Überlegungen zum Gegenstand und zur Lehraufgabe

Vorbemerkung

In diesem Kapitel steht eine Lehraufgabe für viele. Absichtlich wird darauf verzichtet, einen mehr oder weniger vollständigen Fächer von geographischen Arbeitsweisen vorzustellen, der in seiner Gesamtheit die geographische Methode repräsentieren soll.
Stattdessen wird an einem ausgewählten Beispiel versucht
▶ die Probleme bis in einzelne Unterrichtsschritte zu verfolgen
▶ die Planung der Arbeit durch die Grundschuljahre zu skizzieren
▶ fachgerechtes erdkundliches Denken und Arbeiten exemplarisch darzustellen
▶ am konkreten Fall die Argumente für diese Art von Grundschulsachunterricht vorzulegen.

Problemstellung

Sinnvolle Erdkunde in allen Schuljahren, also auch sinnvolle elementare Erdkunde in der Grundschule, legt das Schwergewicht *nicht* auf die Kenntnis einzelner Gegenstände; nicht der jeweilige Heimatberg oder Heimatboden, nicht die zufällig am Schulort vorbeiführende Straße oder die dort ansässige Industrie, auch nicht eine irgendwo erwanderbare Landschaft oder ein Landkreis, sind als solche schon zwingend bearbeitungs- oder merkwürdig. Die früher vorgebrachte doppelte Begründung für solche Stoffauswahl ist doppelt hinfällig geworden:
Einmal ist ungewiß, ob die Mehrzahl der Menschen in dem Raum leben wird, in dem sie als Schüler Heimatkunde betrieb und ob dieser Lebensraum des Kindes mit dem des Jahres 2000 noch allzusehr vergleichbar sein wird. Zum anderen wird heute kaum mehr bestritten, daß das bloße Ansammeln von Kenntnissen, das Gewinnen und Speichern von Daten und Fakten aus der Heimat, hoch überbewertet wurde, und daß selbst die erwartete Reproduzierbarkeit keineswegs gegeben war — noch weniger eine deutliche Auswirkung auf das Verhalten. Das heißt nun aber ganz und gar nicht, daß damit der Raum um Schule oder Wohnort bedeutungslos geworden wäre. Ganz im Gegenteil! Gerade die Einsicht in den überall herrschenden Wandel verhilft einer alten Forderung der Didaktik

zu neuer Aktualität: Es gilt, das Kind zum Denken und Erkennen hinzuführen; wie Ballauf (1971, S. 122) zugespitzt formuliert »nicht lernen müssen wir, sondern denken ...«. Nur dadurch wird der Mensch — so nehmen wir an — befähigt, ganz andere Erscheinungen an anderen Orten, und neue Erscheinungen der Zukunft selbständig zu verstehen und zu bewältigen: andere Landschaften und politische Gebilde, andere Industrien und Verkehrseinrichtungen, um im obigen Beispiel zu bleiben.

Das Erkennen erdkundlicher Gegenstände, das Finden der Wahrheit, wie Erkennen auch definiert wird, ist Anliegen der Wissenschaft Geographie. Die Schule, der Lehrer, die sich zum Ziel setzen, das Erkennen zu lehren, verfolgen das gleiche Ziel wie die Wissenschaft — auch ihnen geht es um ein Denken, das als Finden von Wahrheit gekennzeichnet ist.

Daraus leite ich die erste These ab, die in dem folgenden Beispiel belegt werden soll: *Unterricht, der gleich Wissenschaft sachgerechte Erkenntnis zu gewinnen versucht, kann das nur auf Wegen und mit Techniken tun, die auch die Wissenschaft gebraucht.*

Geographische Forscher sicherten den Rang ihrer Wissenschaft durch die Arbeit im Gelände. Expeditionen, Reisen, Exkursionen, verbunden mit Namen wie A. von Humboldt oder J. Büdel stehen für eine Methode, die im Aufsuchen der Objekte, in der Arbeit ›vor Ort‹ begründet ist. Geographen beobachten, registrieren, analysieren, erklären, systematisieren; sie zählen, messen, zeichnen auf, interpretieren, wobei Karte und Statistik immer mehr zu dominierenden Darstellungsmitteln werden.

Für die Schule folgt daraus zwingend die zweite These:

Methodengerechter Erdkundeunterricht muß von Gegenständen ausgehen, die für den Schüler unmittelbar zugänglich sind und damit direkt bearbeitet werden können. Anders: Lernen des erdkundlichen Erkennens ist zuerst und vor allem Lernen an der Wirklichkeit.

Die weiterhin gültige Bedeutung des Nahraumes für den grundlegenden Erdkundeunterricht, mehr noch, seine nunmehr überragende Stellung als einzige Basis fachgerechten Erkennens für alle Schuljahre, erscheint damit — jedenfalls theoretisch — gesichert. Mit der Akzentverlagerung von den Fakten zum fachspezifischen Denken ist die Aufwertung des regionalen Bezugsraumes (›Heimat‹) verbunden.

An einem zentralen Beispiel für erdkundliche Arbeitsweisen, dem *Arbeiten mit thematischen Karten* soll diese Orientierung des Unterrichts an der Fachwissenschaft aufgezeigt werden. Das Beispiel erscheint zugleich geeignet, ernstzunehmenden Widerspruch herauszufordern. Wird das Kind nicht mit zu schwierigen Problemen überfordert, muß man fragen, wenn ausgerechnet die schon bisher in der Hauptschule vernachlässigte, weil kaum lösbar scheinende Aufgabe der Kartenarbeit vorgeschlagen wird (*Schmidt* 1970, S. 233). Daneben steht die Überlegung, ob solche Techniken der Wissenschaft das Kind nicht nur belasten, in seinem gegenwärtigen Leben jedoch nichts bedeuten und allenfalls einer ungewissen oder gar ungewollten Zukunft dienen.

In den folgenden vier Abschnitten sei dies untersucht und der Vorschlag mit Begründungen abgesichert.

a) Welche Bedeutung haben Karten in der Geographie?

Nichts charakterisiert die Situation in dieser Wissenschaft besser als der lapidare Satz einer seiner Vertreter, daß sich »der Gebrauch des W o r t e s häufig auf... das kartographisch nicht Darstellbare beschränken« könne (*Weigt* 1957, S. 42).

Karten sind somit heute das wichtigste, genaueste und meistgebrauchte Mittel zur Wiedergabe geographischer Ergebnisse. Sie treten in einer Vielfalt von speziellen Erscheinungsformen auf, haben hohe Präzision und zugleich Verbreitung, weit über die Fachgrenzen hinaus, erreicht. Die entwickelten Verfahren stehen kennzeichnend für die geographische Methode, wesentliche Erkenntnisse werden in Karten ausgedrückt oder aus Karten erschlossen. Die weithin sprachunabhängige Darstellungsweise bedingt zusätzlich die internationale Bedeutung dieses Mediums, das in der Literatur »Basis«, »Kern«, »Stein der Weisen«, »Auge« der Geographie genannt wurde.

b) Was sind thematische Karten?

Die Karte wird in der Geographie allgemein als verkleinertes Abbild eines Ausschnittes der Erdoberfläche verstanden. Regelfall ist die *geographische* Karte, wie sie als Schulwandkarte oder Atlaskarte »normalerweise« vorliegt: eine Darstellung der Oberflächenformen, Gewässer und einiger vom Menschen geschaffener Objekte, wie Städte und Verkehrswege. *Thematische* Karten, auch angewandte-, Spezial- oder Sonderkarten genannt, werden auf der Grundlage dieser geographischen Karten erstellt. Sie sind unter bestimmten engen Fragestellungen geschaffen und behandeln einzelne Darstellungsergebnisse vorrangig und geographisch auffällig: Klima, Bevölkerungsdichte, Fremdenverkehr, Vegetation, Pendler usw. Thematische Karten vernachlässigen um ihrer speziellen Aufgabe willen die geographische Vollständigkeit. Eine Religionskarte benötigt keine Höhenangaben und kein Gewässernetz, eine Anbaukarte kann in der Regel auf die Darstellung der Städte verzichten. Dafür verwenden thematische Karten besondere kartographische Symbole, die nicht immer allgemeingültig sind, sondern häufig für den besonderen Zweck eigens definiert werden. Zeichen für Kaffeeproduktion, Konfession, Einwohnerzahl oder Verkehrsdichte bestimmen beispielsweise ihr Aussehen, die Beschränkung auf einzelne Objekte lassen sie vielfach besonders übersichtlich erscheinen. Die gewählten Zeichen entstammen gelegentlich dem Bereich des Bildhaften: Bananen, Schiffe, Tiere oder Hämmer vertreten erdkundliche Erscheinungen. Häufiger finden sich abstrakte Signaturen — vielfach Symbole, die durch ihre Größe, Form oder Farbe zugleich Größenverhältnisse sichtbar machen. Eine größere Stadt kann durch ein größeres Symbol, durch andere Farben oder durch ein anderes Zeichen von einer kleineren unterschieden werden. (Die Begriffe ›Kartenzeichen‹, ›Signatur‹, ›[kartographisches] Symbol‹ werden unter Bezug auf das *Westermann-Lexikon* der Geographie austauschbar gebraucht.)

c) Sind die Schwierigkeiten des Gegenstandes für die Grundschule nicht zu hoch?

Obwohl die überragende Bedeutung von Karten für die geographische Wissenschaft außer Frage steht und obwohl die grundsätzlichen Konsequenzen daraus für den Unterricht unschwer gezogen werden können, bleibt für den konkreten Fall der Grundschularbeit die Frage nach den Verständnismöglichkeiten für das Kind entscheidend. Erste Zustimmung kann aus der Feststellung abgeleitet werden, daß Kinder heute schon vor und außerhalb der Schule vielfach Karten begegnen und erste Erfahrungen mitbringen: auf der Reise, beim Vater, im Fernsehen, in Kinderbüchern (*Fiege* 1969 b, S. 43). Doch erst eine Analyse der Struktur des Gegenstandes »Thematische Karte« kann im einzelnen zeigen, welche Probleme zu erwarten sind; erst dann kann die Frage beantwortet werden, ob sie vom Kind gelöst werden können.

Strukturmerkmale (vgl. *Heissler* 1966)
1. Karten sind Verkleinerungen von Flächen und Gegenständen auf ihnen.
2. Sie veranschaulichen die Lagebeziehungen der einzelnen Punkte im Raum.
3. Die Gegenstände werden auf der Karte in Symbolen wiedergegeben.
4. Die Erdoberfläche wird auf der Karte verebnet abgebildet.
5. Die Verkleinerung findet in festgelegtem Maßstab statt.
6. Thematische Karten als Sonderform geographischer Karten vernachlässigen die topographische Aussage und enthalten stattdessen unter besonderen Gesichtspunkten ausgewählte Darstellungsgegenstände.

Ausgehend vom Punkt »6« (Thematische Karten als Sonderform) läßt sich der bisher üblichen Praxis der Stoffanordnung widersprechen, die die Behandlung von angewandten Karten erst in höheren Jahrgängen, also *nach* der Einführung in das Kartenverständnis ansetzte. Die Sachstruktur erlaubt die Aussage, daß thematische Karten wegen ihrer Beschränkung auf bestimmte enge Fragestellungen *einfacher* sein können, als geographische Karten, und wegen ihres Verzichts auf topographische Vollständigkeit bereits bearbeitet werden können, bevor die schwierige Darstellung der physischen Gegebenheit eingeführt ist. Zugespitzt formuliert heißt das, daß die Einführung in das Kartenverständnis von elementaren *Sonderkarten* ausgehen kann.

Diese sachliche Argumentation erlaubt uns, bei der Einführung der Landkarte die unter »4« aufgezeigte besonders schwierige Eigenschaft der Verebnung zunächst beiseite zu lassen. Die Darstellung der Formen der Erdoberfläche, in Farben, Höhenlinien oder Schraffen ausgedrückt, und alle Probleme einer angemessenen Rückübersetzung des Kartenbildes in die Dreidimensionalität entfallen bei der einfachen Sonderkarte.

Nicht zureichend bewältigen kann das Kind der Grundschule in der Regel das mathematische Problem der *maßstabsgetreuen Darstellung*. Damit entfällt die Möglichkeit des exakten Arbeitens mit diesem Medium. Allerdings verzichtete auch die bisherige Einführung in das Kartenverständnis zunächst vielfach auf die Ausmeßbarkeit der Karten, obwohl dieser Aspekt bei der dort verwendeten topographischen Karte wesentlich größere Bedeutung hat, als bei der Sonderkarte. Hier fällt der Maßstab bei weiterer Auslegung des Begriffs noch unter die Qualitäten, die gelegentlich — jedenfalls bei der elementaren Darstellungsform — vernachlässigt werden dürfen.

Die wichtigen Leistungen der *Verkleinerung* wie der *Symbolisierung* bewältigt das Grundschulkind mit Sicherheit.

Schon aus der vorschulischen Spielwelt ist die verkleinerte Abbildung vertraut: jede zeichnerische oder photographische Wiedergabe eines größeren Objektes, nahezu jeder Spielgegenstand sind verkleinerte Darstellungen.

Es ist ein Kriterium von Schulreife, daß das Kind in der Lage ist, sich vereinbarte Zeichen hohen Abstraktionsgrades, nämlich Buchstaben und Ziffern, sowie deren Gruppierungen zusammen mit einer festgelegten Bedeutung einzuprägen, um sie bei erneutem Auftreten wiederzuerkennen bzw. wiederzugeben. Die strukturell gleiche Leistung wird verlangt, wenn nun statt ›Eisenbahnlinie‹ die Signatur ▬■▬■▬■▬ steht. Ähnlich wie bei den Bilderschriften früherer Kulturen enthalten die Symbole der Karte vielfach noch Merkmale des Gegenstandes, die sie einfacher als Buchstaben und Buchstabengruppen erscheinen lassen — ein Grund, der für ihre frühzeitige Einführung spricht.

Die Darstellung solcher Symbole auf Flächen wird in der Grundschule längst betrieben, z. B. im Rechenunterricht. ›Gartenbeete‹ oder ›Waldstücke‹, mit Salat und Rüben bzw. Laub- und Nadelbäumen bestückt, sind ja nichts anderes als einfache thematische Karten der Flächennutzung, die quantitativ verwendet werden können.

Zusammengefaßt: Die einfache Darstellung einer Fläche als verkleinerter Ausschnitt der Erdoberfläche, und von ausgewählten Objekten in ihrer Verteilung auf dieser Fläche, ergibt eine sachgerechte thematische Karte, die auch das Grundschulkind anfertigen oder lesen lernen kann: Die Verteilung verschiedener Autos auf einem Parkplatz, verschiedener Läden in einer Straße, verschiedener Nutzpflanzen in einer Flur, verschiedener Verkehrsdichten in einem Straßennetz usw. (vgl. *Schreiner* 1968).

d) Welche Bedeutung hat solche Arbeit für das Kind?

Von den eingangs zitierten und anerkannten Bedenken her bleibt die Frage, wie die Arbeit mit thematischen Karten in der Schule, besonders in den ersten Jahrgängen begründbar sei. Sie wird von mehreren Gesichtspunkten her beantwortet werden müssen.

Einmal dient die Grundschule dem späteren erdkundlichen Unterricht um so mehr, je gezielter sie diesen vorbereitet; das heißt aber auch, je erfolgreicher sie Arbeitstechniken grundlegt, die in diesem Unterricht bedeutsam sind. Durch die Arbeit mit der Sonderkarte wird überdies nicht nur der traditionelle Fachunterricht unterstützt, sondern zum ›Aufbau einer neuen Erdkunde von unten her‹ ein wichtiger Beitrag geleistet.

Aber auch erdkundlicher Grundschulunterricht selbst wird durch solche Neuorientierung aufgewertet, und dies vor allem ist hier angestrebt. Das Kind lernt über eine neue *Darstellungsweise* der im Unterricht gewonnenen Ergebnisse verfügen, die seinem Gestaltungsbedürfnis entgegenkommt und »als außersprachliche Kulturtechnik« (*Friese* u. a. 1970, S. 333) jüngere wie sprachlich benachteiligte Kinder begünstigt. Zugleich sind Sonderkarten eine neue Informationsquelle, die nichtverbale Darbietung ermöglicht — etwa, wenn man auf einer Kartenskizze die Lage von zentralen Versorgungseinrichtungen in einem Ort (Post, Schule, Schwimmbad, Krankenhaus) vorgibt, statt dies zu berichten.

Hier zeigt sich ein aufgezeigtes Strukturmerkmal der Karte als Vorzug: *Lagebeziehungen* kann kein Medium, vor allem nicht die Sprache, so *anschaulich* machen wie die Karte; die Verteilung beliebiger Objekte in einem beliebigen Raum ist immer ein Lageproblem. Da thematische Karten häufig statistische Daten enthalten (z. B. Zahl der zu verschiedenen Arbeitsstätten pendelnden Einwohner einer Gemeinde), sind sie zugleich eine besondere Form der *graphischen* Darstellung und als solche zusätzlich bedeutsam.

Aber nicht nur Darstellungstechniken, sondern auch Techniken der *Gewinnung des darzustellenden Materials* lassen sich hier erarbeiten. Kinder lernen das Messen, Zählen und Erfragen von geographischen Daten, die in Sonderkarten dargestellt werden.

Sie erfahren damit gleichzeitig erstmals, wie die vielfältigen statistischen Materialien, die uns heute geradezu überschwemmen, gewonnen und aufbereitet werden. Das heißt, über das Erlernen von Techniken hinaus und mit diesen zugleich werden Einsichten angebahnt, welche die noch immer vielfach beobachtbare Hilflosigkeit bzw. Gläubigkeit des Bürgers gegenüber dem von Wissenschaftlern oder gar von Elektronengehirnen schwarz auf weiß Bewiesenen auflösen helfen sollen.

Neben dem Verfügen über Arbeitstechniken und dem Durchschauen von dahinterstehenden Zusammenhängen ist ein dritter wesentlicher ›Bildungswert‹ in den für solche Karten relevanten *Themenkreisen* gegeben.

Gegenstand recht verstandener Arbeit mit Sonderkarten ist der Raum, in dem das Kind lebt. Dieser Raum soll durch die vorgeschlagene Arbeit erschlossen, d. h. bewußt und durchschaubar gemacht, strukturiert und verstanden, aber auch kritisch überprüft und bewertet werden. Erkenntnisprinzip ist weitgehend der Vergleich mehrerer unter einem Thema stehender Objekte. Der im Raum interessierende Gegenstand ist nicht mehr so sehr der Topos, der einzelne Punkt im Naturraum, den die topographische Karte bevorzugte; im Mittelpunkt stehen Schöpfungen und Probleme des Menschen und seiner Gruppen, wie Einrichtungen des Wohnens, Produzierens, Kaufens, Verkehrs, der Erholung oder der Bildung (*Ruppert* 1969; *Schulreform in Bayern/Lehrpläne für die Grundschule*). Das Kind arbeitet in solchem sozialgeographisch orientierten Unterricht an Fragen seines eigenen gegenwärtigen und zukünftigen Lebens.

Indem ihm sein Alltag bewußt wird, lernt es nach und nach, sich von ihm auch zu distanzieren und seine ggf. notwendige Veränderung jedenfalls gedanklich zu entwerfen.

Lernprozesse, als simulierte Forschungsprozesse angelegt, beziehen das Kind mit ein in den entscheidenden Zusammenhang von Erkennen und Verhalten.

Mit diesen Argumenten sind weder völlig neue, noch vom Grundschullehrer bisher nicht verfolgte Ziele aufgezeigt. Immerhin werden mit der thematischen Karte Inhalte und Techniken angeboten, die noch heute nur von einzelnen nebenbei bearbeitet werden. Sie fehlten bisher in Richtlinien, Lehrplänen und didaktischer Literatur, weil sie für zu schwer, zu wenig bedeutsam oder beides zugleich gehalten wurden.

4.2 Unterrichtsskizze für das erste Schuljahr: Verwendung einfacher Kartensymbole in einer Bildergeschichte

4.21 Vorüberlegungen zur Aufgabe

Lernziel: Die Schüler sollen einfache geographische Sympole im Zusammenhang von Bildergeschichten lesen und nach individuellem Vermögen später auch verwenden bzw. erfinden — ohne daß diese eigens eingeführt oder auch nur eingehend besprochen würden.

Erläuterungen: Einfache Kartensymbole begegnen dem Schüler vielfach in seiner täglichen Umwelt, insbesondere im Fernsehen und auf Reisen. Sie sind überdies so gegenständlich, daß sie im Sinnzusammenhang auch bei der ersten Begegnung »entschlüsselt« werden können.

Diese Bedingung kann und sollte genützt werden, vom ersten Schuljahr an den Umgang mit den speziellen kartographischen Symbolen — neben denen der Schrift und der Mathematik — als selbstverständlich einzuüben und damit weitere Arbeit vorzubereiten. Dies um so mehr, als solche ersten Schritte keinerlei Belastungen erbringen.

4.22 Aufbau der Unterrichtseinheit: Barbara darf eine Wanderung machen

a) Eine an der Tafel angezeichnete Bildergeschichte, die den Weg eines Kindes bei einem Ausflug zeigt, dient zunächst dem Lehrer, dann den Schülern als Hintergrund sprachlicher Darstellung.

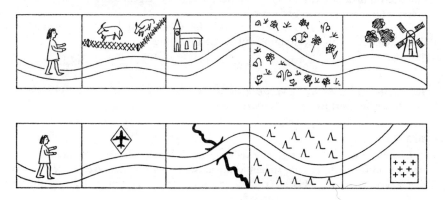

b) In einer zweiten Phase, die einige Vertrautheit mit der herkömmlichen Bildergeschichte voraussetzt, werden einfache, leicht lesbare Symbole der topographischen Karte in den Zusammenhang eingebaut. Ohne daß der Lehrer noch ein Beispiel geben müßte, stellen die Schüler den Ablauf dar.

c) Im dritten Abschnitt dieser Einheit — Hausaufgabe oder neue Stunde — erhalten die Schüler den Auftrag, selbst solche Geschichten zu erfinden und sie mit ›Bildzeichen‹ darzustellen. Die Verwendung von Symbolen wird aber nicht erzwungen; Kinder, die noch kein Verständnis dafür gewonnen haben, malen Bildergeschichten. Die Wiederholung von »b« und die mündliche Darstellung einiger Geschichten verstärken den letzten Eindruck.

d) Einige der Ergebnisse, vor allem solche mit gültigen oder sinnvollen selbsterfundenen Kartenzeichen werden gemeinsam besprochen: am günstigsten in Projektion mit dem Episkop, sonst in einigen an die Tafel übertragenen Beispielen. Der ›Autor‹ spricht jeweils zuerst zu seinem Bild, Hilfe ist im weiteren dort nötig, wo einzelne Schüler bereits schwierige Symbole kennen oder von Zuhause mitbringen. Beispiele, die für das Leitthema besonders geeignet erscheinen, können in erster Gemeinschaftsarbeit zu einem Fries vergrößert werden, der für einige Zeit in der Klasse hängt und auch zu Wiederholung oder Ausweitung Anlaß gibt.

4.23 Nachbemerkung

Die Skizze sollte andeuten, wie die frühe Vertrautheit mit Symbolen aus der thematischen Karte bereits im ersten Schuljahr angebahnt werden kann. Die Darstellung bedeutet nicht, daß dieser Schritt zwingend *vor* den folgenden zwei Beispielen gegangen werden muß.

Daß es sich um eine besondere Art von ‹Bildern› handelt, wurde hier mit Absicht nicht angesprochen. Es wäre aber auch möglich, im zweiten oder vierten Unterrichtsabschnitt die Frage zu stellen, wieso wir eigentlich alle wüßten, was dieses oder jenes Zeichen bedeutet.

Das würde die Auseinandersetzung mit der Eigenart und verschiedenen Möglichkeiten der Symboldarstellung auf Karten einleiten.

4.3 Unterrichtsthema: Symbole als vereinbarte bzw. allgemeinverständliche Zeichen für Sachverhalte

4.31 Vorüberlegungen

Lernziele: Die Schüler sollen erkennen, daß bildhafte Zeichen (Symbole) stellvertretend für Sachverhalte stehen können. Sie sollen einsehen, daß diese Zeichen den Zweck erfüllen, in kurzer Zeit und ohne Schwierigkeiten nichtsprachliche

Informationen zu übermitteln. Die daraus folgenden Anforderungen an solche Symbole (Prägnanz, Eindeutigkeit) sollen erkannt werden.

Die Kinder sollen einfache Symbole selbst entwerfen und die in ihrer Umwelt vorhandenen erkennen und verstehen lernen.

Erläuterungen: Wie in den vorangehenden didaktischen Überlegungen ausgeführt wurde, sind Symbole keineswegs auf den Bereich der Geographie beschränkt. Vielmehr finden sie sich als Verständigungsmittel zwischen Menschen überall im Alltag, so daß sie vielfach nicht eigens eingeführt, sondern vielmehr in den Bewußtseins- und Anwendungsbereich der Kinder gerückt werden müssen. Das folgende Unterrichtsbeispiel versucht dies mit bekannten und einfachen, weil noch bildhaften Zeichen, die der Schüler in ähnlicher Weise überall finden kann; das Kartensymbol als Spezialfall wird damit vorbereitet.

Die angegebenen Lernziele gelten für das Gesamtthema und können mit einer Unterrichtseinheit keinesfalls vollständig erreicht werden, wenngleich sie in jedem Gegenstand mit enthalten sind.

4.32 Unterrichtseinheit für das 2. Schuljahr:
Für ein neues Gasthaus wird ein Hinweisschild gezeichnet

Plan für den Aufbau:

1. Darstellung des Sachhintergrundes und Arbeitsauftrag
2. Hausaufgabe: Schildentwurf
3. Besprechung ausgewählter Vorschläge
4. Vorzeigen eines Hinweisschildes mit einfachen Symbolen
5. Gemeinsame Besprechung der Gründe für die Annahme dieses Entwurfs
6. Aufzeichnen und Aufschreiben des Ergebnisses
7. Überlegen ähnlicher bekannter Beispiele

Weiterführung: Die Thematik ‹Symbolisierung› kann und muß nicht in einer Unterrichtseinheit erfaßt werden. Weitere Stunden brauchen jedoch nicht unmittelbar aufeinander zu folgen, sondern können je nach Lehrangebot über das ganze Schuljahr, ja über die ganze Grundschulzeit verteilt sein. Es ist auch möglich, die Unterrichtsbeispiele 4.3 und 4.4 in der Reihenfolge zu tauschen, da beide das Problem des Symbolisierens verfolgen, wenn auch mit verschiedenem Akzent. Hier kam es darauf an, die Bedeutung von Symbolen zu bearbeiten, ohne bereits auf ihre fachspezifische Bedeutung in der Geographie einzugehen. Unterrichtsgegenstände könnten unter anderem auch sein: Verkehrszeichen, wie sie die bayerischen *Lehrpläne 1970* vorschlagen, Wappen, Firmenzeichen, Marken von Produkten, Symbole zur Kennzeichnung von Türen, von Waren im Katalog, von Wanderwegen ...

Der Weg zu den Symbolen auf Landkarten bringt als weiteres Merkmal die Einordnung in den Raum, wie das in den folgenden Einheiten 4.4 und 4.5 aufgezeigt ist.

4.33 Unterrichtsablauf

Darstellung　　　　　　　　　　　　　*Erläuterung*

1. Unterrichtsschritt: Darstellung des Sachhintergrundes und Arbeitsauftrag

Der Lehrer berichtet von einem neugebauten (renovierten) Haus, an der Durchgangsstraße (Fernverkehr!), in dem eine Gastwirtschaft eröffnet werden soll. Während der Erzählung entsteht an der Tafel eine Skizze des Hauses; sie kann auch vorbereitet sein und durch Aufklappen der Tafel sichtbar werden.

Je lebendiger diese knappe Einführung, desto engagierter werden die Schüler ihren Beitrag leisten. Die Entstehung der Skizze unmittelbar vor den Augen der Schüler verstärkt diese Wirkung und erleichtert die Identifikation, zunächst mit dem Gastwirt, dann mit dem Maler.

Es wird dargestellt, daß der Gastwirt ein großes Hinweisschild anbringen will, damit jedermann sofort sieht, was er hier bekommen kann. (Den Platz, an dem das Schild angebracht werden soll, an der Zeichnung farbig kennzeichnen!).

Hier sollen die Schüler erstmals erkennen (Unterrichtsgespräch erwünscht), welchen Zweck das Schild erfüllen soll: genaue Information dritter Personen.

Für den Maler, der das Schild anfertigen soll, wird notiert: »Bequeme Betten für Gäste, die übernachten wollen, gute warme Speisen, feiner Kaffee und Kuchen« (Tafelanschrift). Die Kinder werden beauftragt, als »Maler« diese Arbeit zu übernehmen und zu Hause ein solches Schild herzustellen (Hochformat).

Die schriftliche Darstellung, von den Kindern für die Hausaufgabe notiert, gibt zunächst die drei Angebote. Darüberhinaus soll sie verhindern, daß die Lösung ›Symbol‹ schon suggeriert wird. Das Darstellungsproblem soll vorerst ganz Problem des Kindes sein (keine Antwort auf Fragen!), »Umweglösungen« sind in dieser Phase eigener Versuche wertvoll.

2. Unterrichtsschritt: Hausaufgabe »Schildentwurf«

Die Schüler versuchen zu Hause, auf einem hochformatigen Blatt eine Lösung (— die mögliche Mitarbeit von Familienmitgliedern stört hier nicht).

Unterrichtsabläufe von der Art, daß die Problemstellung am Ende eines Schultages, die Lösung erst später erfolgt, erweisen sich als besonders wirksam, weil eine langandauernde Beteiligung sehr vieler Schüler ermöglicht wird, die oft sehr unterschiedliche Ergebnisse bringt.

3. Unterrichtsschritt: Besprechung ausgewählter Vorschläge

Eine vom Lehrer zusammengestellte Auswahl unterschiedlicher Schülerarbeiten wird gut sichtbar ausgehängt und gemeinsam besprochen. Leitend ist die Fragestellung, welchen Entwurf der Gastwirt wohl wählen wird. Die Schüler begründen ihre Aussagen. Schülervorschläge mit Speisekarten oder Willkommensgrüße, kleine Aufsätze, bunte Gemälde, winzige Schriftzeichen und Firmenreklame lieferten in den Versuchsstunden vielfältige Gesprächsgrundlage.

Bei der Auswahl sollte versucht werden, möglichst verschiedenartige Entwürfe zu berücksichtigen, wobei verbale (viel Text), bildhaft-konkrete und stilisierte Darstellungen erwünscht sind. Im Gespräch werden zunächst die Begründungen der Schüler gehört und noch nicht korrigiert. Durch gelegentliche Impulse lenkt der Lehrer das Augenmerk auf wichtige Gesichtspunkte, insbesondere soll er erreichen, daß nicht ohne genügende Aussprache eine stilisierte Symboldarstellung den anderen vorgezogen wird.

4. Unterrichtsschritt: Vorlage eines modernen graphischen Hinweisschildes

Nach gründlichem Abwägen zeichnet der Lehrer die symbolische Darstellung in das Tafeldbild ein und erklärt: »Der Gastwirt hat dieses Schild ausgewählt«.
Auf diesen knappen Impuls folgen spontane Schüleräußerungen, die unmittelbar zum 5. Unterrichtsschritt führen: »Da haben wir uns ja viel mehr geplagt! — Da steht ja nichts von Schweinebraten oder Erdbeertorte — Solche Schilder gibt es an der Autobahn — Das sieht man besser — So wollte das mein Vater auch machen...«

Der treffendste Schülerentwurf oder eine vorbereitete Zeichnung werden als »beste Lösung« vorgestellt, wenn die Schüler bei ihren Lösungsversuchen mit dem wahrscheinlichen Kriterium »schön« nicht mehr weiterkommen. Die Sache soll für sich selbst sprechen und erste Äußerungen provozieren.

5. Unterrichtsschritt: Besprechung der Gründe für die Annahme dieses Entwurfs

In Fortsetzung des Unterrichtsgesprächs werden Gründe überlegt, die zu der angegebenen Entscheidung führten. Die Kinder finden, daß man das Schild schon von weitem erkennen muß

Die in Schritt 4 gegebene Lehrerinformation leitet von den Lösungsversuchen über in die Begründung der Lösung. Die zentrale Einsicht in den Zweck des Schildes (schnelle und pro-

und daß es auch Autofahrern (Übernachtungsgäste!) auffallen soll. Deshalb muß es einfache Bildersprache enthalten, dagegen kaum Wörter. Schönere, detaillierte Zeichnungen sind nicht notwendig und oft nicht so gut zu erkennen.

Interessante Gesprächsbeiträge bringt die Frage, ob man nicht meinen könnte, hier werden Hausrat (Besteck, Geschirr, Möbel) verkauft.

Tafelanschrift:
»Auf dem Schild steht kein Wort. Die Bilder sind einfach. Alle Leute können sie von weitem erkennen und verstehen, was gemeint ist.«

blemlose Kurzinformation) und die Funktionsgerechtigkeit der gezeichneten Symbole soll nicht »diktiert«, sondern vom Kind gefunden werden.

Die knappe Tafelanschrift bezieht sich allein auf den durchgespielten Fall. Hier wird noch keine Verallgemeinerung vorgenommen.

6. Unterrichtsschritt: Aufzeichnen und -schreiben des Ergebnisses

Die Kinder zeichnen das Schild auf ein eigenes Blatt (Heft) und schreiben den Tafeltext daneben.

Alleinarbeit, Sicherung, Tätigkeitswechsel sind dringend notwendig; auf ein mögliches Aufschreiben schon nach Schritt 4 wurde jedoch bewußt verzichtet, um das spontane Ausdrucksbedürfnis nicht zu unterdrücken.

7. Unterrichtsschritt: Überlegen ähnlicher Beispiele aus dem Erfahrungsbereich des Kindes

Der Lehrer erinnert daran, daß viele Geschäftsleute solche Schilder angebracht haben, bzw. anbringen könnten. Unter den von den Schülern vorgebrachten Beispielen (— ggf. Denkhilfen —) wählt er die aus, die einfache eindeutige Symbole enthalten und läßt sie an der Tafel anzeichnen. Schuh — Blume — Breze — Milchflasche — Apothekenzeichen —. Die häufigen Beispiele, bei denen ein Symbol die Marke vertritt (Muschel — Benzin, Frosch — Schuhcreme usw.) werden hier ausgeklammert, weil sie nicht direkt für einen Gegenstand stehen.

Durch Vergegenwärtigen ähnlicher Beispiele wird die gewonnene Einsicht vertieft und vom Einzelfall aus verallgemeinert.

Um das Kind nicht zu überfordern, sollte zunächst der Sachbereich »Geschäftsschilder« nicht überschritten werden. Eine Differenzierung der bisherigen Aussagen (— oft steht Symbol neben Text —) ist sinnvoll. Dieser Unterrichtsschritt kann auch in einer folgenden Stunde, u. U. vorbereitet durch eine Hausaufgabe, angesetzt werden, oder in Verbindung mit einem Unterrichtsgang eine eigene Stunde abgeben.

4.34 Nachbemerkungen

Grundlegende Einsichten, wie die hier angestrebten, sind vielfach so komplex, daß sie sich in einer Unterrichtseinheit nicht gewinnen sondern nur anbahnen lassen — spätere Differenzierung der Erkenntnis ist notwendig. Es ist besonders darauf zu achten, daß bei aller Elementarisierung keine sachliche Verfälschung eintritt; so müssen die Zeichen vorfindbar oder möglich sein; sie müssen als eine Möglichkeit unter anderen dargestellt werden.

In der Stunde wird der Weg versucht, nach der Problemstellung zunächst eigene Lösungsversuche der Schüler erarbeiten und überprüfen zu lassen. Weiterführende Lehrerinformationen werden möglichst lange zurückgehalten, um den Schülern nicht das Denken abzunehmen: bewußt wird zunächst auf den Hinweis verzichtet, daß das Schild aus der Ferne und für rasch Vorbeifahrende erkennbar sein muß. Damit soll eine innere Beteiligung der Schüler erreicht werden, die Voraussetzung für die subjektive Bedeutsamkeit der gewonnenen Erkenntnis ist.

4.4 Unterrichtsthema: Zeichnerische Darstellung von Lagebeziehungen

4.41 Vorüberlegungen

Lernziele: Von zwei möglichen Lernzielen bei dieser Einheit wird im folgenden Beispiel dieses besonders verfolgt: Die Schüler sollen am Einzelfall selbst herausfinden, daß die zeichnerische Darstellung von Lagebeziehungen vorteilhafter, weil kürzer und übersichtlicher ist, als die verbale. Das zweite Lernziel, das Vereinbaren geeigneter Symbole für bestimmte Gegenstände (Nebenziel: Erläuterung in einer Legende) wird hier nur gestreift. — Die Umkehrung, das Lesen einfacher thematischer Karten bleibt eigenen Stunden vorbehalten.

Erläuterungen: Das Problem der Darstellung von Objekten durch Symbole wurde im vorangegangenen Beispiel unabhängig von der Lage dieser Objekte behandelt. Solche Isolierung einer Schwierigkeit ändert nichts an der eingangs formulierten Aussage, daß auch einfache Lagedarstellungen bereits in den ersten Schuljahren verstanden und angefertigt werden können.

In einer Reihe von Unterrichtseinheiten soll die Einsicht von der Überlegenheit der zeichnerischen Darstellung in diesem Problembereich gewonnen und gefestigt, die Fertigkeit des Kartenzeichnens und -lesens angebahnt werden. Dabei ist besonders zu beachten, daß die Unterrichtsgegenstände jeweils aus dem unmittelbaren Anschauungsbereich der Schüler stammen, so daß ständiger Vergleich zwischen Abbildung und Wirklichkeit möglich ist. Da grundsätzlich die Darstellung aller Objekte im Raum (Bänke im Klassenzimmer, Aufstellungsflächen der Klassen im Schulhof, Lage der Apotheken in einem Stadtviertel, Stände auf dem Markt, Tierstellungen im Zoogelände, Getreidefelder in einer Flur usw.) thematische Karten ergibt, tritt kein Mangel an Unterrichtsaufgaben ein.

Jede Ausarbeitung eines raumbezogenen Unterrichtsbeispiels hat den Nachteil, nicht für andere Orte zutreffend zu sein. Auch im vorliegenden Fall ist die Übertragung auf die jeweils konkrete Schulsituation notwendig.

4.42 Aufbau der Unterrichtseinheit: Wie erstellt Lehrer Beck den Parkplatzplan für die Schule?

Schritt 1: Aufgabenstellung: Parkplatzplan herstellen
Schritt 2: Lehrergeleitete Lösung: umständliche verbale Darstellung
Schritt 3: Unruhe und Widerspruch
Schritt 4: Eigene Versuche der Schüler
Schritt 5: Die Planskizze als Lösung
Schritt 6: Besinnung über die Vorteile der Zeichnung.

4.43 Geplanter Stundenablauf

Erwartetes Schülerverhalten	*Bedingende Lehrermaßnahmen*	*Didaktischer Kommentar*

1. Schritt: Aufgabenstellung

Die Schüler hören vom besetzten Parkplatz des Lehrers. Sie besprechen, ob und wie das verhindert werden sollte. Danach erfahren sie, daß die Lehrerparkplätze jeweils für ein Schuljahr fest zugeteilt sind. Dafür gibt es eine, von einem Lehrer der Schule erstellte Ordnung.	Der Lehrer berichtet, daß *sein* Parkplatz kürzlich besetzt war. Die lehrergeleitete Erörterung, ob das verhindert werden kann, führt zu der Information von der Zuteilung der Plätze.	Mit der Entrüstung des Lehrers wird erste Spannung, mit der Frage Mitarbeit bewirkt. Die Information von der Regelung trägt die Stunde sachlich.
Die Schüler überlegen sich im Gespräch, oder erfahren teilweise neu, daß es 7 Parkplätze in der Bergstraße, 4 in der Annastraße gibt. In der Schule sind 11 motorisierte Lehrer: Beck, Haber, Ittner, Langenberger, Lutz, Maurer, Singer, Tausch, Ulsaß, Wilhelm, Winter.	Die Schüler werden aufgefordert, sich zu erinnern, der Lehrer hilft, Er ruft einzelne Schüler an die Tafel, die das Ergebnis festhalten.	Einige Lehrer sind bekannt, ebenso einige Autos, so daß nicht reine Darbietung notwendig ist. Die Vielzahl der später benötigten Informationen erfordert das schriftliche Festhalten.
Die Kinder überlegen, wie so eine Parkplatzordnung wohl aussieht und wollen sich an einem	Der Lehrer sagt, er habe zu Schuljahresbeginn ein abgezogenes Blatt erhalten, auf dem	Um die angestrebte Einsicht zu gewinnen, ist es nicht möglich, den Plan zu zeigen. Dies wäre ledig-

gemeinsamen Entwurf beteiligen.

die Verteilung steht. L.: »Wir schauen uns heute an, wie solch eine Ordnung aussieht«, nimmt Kreide, geht zur Tafel — »wer kann sich etwas denken?«

lich oberflächliche Information — er muß aus seiner Funktion heraus verstanden werden, dazu ist Erarbeitung erforderlich.

2. Schritt: Lehrergeleitete umständliche verbale Lösung

Die Schüler diskutieren — im Glauben, wie Lehrer Beck zu arbeiten — einen Einteilungsvorschlag, schreiben ihn an die Tafel und notieren ihn selbst; nach einem Satzmodell teilen sie alle 11 Plätze zu.
Tafelaufschrift:
(»Der erste Platz neben der Haustüre in der Bergstraße ist für das Auto von Lehrerin Lutz. Der zweite Platz in der Bergstraße ...«)

Unter den angebotenen Vorschlägen werden diejenigen behutsam zurückgestellt, die eine zeichnerische Lösung nahelegen. Durch die Forderung nach Genauigkeit besteht der Lehrer auf einer verhältnismäßig umständlichen Formulierung, die er von verschiedenen Schülern an die Tafel schreiben läßt. Alle erhalten den Auftrag, mitzuschreiben.

Die Erkenntnis, daß verbale Lösungen nicht genügen, muß hier tief verankert werden; das rechtfertigt den Umweg. Schüler mit richtigen Vorschlägen dürfen dabei nicht entmutigt werden.
Erst im Aufschreiben wird die Unbrauchbarkeit deutlich, für jeden Schüler überdies in der eigenen Niederschrift.

3. Schritt, Unruhe und Widerspruch

Die Schüler spüren mehr und mehr, daß das gezeigte Verfahren zwar richtig, aber nicht günstig ist.
Gegen die offensichtliche Absicht des weitererarbeitenden Lehrers artikulieren sie ihr Unbehagen und führen ein Überdenken herbei.

Der Lehrer fördert gezielt den gewünschten Widerspruch durch Schüler, indem er durch Gestik, Mimik und gesprochene Impulse den Zeitaufwand und den Raumbedarf (mehrere Tafelflächen) deutlich sichtbar macht. Wo sich Schülerzweifel zeigen, unterstützt er diese, ggf. spricht er auch begabte Schüler direkt an.

Pädagogisch ist besonders bedeutsam, die Schüler zu sachlichen Widersprüchen auch gegenüber der Lehrermeinung zu ermutigen.
Der hier vorliegende Sachverhalt ist so eindeutig, daß offene Lehrerhilfe meist nicht notwendig ist. Vielmehr soll die Widersinnigkeit des Vorgehens von allen Schülern so erfahren werden, daß ein anderer Weg sachlich zwingend wird. Daß die Schüler diese Erkenntnis

auch artikulieren, ist durchaus unüblich, gerade deshalb besonders förderungswürdig.

4. Schritt: Eigene Versuche der Schüler

Die Schüler versuchen aus der Situation des Mißlingens andersartige Lösungen vorzuschlagen. Sie sprechen dabei leise mit ihrem Sitznachbarn.

Der Lehrer beauftragt die Schüler, in Partnerarbeit zu überlegen, ob Herr Beck das wirklich so gemacht haben mag, oder ob er eine andere Lösung gefunden hat.

In dieser produktiven Phase sollen möglichst viele Schüler die Gelegenheit erhalten, aktiv zu werden. Überdies ist es sinnvoll, an dieser Stelle die individuellen außerschulischen Erfahrungen der Kinder einzubeziehen.

5. Schritt: Die Planskizze als Lösung

Der von einigen Kindern entworfene Plan wird — an die Tafel gezeichnet — als die beste Lösung erkannt.

Während der Stillarbeit stellte der Lehrer brauchbare Skizzen fest. Er übernimmt nun eine, zeichnet sie an die Tafel und bezeichnet sie nach der Schülerarbeit als mögliche Lösung des Kollegen.

Nicht alle Schüler können einen Beitrag erbringen oder wissen sicher, daß er richtig ist. Bestätigung vermittelt das Tafeldbild allen denjenigen, die eine ähnliche Lösung fanden.

Sie ist weitere Grundlage der folgenden Besinnung.

6. Schritt: Besinnung über die Vorteile der Zeichnung

Die Schüler sehen ein, daß und warum der an der Tafel gezeichnete Plan die gestellte Aufgabe besser erfüllt, als die Textlösung.

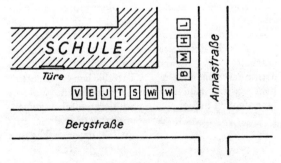

Sie formulieren einfache Teileinsichten (Grün-

Der Lehrer zeigt noch einmal die beiden Ent-

Die Schüler spüren nach den eigenen Versuchen und

de), die in zwei Spalten angeschrieben werden.

»nicht gut«

Die Sätze brauchen viel Platz. Das Schreiben dauert lange. Man kennt sich auf dem Blatt nicht gut aus.

»gut«

Den Plan kann man schnell zeichnen. Er braucht wenig Platz. Auf ihm kennt man sich gut aus.

würfe an der Tafel und wiederholt die Feststellung, daß die Zeichnung dem Entwurf des Kollegen ähnlicher sei.

Zweifelnd fragt er nach, woher viele Schüler das so sicher gewußt hätten. Die Aussage, der Plan sei besser, provoziert die Nachfrage des Lehrers: wieso? Er fordert die Kinder auf, genau zu sagen, was an der einen Lösung ge-, an der anderen mißfällt.

Als Impuls steht an der Tafel in 2 Spalten »nicht gut« und »gut«.

aus den beiden Tafelbildern die Vorteilhaftigkeit der Skizze.

Es reicht jedoch nicht aus, einen ganz allgemeinen Eindruck der Zufriedenheit der vorangehenden Spannung folgen zu lassen, vielmehr ist die differenzierende Formulierung einfacher Teileinsichten notwendig, die den diffusen Gesamteindruck auslöst und präzisiert.

4.44 Nachbemerkungen

In der vorliegenden Form orientiert sich die Darstellungsform in drei Spalten an einem Berliner Modell (*Heimann* u. a. 1965; S. 47), das Lehrerverhalten als planmäßige Auslösung des erwünschten Schülerverhaltens darstellt — eine Art der Vorbereitung, die sich als sehr aufschlußreich, weil konsequent erweist, die allerdings verabsolutiert die Gefahr einer mechanistischen Sichtweise bringt.

Der Unterrichtsaufbau zeigt noch einmal den Weg über die Schülerlösungen, hier durch die Fehlleistung des Lehrers, besonders akzentuiert. Daß solche ›Verführung‹ sehr vorsichtig und mit überlegter Behandlung der ›ungünstigen‹ und ›richtigen‹ Antworten erfolgen muß, sei noch einmal betont, ebenso die Feststellung, daß gerade das Durchschauen und begründete Widersprechen wichtige Ziele des Unterrichts sind.

Das Beispiel »Parkplatzplan« wurde gewählt, weil sich ähnliche Fälle vielfach finden lassen, eine Übertragung in die jeweils individuelle Schulsituation also möglich ist.

Auch bei dieser Einheit wird das Lehrziel nicht in einem Zug erreicht — mehrere Unterrichtseinheiten über die Grundschuljahre hinweg vertiefen und sichern die Einsicht, daß Lagebeziehungen am besten in Karten wiedergegeben werden. Bei dem hier angestrebten Teilziel wurde noch auf Verallgemeinerungen und auch auf eine genaue Begründung der gewonnenen Einsichten verzichtet — die drei Aussagen hätten ja noch hinterfragt werden können. Der Blick auf das Kind verlangt, sich zunächst mit der Aussage zum konkreten Fall zu begnügen.

Nach weiteren Beispielen sollte dann die Frage geklärt werden, w a r u m in all diesen Fällen die zeichnerische Darstellung am besten ist, bzw. welche Gegenstände sich optimal in Plänen abbilden lassen.

Ebenfalls Thema eigener Stunden unter dieser Problematik ist die Umkehrung: das *Lesen* einfacher fertiger thematischer Karten. Sie ist ohne Schwierigkeiten möglich, wenn wieder Karte und Gegenstand direkt miteinander verglichen werden können — was einfache Aussagen über das Klaßzimmer als ein mögliches Thema nahelegt (z. B. Sitzplan). Der umgekehrte Weg, zuerst fertige Kartenskizzen zu lesen und dann einige zu entwerfen, wird nicht empfohlen, weil hierbei für das Kind die Aufgabe entfällt, die Funktion in eigener fortschreitender Bemühung zu erfassen.

Daß Kartensymbole in Legenden zu erläutern sind, ist eine weitere Teilaufgabe, die sich in das Karten*lesen* zwingend einbauen läßt (. . . auf der Karte wird uns erklärt, was der rote Punkt, der dicke blaue Strich, das umgekippte Fähnchen usw. bedeuten). Die Namen Skizze, Plan, Karte, Zeichnung werden im gezeigten Beispiel zunächst nicht deutlich gegeneinander abgegrenzt, wenngleich die Verwendung des Wortes Plan durch den Lehrer von den Schülern erfahrungsgemäß übernommen wird.

Im weiteren Verlauf erfahren die Schüler, daß nur die beiden Begriffe Plan und Karte (nicht Bild, Zeichnung) in der Erdkunde gebraucht werden. Die Definitionen sind in der Fachsprache umstritten, Plan wird meist als annähernd grundrißgetreue Darstellung verstanden (— so sollte es auch der Schüler erfahren, während der Bezug auf den Maßstab [1 : 10 000 und größer] unerwähnt bleibt).

4.5 Unterrichtsaufgabe: Gewinnung von Daten für die thematische Kartierung

4.51 Vorüberlegungen

Ein weiteres Teilproblem der thematischen Kartierung ist die Gewinnung der Fakten, die in ihrer räumlichen Anordnung dargestellt werden sollen.

Gerade weil diese Daten fast immer schon vorgegeben sind und die Frage, woher sie kommen und wie sie ausgewählt wurden, kaum jemals bewußt wird, sollten die Schüler bei verschiedenen Einheiten selbst versuchen, statistisches Material zu gewinnen und dabei erste Einblicke in dieses Verfahren erlangen. Dabei muß unterschieden werden zwischen dem einfacheren Weg, zur Lösung eines Problemes festzustellen, wo bestimmte Gegenstände sich befinden (z. B. Telephonzellen in einem Stadtviertel, Backöfen oder Silos in einem Dorf, Zuckerrübenfelder in einer Flur, Quellen an einer Schichtstufe), und dem schwierigeren Weg, diese Objekte auch noch in ihrer Größe zu bestimmen (z. B. Zahl der Personen, die einen Bahnhof durch verschiedene Ausgänge verlassen, Zahl der Schüler, die aus verschiedenen Dörfern ins städtische Gymnasium fahren). Im ersten Fall ist die notwendige Technik das Feststellen, im anderen Fall das zusätzliche Zählen bzw. Messen; beides kann in bestimmten (Ausnahme-) Fällen durch das Verfahren der Befragung ersetzt werden (z. B. Feststellung des Alters der Wohnhäuser in einer Straße oder einem Block, in einer Stadtrandsiedlung bzw. in einem Dorf).

Statt an einem Unterrichtsbeispiel, etwa für das 3. Schuljahr diese Arbeit zu erläutern, soll hier versucht werden, für eine Fülle von Möglichkeiten ein methodisches Schema zu entwerfen.

4.52 Mögliche Unterrichtsthemen

a) Wir zählen den Verkehr in den Straßen um das Schulhaus zu verschiedenen Uhrzeiten.

b) Wir stellen die öffentlichen Spielplätze im Schulsprengel fest und berechnen die Zeit, die jeder Mitschüler dorthin braucht (›Einzugsbereich‹).

c) Wir stellen im Gelände fest, wo an Nord- und Südhängen Wald oder offene Flur (bzw. Weinberge, Obstgärten) liegen.

d) Wir stellen im Dorf fest, aus welchen Anwesen Kinder in weiterführende Schulen gehen: Bauernhöfe — andere Häuser.

e) Wir fragen nach dem Baujahr des Hauses, in dem jeder Schüler wohnt.

4.53 Schema für den Aufbau der Unterrichtseinheit, die der Erarbeitung einer thematischen Karte dient: Erhebung im Schulort

a) Entwurf der Problemsituation

b) Planung des Verfahrens der Materialgewinnung

c) Durchführung der Untersuchung
   — in Klassenarbeit während der Unterrichtszeit
   — in Einzel- bzw. Partnerarbeit als Hausaufgabe

d) Zusammenstellung und Überprüfung des Materials

e) Eintragung in die Karte: Erstellung des thematischen Blattes

f) Besprechung der Karte in bezug zum Ausgangsproblem — je nach Thema in verschiedenen Teilschritten

g) (mögliche) Reflexion: Gedanken zur Anfertigung thematischer Karten außerhalb der Schule (wo? warum? wie?)

4.54 Erläuterungen

zu a) Probleme, deren Lösung durch eine thematische Karte gefördert werden kann, treten im erdkundlichen Unterricht der Grundschule häufig auf. Die oben gezeigten Themen, die stellvertretend für andere stehen, sollten so bearbeitet werden, daß im lehrergeleiteten Unterrichtsgespräch eine Frage auftaucht, deren Beantwortung im Moment wegen fehlender Informationen nicht möglich ist. Beispiel: Beim wetterkundlichen Thema ›Sonnenscheindauer — Einfluß auf den Pflanzenwuchs‹ wird überlegt, wieviel mehr Wald wohl an Nord- als an Südhängen in der Flur steht. Aus Erfahrung ist sein Überwiegen bekannt, genaueren Aufschluß kann nur ein Unterrichtsgang oder Nachforschen der Schüler erbringen. Im Zusammenhang mit dem Verkehrsunfall eines Schülers (Pressemeldung) könnte die Frage des günstigsten Schulanfanges oder des günstigsten Schulweges überlegt und in gemeinsamer Zählung des Verkehrs zu verschiedenen Uhrzeiten beantwortet werden. Die für die Kinder bedeutsame Frage nach dem Spielplatzangebot wird verfolgt, indem jedes Kind seinen Fußweg zu den öffentlichen Spielplätzen im Stadtviertel mißt und indem für die Plätze eine Karte des Einzugsbereiches erstellt wird.

zu b) Gemeinsam wird überlegt, wie man sich die notwendigen Informationen beschaffen könnte oder auch, wie Erwachsene das genau feststellen (woher weiß es die Gemeinde, die Presse das Fernsehen . . .?). Nach eingehender Beratung wird eine Verteilung der Arbeitsaufgaben vorgenommen. In bestimmten Fällen wo sich Ergebnisse verbal schlecht fassen lassen, z. B. bei der Bodennutzungskarte, muß bereits zur Untersuchung das Kartenmaterial vorliegen; sonst wird es erst nach der Ergebnissammlung benötigt.

Besonders ist darauf zu achten, daß für außerschulische Aufgaben ein längerer Zeitraum zur Verfügung stehen muß, daß gemeinsame Erhebungen besonderer Einübung verkehrsgerechten Verhaltens bedürfen, und daß Schülerbefragungen fremder Personen ohne Lehrerbegleitung in der Regel nicht verantwortet werden können.

zu c) Die Technik des Sammelns von Informationen kann und sollte auch unabhängig von der Kartenarbeit geübt werden. Es entstehen keine für Grundschüler unlösbaren Schwierigkeiten, wenn die Schüler genau wissen, was sie tun müssen, wenn ihre Aufträge eng gefaßt sind, und wenn genügend Zeit gegeben ist. Die Schüler sollen ja nicht nur eine Technik mechanisch erlernen, sondern auch immer verstehen, was sie tun und warum.

zu d) Der Schritt des Zusammenstellens aller feststellbaren Fakten dient zunächst der Überprüfung der Ergebnisse. Insbesondere wenn mehrere Schüler den gleichen Auftrag zu erfüllen hatten, läßt sich hier deutlich machen, wie sehr die Richtigkeit des Gesamtergebnisses von der Sorgfalt aller Mitarbeiter abhängt. Es läßt sich darüber hinaus feststellen, wie schnell sich Fehler einschleichen können, z. B. wenn gegen die Vereinbarung Schüler zu falschen Zeiten den Verkehr zählen).

Unterrichtsorganisatorisch geht es darum, das gesamte Material allen Schülern bekannt zu machen, damit sich bei der folgenden Eintragung in die Karte an der Wandtafel wieder jeder beteiligen kann.

zu e) In diesem Unterrichtsabschnitt kann den Schülern aus der Sache deutlich werden, was die Eigenart bzw. Leistung der thematischen Karte ist: die Daten liegen zunächst vor, doch erst wenn sie in ihren räumlichen Bezügen — in der Karte — dargestellt sind, können sie zur Erkenntnisgewinnung voll ausgenutzt werden. Die verwendeten auffälligen Symbole und Farben, die Beschränkung auf eine überschaubare Fragestellung und damit der Verzicht auf die Fülle, die Karten sonst so verwirrend macht, ermöglicht dem Kind oft schlagartig die Einsicht in Sachverhalte — wie bei einem Puzzle strukturieren sich viele unverbundene Einzelteile zu einem sinnvollen Ganzen.

Als Beispiel kann ein Ausschnitt aus der größeren Einheit »Feuerwehr« im dritten Jahrgang dienen: Die Einsicht in die Notwendigkeit schneller Benachrichtigung führte zu einem Informationsgespräch über die Standorte der Feuermelder und Telephonzellen. Die Schüler stellten insgesamt 9 Möglichkeiten fest. Sie versuchten in einer langen Gesprächsphase, sich selbst und ihre Mitschüler über diese 9 Plätze zu orientieren und für jeden gedachten Fall den nächstliegenden Anschluß festzustellen — mit geringem Erfolg.

Erst eine Skizze machte es möglich, alle Standorte zugleich und im Bezug zu allen Punkten im Ort zu sehen: das Straßennetz, die markanten Punkte im Ort, wie Post, Rathaus, Schule, Tankstelle, und die farblich herausgehobenen Telephonzellen und Feuermelder, fügten sich plötzlich zu einer Figur zusammen die jeder Schüler überschaute, in der er seinen Wohnort wiedererkannte und nun besser »verstand«.

zu f) Der vorletzte hier genannte Unterrichtsabschnitt ist zurückbezogen auf die Fragestellung des Anfangs. Auf dem Hintergrund der erarbeiteten thematischen Karte wird ein Problem erörtert, das im Verstehensbereich der Schüler liegt. Wie in 4.6 geht es nun um problemorientierten Unterricht, vor allem im sozialen Bereich, der hier nicht detailliert dargestellt werden muß.

Anders als in vielen üblichen Stunden ist der Gegenstand jedoch nicht entfernt, nicht räumlich weit verstreut, nicht in einer Vielfalt hier unerheblicher Faktoren eingebunden, sondern in verkleinerter, isolierter, wenn auch abstrahierter Abbildung präsent.

zu g) Aus der eigenen Arbeit kann sich sinnvoll die Frage ergeben, wer thematische Karten braucht und anfertigt, welche Themen in der Regel bearbeitet werden, wie das vor sich geht. Die Überlegungen von dieser ›höheren Ebene‹ aus machen die Möglichkeiten und Grenzen dieses Mediums bewußt. Sie weisen auch seine Suggestionskraft gegenüber Nichtinformierten (— des Interpretierens Unkundigen) nach und können zur Erkenntnis weitergeführt werden, daß man je nach Aufgabenstellung (»Erkenntnisinteresse«) und Datenauswahl zu ›positiven‹ oder ›negativen‹ Gesamtergebnissen kommen kann (vgl. *Urban* 1970, S. 41 ff.).

Eine wichtige und interessante Variation dieses Ansatzes im sozialgeographischen Teilgebiet geht n i c h t von Ergebnissen der Wirklichkeit aus, sondern von begründeten Forderungen, wie es sein sollte. Dabei entstehen thematische Karten notwendiger und wünschenswerter Verhältnisse, die später mit der Wirklichkeit verglichen werden. Solche Vergleiche von gedanklichem Entwurf und realen Gegebenheiten fördern in besonderer Weise Kreativität wie die Fähigkeit zur Auseinandersetzung mit der Welt. Die Frage nach dem Warum des vielfach unbefriedigenden Vorgefundenen (z. B. Ausstattung einer Gemeinde mit Verkehrs- und Versorgungseinrichtungen wie Buslinien, Bäder, Spielplätze, Schulen usw.) führt zur Einsicht in wichtige Bedingungen unserer Gesellschaft, die dann in ihrer Bedeutung erkannt, aber nun nicht mehr als einzig mögliche, zwingend auferlegte, unveränderbare empfunden werden.

4.6 Unterrichtsthema: Interpretation einer vorgegebenen thematischen Karte

4.61 Vorüberlegungen

Lernziel: Die Schüler sollen lernen, aus einer thematischen Karte Informationen zu entnehmen, die als Grundlage weiterer Denkarbeit dienen.

Erläuterungen: Unter der Voraussetzung einiger Vorkenntnisse, wie sie in vorangegangenen Beispielen beschrieben wurden, kann in der Grundschule neben der Herstellung auch das Lesen und Auswerten einfacher thematischer Karten versucht werden. Hier wird ein Beispiel aus der elementaren Sozialgeographie, am Objekt ›Stadt‹ ausgeführt. Solche Betrachtung berücksichtigt zunächst die in der wissenschaftlichen Geographie gegenwärtig feststellbare Tendenz zur Sozialgeographie, der Auseinandersetzung mit der raumprägenden Wirkung des Menschen hin. Andererseits ist die Stadt oder grundsätzlich der Wohnort des Schülers der Gegenstand, der für die Klasse am leichtesten zugänglich und unterrichtlich gegenüber der ›Naturlandschaft‹ noch allzusehr vernachlässigt ist.

Die thematische Karte als Darstellungsmittel geographischer Erkenntnisse wird bei solchem Unterricht fachgerecht verwendet und dient als Anlaß zu Denkprozessen, wie sie so auch in der Fachwissenschaft ablaufen.

4.62 Unterrichtsablauf der Einheit für das 4. Schuljahr

Geschäfte in der Georgstraße

a) In einem vorbereitenden Unterrichtsgespräch wird erarbeitet und aufgeschrieben, daß sich die in Geschäften angebotenen Waren unterscheiden lassen in

Waren, die man täglich verbraucht und einkauft (Brot, Milch, Fleisch ...)

Waren, die nur gelegentlich eingekauft werden und langlebiger sind (Möbel, Bekleidung, Instrumente ...)

Danach unterscheidet man:

Geschäfte für täglichen Einkauf (Bäckerladen, Lebensmittelgeschäft)

Geschäfte für besonderen (gelegentlichen, seltenen, nichttäglichen) Einkauf (Fahrradhandlung, Bekleidungshaus)

b) Der Lehrer verteilt eine vervielfältigte Karte, die ein dem Schulhaus nahegelegenes Einkaufszentrum (›Subzentrum‹) zeigt. In den Häusergrundriß sind einzelne Symbole eingetragen, die Straßennamen fehlen noch, die Legende ist unvollständig.

Spontan versuchen die Schüler, sich zurechtzufinden. Es werden die einzelnen

Symbole ›übersetzt‹ und in der Legende notiert (⊲⊐ Schuhgeschäft). Meist erst danach, ggf. auf einen Lehrerimpuls hin (»ihr habt dort schon eingekauft«), werden die Straßen als konkrete Straßen im Schulsprengel erkannt, benannt, und die Namen eingetragen.

Die Unterscheidung in Geschäfte der beiden erarbeiteten Typen wird noch nicht angezielt, jedenfalls nicht graphisch festgehalten.

Anzustreben ist die Erkenntnis, daß in einigen Straßen den Hauptstraßen sehr viel mehr und dichter nebeneinander Geschäfte liegen als in den Nebenstraßen. Eine Begründung unterbleibt noch.

Der Begriff ›Einkaufszentrum‹ kann ohne Schwierigkeiten gewonnen werden.

c) In einem dritten Abschnitt führen die Schüler den Auftrag aus, die Geschäfte für täglichen Einkauf durch rote, die Geschäfte für besonderen Einkauf durch blaue Flächenfärbung zu kennzeichnen (Angabe in der Legende). In gemeinsamer Arbeit wird gleichlaufend die Karte an der Tafel ergänzt.

d) Der folgende Unterrichtsschritt versucht, nach der Feststellung des Sachverhaltens Gründe zu erforschen.

Im lehrergeleiteten Unterrichtsgespräch wird die fertiggestellte Karte an der Tafel noch einmal gelesen, dann der konkrete Fall durchdacht. Wo kann Fritz Semmeln kaufen, wo Milch? Brauchen die Menschen, die hier wohnen, nur Mäntel, Schränke oder Geschirr? Warum kommt kein Metzger in diese belebte Straße? Ist es Zufall oder muß es so sein, daß ein Geschäft für nicht täglichen Bedarf neben dem anderen liegt, während solche für täglichen Bedarf nahezu fehlen?

Gute Verkehrsmöglichkeiten, viele Menschen, die hier wohnen und vorbeikommen (Weg vom Arbeitsplatz), günstige Werbebedingungen (Sonderangebote in Schaufenstern), Erleichterung bei Großeinkäufen, sind wesentliche Faktoren, die auch den Schülern einsichtig sind, wenn die Verkaufsobjekte, ihr Preis, ihre Lebensdauer beachtet werden.

Die Erarbeitung des Hauptgrundes »hohe Mieten« für den anderen Aspekt des Sachverhaltens ist ein eigenes Problem, das hier zunächst noch vernachlässigt werden kann: warum Geschäfte für Waren des täglichen Bedarfes hier nahezu fehlen und wo sie liegen, sollte Gegenstand einer weiteren Einheit sein.

In diesem Unterrichtsschritt sollen die Schüler überlegen, wie weit die am Einzelfall gewonnene Einsicht schon allgemeingültig ist.

Sie machen sich im Unterrichtsgespräch klar, daß ein Beispiel nicht ausreicht, um eine Regel oder gar ein Gesetz zu finden.

Sie erfahren aber auch, daß sie immerhin eine Aussage machen können, die als noch zu überprüfende Vermutung (›Hypothese‹) wertvoll ist und sie versuchen spontan die Bestätigung oder Widerlegung an weiteren bekannten Fällen. Eine Möglichkeit auf weitere Sicht ist der Beobachtungsauftrag über längere Zeit, eine andere die Erkundigung bei Erwachsenen, eine dritte die Photographie oder Kartierung durch den Lehrer. Erst dieser Schritt der Übertragung macht die Einheit vollständig.

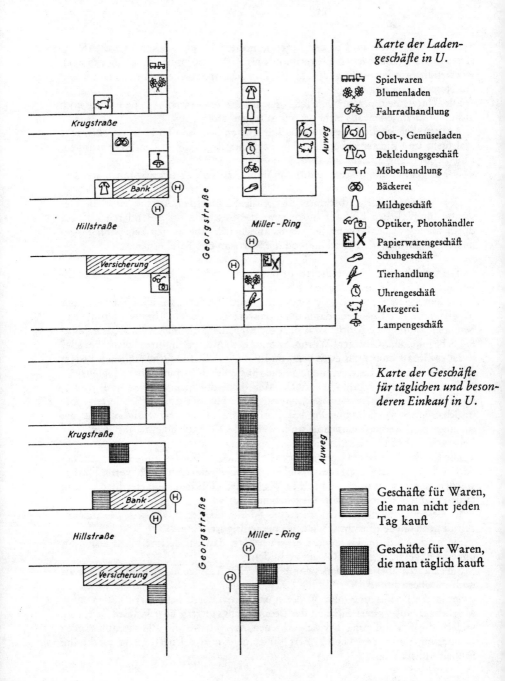

Karte der Laden-
geschäfte in U.

Spielwaren
Blumenladen
Fahrradhandlung
Obst-, Gemüseladen
Bekleidungsgeschäft
Möbelhandlung
Bäckerei
Milchgeschäft
Optiker, Photohändler
Papierwarengeschäft
Schuhgeschäft
Tierhandlung
Uhrengeschäft
Metzgerei
Lampengeschäft

Karte der Geschäfte
für täglichen und beson-
deren Einkauf in U.

Geschäfte für Waren,
die man nicht jeden
Tag kauft

Geschäfte für Waren,
die man täglich kauft

4.63 Methodisch-didaktische Argumente

Zu a) Die Objekte, die in thematischen Karten abgebildet werden sollen, müssen zunächst eindeutig festgelegt werden: hier handelt es sich um die zwei Typen von Geschäften, die ›täglichen‹ und ›periodischen Bedarf‹ decken.

Das Unterrichtsgespräch mit gleichzeitig entstehender Tafelanschrift ist die solcher differenzierender Erkenntnisgewinnung angemessene Unterrichtsform. Daß Kindern in Grundschulalter zu unterscheidendem und klassifizierendem Denken gerade im Raum ihres Alltagslebens und darin besonders im Konsumbereich geholfen wird, begründet sich im Auftrag, vernünftiges, kritisches Verhalten möglichst frühzeitig anzubahnen.

Zu b) In diesem Unterrichtsabschnitt wird die Orientierung auf einer vorgegebenen Karte geübt, ebenso der Umgang mit der Legende. Zugleich werden erste Informationen über Lage und Zahl bestimmter Geschäfte entnommen und aus ihrer Häufung eine Erkenntnis gewonnen. Innerhalb der Stunde hat der Schritt noch weitgehend vorbereitende Funktion.

Zu c) Die Färbung, ein Mittel thematischer Kartierung, macht die anschließend zu diskutierende Verteilung schlagend deutlich. Die Aktivität der Schüler in dieser Phase bringt einerseits die Anwendung der vorher erarbeiteten Klassifizierung, andererseits wird Denken und Erkennen im Handeln als besonders vorteilhaft angesehen.

Zu d) und e) Die beiden folgenden Abschnitte gehen über die eigentliche Kartenarbeit hinaus und sind nur noch kurz skizziert.

In mehreren Versuchen zeigte sich, daß die Schüler annehmen, gerade Geschäfte für täglichen Bedarf müßten die günstigsten Lagebedingungen aufweisen. Natürlich denken die Kinder vom Verbraucher, nicht vom Verkäufer her. Der Rollenwechsel verhilft dazu, Bedingungen des Marktes und daraus folgende Vor- und Nachteile für den Verbraucher zu erkennen. Weder der Bäcker, noch der Photohändler, so wird das Kind hier vielleicht zum ersten Mal erfahren, sind ja nur liebe Menschen, die uns zu Brot und Film verhelfen möchten — sie müssen das auch nicht sein.

4.64 Nachbemerkungen

Auch das Interpretationsbeispiel ist auf andere Inhalte übertragbar: Flächennutzung in der Landwirtschaft, Streuung des Besitzes vor und nach der Flurbereinigung, Verteilung der Industrie über eine Stadtfläche, Naherholungsgebiete eines Ballungsraumes, Standort von Infrastruktureinrichtungen (Apotheken, Postämter, Kindergärten), Wohnungen von Bauern und Pendelarbeitern in einem Dorf, aber auch andere als sozialgeographische Objekte können so erarbeitet werden. In jedem Fall führt der Unterricht von der Beschreibung der in der Karte gespeicherten Sachverhalte über die Problemfragen zu Hypothesen, die an weiteren Fällen überprüft werden: die thematische Karte ist Ausgangspunkt und Anlaß fachgemäßen Denkens. Sie ist vom Schwierigkeitsgrad her nicht auf das 4. Schuljahr beschränkt, die Interpretation muß auch zeitlich nicht nach der eigenen Erstellung solcher Karten stehen. Eine Vereinfachung der Probleme, wie sie im vorliegenden Falle notwendig war, erscheint sachlich vertretbar: die differenzierte Betrachtung des Gewinnproblems, der Baugrund- und Mietpreise, der Filialgeschäfte, der Kaufhäuser kann in dieser Altersstufe noch nicht verlangt werden.

4.7 Abschließende Überlegungen

Sozialgeographie ist der heute bevorzugte Forschungsansatz der geographischen Wissenschaft, nicht die physische, nicht mehr die Landschaftsgeographie. Diese These zog sich ebenso durch die vorliegenden Beispiele, wie die Aussage, daß die Karte als wichtigstes erdkundliches Medium angesehen werden muß.

Der Lehrer, der sachgerechten elementaren Unterricht in diesem Fach erteilen möchte, wird die Karte als besonders leistungsfähiges Darstellungsmittel gebrauchen, aus dem die Schüler wichtige Informationen entnehmen, oder in das sie wichtige Arbeitsergebnisse eintragen lernen müssen.

Insbesondere die thematische Karte erweist sich als Anlaß und Unterstützung für Erkenntnisgewinnung, als die sie auch die Schüler verstehen können. Wenn die Einführung in die Arbeit mit der Spezialkarte über die Fertigkeit des Zeichnens und Lesens hinaus immer wieder bis zur Einsicht in die begründenden Zusammenhänge führt, wird bei den Schülern nicht nur eine wichtige facheigene Arbeitstechnik, eingeführt, sondern auch elementares facheigenes Denken angebahnt.

Die Schüler gewinnen bei der dargestellten Arbeit, eine Fülle von Informationen aus dem Fach. Gleichhoch ist zu bewerten, daß damit frühzeitig die Welt des gegenwärtigen und zukünftigen Lebens geistig durchdrungen und kritisch beurteilt wird. Von ›technokratischer Funktionsertüchtigung‹ (vgl. *Beck/Gamm* 1970, S. 41 f.) kann noch aus einem anderen Grund nicht gesprochen werden: Wie die Beispiele deutlich zeigen, geht es nicht nur um die Beherrschung einer Fertigkeit im Dienste der Leistungssteigerung. Vielmehr wird exemplarisch erfahren, welchen Bedingungen die Entstehung einer thematischen Karte unterliegt, insbesondere auch, wie die Art der Materialgewinnung die Objektivität oder Verzerrung der Aussage bedingt.

Fünf Teilaufgaben durchziehen das Thema. Obwohl sie nacheinander dargestellt wurden, sind sie nicht eindeutig bestimmten Schuljahren zuzuordnen und in einer bestimmten Reihenfolge nacheinander anzusetzen. Vielmehr laufen sie nebeneinander her und durchdringen einander. Kein Aspekt ist mit einer Einheit auszuschöpfen, keine Teilaufgabe in angebbarer Zeit abzuschließen — Hauptschule und Gymnasium müssen die Arbeit weiterführen. Zunehmende Differenzierung und damit Beherrschung kennzeichnet den Fortschritt durch die Grundschule in den Teilgebieten und in der Gesamtaufgabe, ständige Wiederholung und Weiterführung sind die Bedingung.

Nebeneinander stehen:

a) Einführung in den selbstverständlichen Umgang mit Kartensymbolen (Beispiel: Einheit 4.2) —
b) Erkennen der Eigenart und Bedeutung von Symbolen (Einheit 4.3) — weiterzuführen bis zum Spezialfall Kartensignaturen —
c) Einsicht in die Leistungsfähigkeit der Karte bei der Darstellung von Raumbeziehungen (Einheit 4.4) —
d) Gewinnung von Daten für die thematische Kartierung (Einheit 4.5) —
e) Interpretation vorgegebener thematischer Karten (Einheit 4.6) — weiterzuführen zur Interpretation einfacher gedruckter Karten.

Natürlich ist nicht daran gedacht, nun den gesamten Grundschulerdkundeunterricht auf Karten aufzubauen. Der Karte wird zwar erhöhte Bedeutung zugemessen und sie wird unter neuen Gesichtspunkten gesehen, es bestehen aber weiterhin genügend Aufgaben in diesem Bereich, bei dem die Karte nicht oder nur am Rande erscheint.

Einem letzten Bedenken sei abschließend widersprochen. ›Heimatkunde‹ nach neuem Verständnis soll Lehrer und Schüler nicht *mehr*, sondern *sinnvoller* belasten. Das Erkennen von Problemen und ihr sachgerechtes Durchdenken werden gefördert, Wissensanhäufung und emotionale Überlastung sollen wegfallen.

Das Bemühen um fachgerechtes Arbeiten wirkt der unangemessenen Sonderstellung einer — noch dazu vielfach falsch verstandenen Erdkunde (*Engelhardt* 1970, S. 123 ff.) — im Grundschulsachunterricht entgegen. Vielleicht verhelfen die Ergebnisse solcher Neuorientierung dem Fach zu angemessener Bedeutung.

HERBERT F. BAUER

5. Der physikalische und chemische Aspekt im Sachunterricht der Grundschule

»Aber was ist denn daran so neu, wenn man nun auf einmal nachdrücklich physikalische und chemische Fragestellungen im Unterricht der Grundschule propagiert? Die Wasserleitung und das Kochsalz habe ich im dritten Schülerjahrgang schon vor dreißig Jahren behandelt! Es ist einfach nicht wahr, wenn man behauptet, die Naturwissenschaften wären der Grundschule unbekannt.«

»Ich kann mir nicht helfen, aber wenn ich von ›Physik‹ in der Grundschule und von ›Chemie‹ für sechs- bis zehnjährige Kinder reden höre, dann frage ich mich, ob hier nicht wieder ein paar kuriose Blüten jener wuchernden Maßlosigkeit von Eltern und Pädagogen aufgebrochen sind, welche die Schule lieber als eine Saftpresse, denn als eine Kinderheimat verstehen. In jüngster Zeit haben wir zwei solcher Wunderblüten erlebt, das vorschulische Lesen und die Mengenlehre im ersten Rechenunterricht. Wenn sie mich fragen, das waren Scheinblüten erster Ordnung und ich behaupte: die Naturwissenschaften in der Grundschule sind es auch.«

»Für mich stellt sich die Frage, ob in unseren modernen didaktischen Strömungen nicht eine Krankheit sichtbar wird, an der wir alle — und wie es scheint unheilbar — leiden, nämlich an geistiger Hochstapelei. Mein Vorredner hat schon darauf hingewiesen. Hier wird Wissenschaft geistig unmündigen Kindern übergestülpt, sie werden überfremdet von einer Sache, der sie nicht gewachsen sind. Machen wir uns doch nichts vor und lassen wir uns auch von einem kindertümlichen Zuschnitt nicht blenden. Das hat doch mit Wissenschaft nichts zu tun. Wenn wir alle mehr Respekt vor der Wissenschaft hätten, dann würden wir nicht auf den Gedanken kommen, den gewiß berechtigten Unterricht über physikalische und chemische Alltagserscheinungen an der Wissenschaft orientieren zu wollen. Damit machen wir Lehrer uns bloß lächerlich, weil wir beweisen, daß wir von den Wissenschaften als Wissenschaften nichts verstehen.«

»Mich stört etwas ganz anderes. Ich habe eine ganze Reihe von Unterrichtsvorhaben durchgeführt, so wie sie in den bekannten Arbeitsheften einiger Verlage angeboten werden. Ganz abgesehen davon, daß die Kinder große Schwierigkeiten hatten, den Aufgaben und Fragestellungen zu folgen, so fand ich das beziehungslose Nebeneinander so sehr störend. Wenn man den einzelnen Fachinteressen nachgeht, dann hat man eben am Ende den Fleckerlteppich! Ich weiß, daß man heute auf die Heimatkunde schlecht zu sprechen ist, aber als unser Dorf die Klasse ein volles Jahr echt beschäftigt hat, da war mein Unterricht ausgeglichener, beziehungsreicher, kindertümlicher, vielleicht — das gebe ich zu — weniger weltoffen, aber alles zusammen kann er ja doch wohl nicht sein!«

»Auch auf die Gefahr hin, daß ich jetzt ausgelacht werde, aber ich nehme dieses Risiko auf mich, weil ich weiß, daß eine ganze Anzahl von Kollegen hier sitzt, der es ähnlich gehen dürfte: Ich fühle mich bei dem Gedanken an einen physikalischen oder chemischen Sachunterricht in der Grundschule einfach überfordert! Bei Themen aus der Geographie, der Geschichte und Soziallehre betrachte ich mich noch einigermaßen kompetent, aber wenn ich an Physik und Chemie denke, da wird mir bange. Ich möchte nicht falsch verstanden werden, natürlich sehe ich ein, daß diese Fachbezüge in der Grundschule ebenso legitim sind, wie die andern, warum auch nicht, aber ich fühle mich von meiner Vorbildung aus betrachtet zu einem Unterricht dieser Art einfach nicht in der Lage. Unter diesen Umständen möchte ich fragen, ob nicht wirklich der Fachlehrer oder Fächerguppenlehrer schon in der Grundschule eine Chance hätte?«

Da waren sie also wieder, die bekannten Zweifel und Hindernisse für eine Reform der Grundstufe, diesmal ausgelöst durch ein Seminar über die Naturwissenschaften im Sachunterricht der Grundschule für Lehrkräfte eines Schulaufsichtsbezirks. Und offensichtlich stießen sie auf Zustimmung; denn bedächtiges Kopfnicken und Gemurmel begleiteten die Ausführungen der Diskussionsredner. Natürlich waren nicht alle einverstanden mit dem, was da gesagt wurde, mit dem »schon vor dreißig Jahren« — dem falschen pädagogischen Ehrgeiz — der Kindgemäßheit — der Schule als Saftpresse statt als Kinderheimat — der geistigen Hochstapelei moderner didaktischer Ansichten — dem mangelnden Respekt vor der Wissenschaft — dem beziehungslosen Nebeneinander — dem schönen ›runden‹ Heimatkundeunterricht — und den Emotionen, mit denen all jene Argumente wohl verpackt vorgetragen wurden.

Immerhin sie waren da, wurden ausgesprochen und nicht, wie das häufig vorkommt, als Kloß in der Seele hin und her bewegt, um am Ende wieder mit nach Hause genommen zu werden. Man hatte vielmehr den Eindruck, daß durch das Freiwerden der angestauten Emotionen die Debatte mächtig angefacht wurde und daß nach Stunden heftiger Diskussion zumindest die Bereitschaft vorhanden war, den eigenen Standpunkt zu überdenken — und das war sehr viel!

Wir begannen damit, Ordnung in die vorgetragenen Meinungen zu bringen und griffen zunächst den zitierten Unterricht »vor dreißig Jahren« auf. Wir fragten uns:

5.11 Hat der bisherige Heimatkundeunterricht physikalische und chemische Fragestellungen übersehen?

Ganz gewiß nicht! Wer ehemalige Lehrpläne durchsieht, wer Lehrerhandbücher und Beispielstunden älteren Datums hersucht, der findet Themen, die mit physikalischen, technischen, weniger mit chemischen Problemen zu tun haben: Wie das Wasser ins Haus kommt — Unsere Kläranlage — Die Kanalschleuse — Vorsicht mit offenem Licht! — Wir heizen ein — Frost, Frost! Haben wir das Wasser abgesperrt? — Von den Lichtzwerglein in der Glühlampe — Heino und sein Brennglas — usw. usw.... Gewiß findet man eine ganze Menge, aber es fällt dennoch auf, daß sie zahlenmäßig hinter Themen zurückstehen, die sich anderen Fachbereichen zuordnen lassen, insbesondere denen der Biologie, der Geographie und der Geschichte. *Höcker* (1968a, S. 11) konnte durch die Auswertung von zehn Jahreslehrberichten (Lehrnachweisen) für den 4. Schülerjahrgang zeigen, daß von insgesamt 1436 Stunden lediglich 67 (= 4,7 %) technischen und physikalischen Themen gewidmet wurden, während biologischen Themen 102 Stunden (= 7,1 %), geschichtlichen 140 Stunden (= 9,7 %) und erdkundlichen sogar 1018 Stunden (= 70,9 %) zur Verfügung standen. Das bedeutet, daß Fragestellungen physikalisch-technischer Art auf die Einzelklasse bezogen nicht mehr als 6,7 Stunden innerhalb des ganzen Schuljahres ausfüllten. Wenn man weiter bedenkt, daß die zitierte Untersuchung auf das Schuljahr 1965/66 zurückgeht, also zur jüngsten Vergangenheit gehört, dann sind wohl echte Zweifel an der langen Tradition naturwissenschaftlichen Unterrichts in der Grundschule angebracht. Gewiß erhebt *Höckers* Untersuchung nicht den Anspruch, repräsentativ zu sein, aber man kann mit einiger Sicherheit annehmen, daß ähnliche Erhebungen andernorts und andere Jahre betreffend, kaum günstigere Ergebnisse zeitigen würden.

Man sollte meinen, davon ausgehen zu können, daß die verschiedenen fachlichen Aspekte des Heimatkundeunterrichts gleichberechtigt nebeneinander zu stehen hätten und daß die hier vorgetragenen Anteile sachfremden Gründen zuzuschreiben wären. In Wirklichkeit wurden aber gerne gewisse Prioritäten gesetzt, wie sie z. B. *Gärtner* (1958, S. 179/180) dargelegt hat: »Es fragt sich . . ., ob« der Lehrer »Erdkundliches, Naturkundliches, Geschichtliches und Sozialkundliches in gleicher Weise berücksichtigen soll, oder ob eine gewisse Abstufung zu empfehlen wäre. Wir schlagen vor, an erster Stelle die erdkundlich-sozialkundlich betonten Themen zu rücken, ihnen die geschichtlichen, und diesen wieder die naturkundlichen nachzuordnen«. Die Begründung gibt *Gärtner* mit dem Hinweis auf den »assoziierenden« Charakter der erdkundlich-sozialkundlichen Heimatkunde an, da, was durchaus zutrifft, die Geographie eine »assoziierende Wissenschaft« (*Herbart*) darstelle, in der Natur- und Geisteswissenschaft verbunden seien. Die Erklärung, warum die naturkundlichen (die physikalischen, chemischen und biologischen) Stoffe nachrangig zu behandeln seien, mutet wohl zu pragmatisch an: »Während der Erdkundeunterricht auf der Oberstufe sich unabdingbar auf die Vorarbeit der Heimatkunde stützen muß, da ihm die unmittelbare Wirklichkeit fast nie mehr zu Gebote steht, ist der naturkundliche Stoff auch auf der Oberstufe unmittelbar zur Hand.«

In einem wesentlich stärkerem Maße, als die Frage des Anteils am Stundensoll des Heimatkundeunterrichts müssen aber Art, Durchführung und Zielstellungen naturkundlich geprägter Vorhaben unter die Lupe genommen werden. So kamen wir zu der Frage:

5.12 Welche Rolle spielten physikalisch-chemische Problemstellungen in der herkömmlichen Heimatkunde?

Die Seminarteilnehmer waren sich einig, daß aus der Themaformulierung allein gar nichts abzuleiten ist. »Heino und sein Brennglas« kann eine Deutsch-, eine Sozialkunde- oder aber auch eine Physikstunde werden, — und natürlich alles zusammen, wir haben ja »Gesamtunterricht«. Prinzipiell ist wohl nichts gegen einen solchen Konzentrationsgedanken einzuwenden, solange er sich zwanglos ergibt und die Beziehungen von Fach zu Fach, von Aspekt zu Aspekt deutlich macht. Aber leider zeigte die Praxis des Heimatkundeunterrichts nur allzu häufig, wie sehr sich dabei die Kompetenzen der einzelnen Fächer verwischten, wie unscharf die jeweiligen Fragestellungen wurden, wie leicht die oft zu wenig artikulierten Zielstellungen in einem zu allgemeinen Gespräch untergingen, und endlich, in wie starkem Maße die Sachbetrachtungen ins Schlepptau des muttersprachlichen und des Rechen-Unterrichts gerieten, dafür den Sachhintergrund liefern mußten, bzw. in wie häufigen Fällen physikalisch-chemischtechnische Betrachtungen bloße Anschlußstoffe der einseitig erdkundlich-soziologisch determinierten Heimatkunde waren. In diesem Zusammenhang darf nochmals auf die Untersuchung von *Höcker* (1968 a, S. 12) hingewiesen werden. Seine Analyse der schon erwähnten 67 Stunden physikalisch-technischen Inhalts zeigte, daß 48 Stunden davon (= 73,1 %) als erdkundlich-heimatlandschaftliche Anschlußstoffe fungierten und nur 18 Stunden (= 25,4 %) einen eigenständigen Fachansatz zeigten. Damit ergibt sich ein noch weit ungünstigeres Bild, als es oben dargestellt wurde. Nicht 6,7, sondern nur 1,8 Stunden entfallen somit als Sachunterricht eigener physikalisch-technischer Fragestellung auf eine der Untersuchungsklassen pro Schuljahr.

Aber selbst dieser relativ geringe Anteil bewußt fachbezogener Unterrichtsarbeit stieß in den letzten Jahren auf heftige Kritik. Dem Heimatkundeunterricht lag ein Bildungsideal zugrunde, das — romantisierend und emotional überladen — ein Menschenbild skizzierte, das der Wirklichkeit nicht entsprach. Den »volkstümlichen Menschen« gab es nicht, — glücklicherweise. Aber dennoch erzog man auf ihn hin, und das bedeutete für einen Unterricht im Bereich der Physik und der Chemie bewußte Abkehr von der Wissenschaft, ihren (ohnehin nicht verstehbaren) Ergebnissen, sowie völlige Ignoranz ihrer (dem schlichten Menschen nicht zugänglichen) Methoden. Stattdessen begnügte man sich mit jener »schlichten Deutung der Welt«, indem man das, was man an Erscheinungen der Natur zum Gegenstand der Auseinandersetzung machen wollte, beobachtete, beschrieb, benannte, handelnden Umgang damit trieb, versprachlichte und eventuell aufkommende Probleme (die »Warum-Fragen«) mit billigen, zum Teil auch falschen Ersatzerklärungen beantwortete, weil der »einfache Mensch« sowieso nicht zu wissenschaftlichem Verständnis durchzustoßen vermöchte. Es ist jedoch notwendig, darauf hinzuweisen, daß es in der Praxis wie in der Literatur eine Menge positiver Versuche gab, einen sachangemessenen Unterricht zu betreiben. Leider aber setzten sich solche Ansätze in der Breite nicht durch.

Nun erwies es sich indes nur allzuoft, daß gerade die Problemgeladenheit physikalisch-chemischer Unterrichtsvorhaben die Kinder in echte Fragehaltungen, den Lehrer aber bisweilen in Verlegenheit brachte, weshalb man gerne auf solche Themen verzichtete.

Dachte man eigentlich daran, daß mit dem brach liegengelassenen Feld naturwissenschaftlicher Bildung in der Grundschule Gelegenheiten vertan werden könnten, die im Blick auf den Aufbau einer solchen Bildung sich nicht wieder anbieten könnten? Gewiß, über die psychologischen Bedingungen des Lernens im naturwissenschaftlichen Bereich wissen wir auch heute noch viel zu wenig. Deshalb sind alle Aussagen über die Reife oder Unreife des Grundschulkindes für einen physikalischen oder chemischen Unterricht mit Vorsicht zu beurteilen. Die Auseinandersetzung mit dieser Frage wird jedoch immer dringlicher, nachdem man die Notwendigkeit einer fachlichen Grundlegungsarbeit anerkannt hat. Wir stellten also die Frage:

5.13 Ist das Grundschulkind reif für die Naturwissenschaften?

Als im Jahre 1961 der bislang gültige Bildungsplan für die Bayerischen Volksschulen durch Richtlinien für die Oberstufe teilweise ersetzt wurde, gab es erregte Diskussionen, in deren Zusammenhang *Seitz* (1961, S. 540) meinte: »Der Unterricht in der Naturlehre setzt zu früh ein. Kinder des 5. Schuljahres, die noch in einer Art von mythischem Einverständnis mit der Natur leben, sind (mit Ausnahmen) nicht fähig, an die Stelle dieses vorbegrifflichen Verhältnisses das rationale zu setzen, wie es die Disziplin der Chemie und Physik verlangen. Zu ihrem Glück sind sie es noch nicht.« »Die beiden« (der Schüler des 5. Schuljahres und die Naturlehre) »haben sich gegenseitig noch nichts zu sagen, und man sollte sie noch eine Zeitlang auseinanderhalten. Wenigstens ein Jahr sollte man den Kindern noch gönnen, damit sie wachsen, um dann eher verstehen zu können, was diese neuen, ganz andern Disziplinen von ihnen verlangen.« Wohlgemerkt, das bezog sich auf die Frage, ob im 5. Schuljahr schon Naturlehre betrieben werden sollte. Welch harte Worte müßten da diejenigen treffen, die wenige Jahre später die Naturwissenschaften schon im 1. Schülerjahrgang betreiben. Ohne Zweifel, das hier skizzierte Bild von der psychologischen Situation des Schülers am Anfang der Hauptschule ist längst überholt, es war schon veraltet, als es niedergelegt wurde. Das »mythische Einverständnis mit der Natur« trifft in der Grundhaltung heute selbst nicht einmal mehr für den Grundschüler zu, womit nicht gesagt sein soll, daß solche mythischen Bindungen nicht existieren. Sie kommen, wie wir wissen, noch im Erwachsenenalter vor. Es ist demgegenüber unschwer festzustellen, daß sich unsere Grundschüler gerade den Dingen der Natur gegenüber weit realistischer verhalten als früher, woraus nicht die alleinige Begründung für einen naturwissenschaftlichen Unterricht in der Grundschule abgeleitet werden soll. Sicherlich, diese psychologische Situation rechtfertigt in gewisser Weise die Auseinandersetzung mit physikalischen und chemischen Phänomenen schon auf dieser Schulstufe. Im Ganzen gesehen aber geht es um mehr, es geht darum, den jungen Menschen so bald als möglich zur Auseinandersetzung mit einem Sachverhalt zu führen, der einen integralen Bestandteil seiner Selbstverwirklichung darstellt. Ihn unter dem behütenden Dach der Schule von diesen Bereichen fernzuhalten, während ihn draußen Technik und Natur bis zum Äußersten herausfordern, hieße, den Zweck der Schule gründlich mißverstehen.

Ja, dagegen war wohl nichts einzuwenden. Dem konnte man zustimmen. Aber gewisse Ressentiments blieben dennoch bei einer ganzen Reihe von Diskussionsteilnehmern. Man sah es ihnen an. Wir überlegten weiter.

Worauf beziehen sich diese Bedenken, was ist es bloß, was in vielen ernste Zweifel aufkommen läßt, sich mit physikalischen und chemischen Problemstellungen im Unterricht auseinanderzusetzen? Es ist nicht die Sache selbst, nicht eine undefinierbare Animosität gegen die sich ständig aufdrängende Natur, die tief und nachhaltig in unser Leben eingreift, auch nicht die Meinung, daß einen Achtjährigen nicht interessieren könnte, ob Eisen schwimmt oder nicht, es ist das, was hinter diesen Phänomenen steht, das, was wir mit »Physik« oder »Chemie« bezeichnen, es sind die Formeln, Gleichungen und Gesetze, die Schlangen schwer verständlicher Zeichen, die knappen und dürren Sätze, die so viel und zugleich so wenig aussagen, die langen Reihen von Zahlen, das fleischlose Endprodukt, das Menschen aus der Natur gemacht haben. Es ist die Gänsehaut, die dem frustrierten Schüler von einst die Naturwissenschaften verhaßt gemacht hat, die Angst vor den gnadenlosen Schulaufgaben, und es ist das gewiß berechtigte Sich-Sträuben, die eigenen Schüler der gleichen Situation auszuliefern. Es ist endlich die Befürchtung, daß die Frage, ob Eisen schwimmt, den einen oder anderen mehr als erwartet interessiert und daß man dann mit Erklärungen kommen muß, die unverstanden bleiben, weil sie zu abstrakt sind, oder, und das ist leider die Folge eines unausrottbaren Fehlverständnisses vom Sinn naturwissenschaftlicher Bildung, daß man glaubt, die Abstraktion totreiten zu müssen, weil ja alles auf Abstraktion hinausläuft. Dieser vermeintlich hohe Abstraktionsgehalt der physikalischen und chemischen Aufgabenstellungen in der Grundschule, *Spreckelsen* (1970, S. 177) weist darauf besonders hin, resultiert aus den dringend revisionsbedürftigen Vorstellungen von den Aufgaben eines naturwissenschaftlichen Unterrichts und den Beziehungen der dahinter stehenden Wissenschaften, der Physik und der Chemie, zu diesem Unterricht. Damit ergab sich das Problem:

5.14 Sind Naturwissenschaft und elementarer physikalisch-chemischer Unterricht miteinander zu vereinbaren?

Über die »Lichtzwerglein in der Glühlampe« kamen wir relativ rasch hinweg. Obwohl einige Diskussionsteilnehmer freimütig bekannten, so etwas schon einmal verbrochen zu haben, war man sich einig in der Meinung, daß solch einfältige Erfindungen das Ergebnis falscher Beziehungen zwischen Kindertümlichkeit und Märchenbuch darstellen. Dennoch ließ uns dieses gewiß törichte Beispiel auf einen Problemkreis treffen, der zutiefst das Wesen naturwissenschaftlichen Unterrichts berührt: Das Verhältnis von Wissenschaft zu dem sie betreffenden Unterricht und hier wiederum speziell zu einem Elementar-Unterricht.

Was wollte wohl der Erfinder des Lichtzwergleins »Fünki« oder des einarmigen, invaliden, rot bezipfelmützten Kobolds »Hydro« bezwecken? Er wollte etwas »vereinfachen«. Er wollte ein durch langes Nachdenken, Forschen, Experimentieren und Abstrahieren geschaffenes, hochkompliziertes Vorstellungsgebilde zum Greifen nahe bringen. Dabei beging er den Fehler, zu glauben, daß durch Vereinfachung, durch das Weglassen einer ganzen Reihe notwendiger Kenntnisse, durch das Herauslösen erforderlicher Einsichten aus dem Beziehungsverband, bzw. durch den Ersatz solcher Bedingungen durch andere, geläufige, jedoch sachfremde Momente, ein, wenn auch stark eingeschränktes, aber doch brauchbares und stimmiges Verständnis erzeugt werden könnte. Anders ausgedrückt: Der Weg zum echten Verständnis läßt sich nicht abkürzen. Vereinfachung aber ist auch immer Abkürzung. Sie versucht verschiedene als entbehrlich erachtete Stadien des Vorverständnisses auszuschalten.

Das bedeutet, daß sich im Bereich der Naturwissenschaften nichts so vereinfachen läßt, um für die Grundschule verstehbar zu werden, es sei denn, daß es an sich einfach genug ist, um dem Schüler zugänglich zu sein. Leider wissen wir heute noch viel zu wenig über den Stoffkanon, der in einer bestimmten Dimension für ein bestimmtes Lebensalter unter bestimmten Voraussetzungen begreifbar ist, obwohl sich vorausschauend sagen läßt, daß dies eine ganze Menge sein wird. Wer also glaubt, durch Vereinfachung Physik und Chemie in der Grundschule etablieren zu können, der ist auf dem Holzweg. Hingegen bietet sich ein anderer, und wie es scheint, vernünftigerer Weg an, der nicht von den Ergebnissen einer Disziplin ausgeht, sondern versucht, nach den Elementen der Wissenschaft zu fragen, der sich überlegt, welche Probleme sie beschäftigt, auf welche Weise sie diese löst, zu welchen Ergebnissen sie dabei kommt, welche Strukturen sie dadurch erwirbt. Es geht also somit um Elementarisierung, nicht um Simplifizierung.

Es ist schon angedeutet worden, daß das ganze Dilemma physikalisch-chemischen Unterrichts (und das gilt für alle allgemeinbildenden Schulen ohne Ausnahme) von einem falschen Verständnis des wissenschaftlichen Hintergrunds abhängt, vor dem sich dieser Unterricht vollzieht:

Wir sind leider der irrigen Meinung, von oben her denken zu müssen, also von den fertigen Ergebnissen einer Disziplin aus, statt daß wir dies von unten her tun, also das Werden dieses Faches und das Werden seiner Ergebnisse betrachten. Dieser falschen Blickrichtung von oben nach unten, statt von unten nach oben, entspringt auch das Bedürfnis, vereinfachen statt elementarisieren zu wollen und zu können.

Deshalb stehen ganz unverdient am Anfang der üblichen Bemühungen, ein Fachgebiet zu meistern, immer dessen System, dessen fertige Erkenntnisse, und versperren so begreiflicherweise den Blick auf das Ganze. Man sollte endlich einmal bemerken, daß die Ergebnisse einer Wissenschaft nicht ihr Wesen ausmachen, daß sie vergleichsweise nur ein relativ kleiner Teil dieser Disziplin sind, daß sie darüber hinaus auch noch andere Aspekte zeigt und keineswegs uninteressantere: ihre Art, diese unsere Welt zu betrachten; ihre »Brille«, durch die sie blickt; ihre Weise, zu denken, zu argumentieren; ihre Methoden, das Fragwürdige zu beantworten; ihre Gepflogenheiten, diese Antworten zu fixieren und zu verknüpfen. Es ist verständlich, daß sich in einer Schule, die sich viel zu lange als Tradierungsanstalt fertiger Ergebnisse verstand, nur sehr mühsam die

Überzeugung durchsetzt, daß naturwissenschaftlicher Unterricht nicht gleichbedeutend ist mit der Weitergabe von Fakten, sondern daß ein solcher Unterricht auch die anderen eine Wissenschaft ganz wesentlich mitbestimmenden Komponenten berücksichtigen muß.

Dieses Denken vom Ende her hat naturwissenschaftlichen Unterricht seit eh und je in die größten Schwierigkeiten gebracht, die mit fortschreitender Erkenntnisfülle geradezu lawinenartig zugenommen haben. Alle Bemühungen, dieses »Systemlernen« zu retten, indem man »Auswahlkriterien« ersann, führten nicht zum Ziel, weil damit das System, als Ordnungs- und Ergebnisübersicht gedacht, gerade diese Funktionen einzubüßen begann. Überdies konnten damit die bedenklichen Symptome dieser im Grunde falschen Unterrichtskonzeption nicht beseitigt werden: der maßlose Stoffdruck, der Lehrern und Schülern das Leben schwer machte; das Einzelwissen ohne Sinnbezug; die hohe Vergessensrate; das »Lernen auf Vorrat« (*Wagenschein*); das Mitschleppen von blutleeren, letztlich unverstandenen Sätzen, Formeln, Zahlen, Gleichungen, sowie deren mechanischer Gebrauch; die geringe Verfügbarkeit des Gelernten bei der Nötigung zur praktischen Anwendung; das Unvermögen zur Verknüpfung, Einordnung und Strukturierung des Gelernten; die devote Gläubigkeit der Wissenschaft gegenüber und der damit erzeugte falsche Respekt; die unkritische, weil zur Kritik nicht herausgeforderte Haltung; das deprimierende Gefühl der eigenen geistigen Ohnmacht, angesichts des gigantischen Wissensklotzes und die sich daraus ergebende falsche Bescheidenheit. Dieser beliebig zu erweiternde Katalog echter Lernschäden — aus dem Bereich der Gymnasien mehr als bekannt — ist begreiflicherweise eine echte Barriere auf dem Wege, die Naturwissenschaften in die Grundschule zu führen. Die in manchen Lehrern vorhandene und nicht näher beschreibbare Sperrung dagegen ist häufig die Folge solcher am eigenen Leibe erlittenen Lernschäden bzw. die Vorstellungen, Schüler, noch dazu Grundschulkinder, den gleichen Gefahren auszusetzen. Endlich dürfen wir nicht verkennen, daß dieser physikalisch-chemische Sachunterricht in der Regel von Lehrern erteilt werden soll, die weder während der eigenen Schulzeit noch während ihres Studiums Physik und Chemie anders denn als zu konsumierende Faktenpakete erlebt haben, ganz zu schweigen von den fachdidaktischen Voraussetzungen, die von den Hochschulen bislang nur spärlich dargeboten werden konnten.

Der damit angesprochene Problemkreis Fachstudium, Fachausbildung, Fachlehrer, Fächergruppenlehrer wurde im Rahmen des Seminars, von dem hier berichtet wird, nicht diskutiert.

Ehe wir uns der speziellen Aufgabe des Seminars zuwandten, versuchten wir die angesprochenen Punkte nochmals zusammenzufassen:

5.15 Welche Erscheinungen standen einer physikalisch-chemischen Fragestellung im Sachunterricht der Grundschule bisher entgegen?

5.151 Die Volksschule und mit ihr die Grundschule wurde von einer Bildungsvorstellung geprägt, die nicht der Wirklichkeit entsprach. Die gerade in den letzten Jahrzehnten angebrochenen und zum Teil schon ausklingenden Umwälzungen auf den Gebieten der Wirtschaft, des Handels, der Politik, der Kommunikation, der Sozialisierung, des Lebensstandards, der Technik, der Wissenschaft haben das Bild des »volkstümlichen Menschen« Lügen gestraft.

5.152 Seine ihm zugesprochene Psyche galt als urwüchsig und treu, erdverwachsen und schlicht, dem Mythos und dem praktischen Tun verhaftet und dem Wissenschaftlich-Rationalen abhold. Ihr setzte man als Basis allen Unterrichts und aller Bildung die Heimat gegenüber, in deren Vertrautheit und deren Schutz sich die Sachorientierungen vollziehen sollten.

5.153 Nicht das Vielerlei der Fächer und deren unterschiedliche Methoden und Ergebnisse konnten diesen Menschen interessieren. Was er brauchte, war Zusammenschau, nicht fachspezifische Zersplitterung. Eine schlichte Deutung, eine begreifbare Erhellung auftretender Phänomene war ihm angemessener als abstrakte Ergebnisse wissenschaftlicher Forschung.

5.154 Die Naturwissenschaften, insbesondere Physik und Chemie, galten als Prototypen der Abstraktion, um so mehr als man ihre Objekte recht konkret vor sich hatte.

5.155 Die Herausforderung aller Menschen durch Naturwissenschaft und Technik brachten endlich Bildung und Unterricht mehr und mehr den Vorwurf einer unzureichenden Erfüllung ihres Auftrages ein. Diese Kritik reicht von dem pragmatischen Vergleich des Unterrichts- und Erziehungszieles mit den Erfordernissen einer modernen, hochindustrialisierten Gesellschaft über die veränderte Situation des jungen Menschen bis zu den Erkenntnissen der neueren Bildungstheorie. Sie bezieht sich, was die Naturwissenschaften betrifft, im Bereich der Volksschule vor allem auf das mangelnde, im Bereich der weiterführenden Schulen auf das falsche Engagement an diesen Bildungsobjekten. Bietet die Volksschule hierin zu wenig und durch falsche Ansätze das Wenige zu spät, so ist im Bereich der Realschulen und Gymnasien die erdrückende Faktenfülle eines einseitig an den Ergebnissen orientierten, tradierenden Unterrichts unverkennbar.

5.156 Beide Schularten reagierten auf diese veränderte Situation mit ihren neuen Anforderungen nervös, aber verständlich. Was die Volksschule betrifft, so sind insbesondere die berechtigten Sorgen hervorzuheben, einen Physik- und Chemieunterricht gymnasialer Prägung mit all den bekannten Symptomen pseudowissenschaftlicher Einseitigkeit in die »Geschlossenheit« elementarer Bildungsarbeit zu importieren. Hinzu kommen erschwerend einmal die mangelnde fachwissenschaftliche und fachdidaktische Vorbildung der Lehrer, sowie zum andern eine Voraussetzungen schaffende intensive fachpsychologische und fachdidaktische Forschung besonders auf dem Gebiet der Curricula, der spezifischen Lernprozesse und der Arbeitsformen.

5.16 Welche Maßnahmen lassen sich ergreifen, die erkannten Mängel zu beseitigen, bzw. die Bedingungen für einen fruchtbaren physikalisch-chemischen Unterricht zu schaffen?

5.161 Ohne Frage bedarf es zunächst der Klarheit über die Bedeutung der Naturwissenschaften für Bildung und Unterricht. Es liegt sowohl an jedem einzelnen, der Verantwortung trägt, als auch an den Pädagogen, die neue Situation zu überdenken und, sofern nicht schon geschehen, die bestehenden Meinungen zu revidieren.

5.162 Ein Unterricht, der als Bezugsfeld eine Fachwissenschaft hat, muß sich dazu entschließen, sich nicht einseitig an den Ergebnissen dieser Disziplin zu orientieren, sondern auch an allen anderen Faktoren, die zum Wesen dieser Wissenschaft gehören, insbesondere an den Fragestellungen, Sichtweisen, Methoden und Denkgewohnheiten. Geschieht das nicht, so ist es unvermeidlich, daß der Unterricht ein hydrocephales Gebilde ist und bleibt.

5.163 Aus dem echten Verständnis von Wissenschaft, als einer Dynamik, einem Werdenden, nicht als einem Statischen, Seienden läßt sich ein elementarer Unterricht ableiten, der nicht ausschließlich Kenntnisse vermittelt, sondern Einsicht — Einsicht in eine von vielen Arten, Natur zu sehen und zu verstehen.

*

»Wir sind uns schon seit Jahrzehnten darüber klar, daß es nicht genügt, naturwissenschaftliche Ergebnisse zu wissen, sondern daß sie nur im Tun angeeignet werden können. Heute bemerken wir, daß auch das nicht ausreichen kann: Der Lernende muß auch »wissen, was er tut«. Die Schule darf nicht lehren, etwas ohne Besinnung zu tun.«

(*Wagenschein* [1962, S. 15])

Während einer Seminarpause stand ich mit ein paar Kollegen zusammen. Das Gespräch ging um die Frage, ob trotz der plausiblen Tatsache, daß Wissenschaft und der an ihr orientierte Unterricht, nicht gleichbedeutend sei mit abstrakten Ergebnissen, letztlich nicht doch alles Forschen, alles Unterrichten darauf hinauslaufe, Fakten verfügbar zu machen?

Verfügbarkeit — was ist denn das? Ist das die Abrufbarkeit stets präsenter Gegebenheiten aus einem Speicher? Wohl nicht, wenn wir dabei an den Menschen denken. Haben wir ihn aber im Auge, dann ist Verfügbarkeit nicht auf die Ergebnisse zu beziehen, sondern auf die Methoden, um zu ihnen vorzudringen.

Während wir alle in den Seminarraum zurückgingen, überlegte ich mir, wie ich diesen Unterschied verdeutlichen könnte. Ich versuchte es damit:

In einem idyllischen Park liegt das Lustschloß »Akustik«. Es gehörte dem Grafen »Physis« und ist der Öffentlichkeit zugänglich. Vor dem schmiedeeisernen Tor parken die Omnibusse, und die interessierten Besucher werden an der Kasse vorbei auf den breiten Vorplatz geführt, wo sie der Fremdenführer, Herr Magister, freundlich empfängt. Begrüßungsworte, Lob des schönen Wetters, Aufmunterung, doch Fragen zu stellen, Ermahnung, zusammenzubleiben, Wünsche für einen angenehmen Aufenthalt, Räuspern etc. Dann geht's los: »Meine Damen und Herren! Wir benutzen gleich die Gelegenheit, den Gesamteindruck dieses herrlichen Barockbaus zu überblicken. Vor uns liegt also in seiner einmaligen architektonischen Gliederung der dreihüftige Komplex, dessen einzelne

Flügel durch zwei breite Quertrakte harmonisch miteinander verbunden sind. In bestechender Klarheit ...« und nun folgen Worte wie zweigeschossiger Baukörper, Gesimsunterteilung, Fenstergestaltung, Dachansatz, allegorische Figuren. Es wird über die Funktion der einzelnen Gebäudeteile berichtet, über Baumeister und Kunsthandwerker, Zahlen werden genannt. »Bitte folgen Sie mir nun durchs Hauptportal ins Treppenhaus!« Eine Menschentraube rollt auf den Eingang zu, ein Schlüssel knarrt, alle schlüpfen hinein, wieder knarrt der Schlüssel. Und dann läuft all das ab, was uns von solchen Besichtigungen hinlänglich bekannt ist. Man wird hindurchgeschleust, die einzelnen Gemächer sind wohl versperrt, es ist sinnlos vorauszulaufen, aber man kann auch nicht zurückbleiben. Ob man sich denn hier nicht hinsetzen könne, die Füße tun weh? Nein, die Führung kommt hier nicht wieder vorbei. Also weiter, Gang für Gang, Zimmer für Zimmer, Saal für Saal. Überall sind Schnüre gespannt, man kann nur auf den Läufern bleiben. Da ist ein Schild: Kein Zutritt! und dort noch eins: Bitte nicht berühren!

Der Graf Physis war ein ulkiger Mann. Er hatte seine Freude an allerlei Kling-klang-Spielzeug. Hier eine Glockenuhr. Herr Magister setzt sie in Bewegung. Wunderschön — dieser Klang! Alle staunen. Als die Gruppe in den nächsten Raum drängt, möchte einer dieses Wunderwerk genauer ansehen. Er steigt über die Absperrung, aber da hat er plötzlich keine Lust mehr: »Die Bedienung der Spieluhr ist nur dem Führer gestattet« steht da auf einem Zettel. Macht nichts, dort gibt's offenbar etwas Neues! Ein Echo! Ein Echo im Saal! Der Fremdenführer klatscht in die Hände — man kann es gut hören! Einer aus der Gruppe macht es auch. Aber wo bleibt das Echo? Er versucht es noch einmal, aber dann läßt er die Arme sinken, denn vorwurfsvolle Blicke treffen ihn. Weiter — die nächste Gruppe steht schon draußen. Gästeflügel, Damengemächer, Jagdzimmer! Wer hat eigentlich schon einmal in einem solchen Schloß die Küche gesehen? Irgendwo muß man doch gekocht haben! Aber wen kann das schon interessieren! Und wo schliefen die Dienstboten? Man würde ja gerne fragen, aber Herr Magister ist ganz da vorne, der hört das gar nicht! Lassen wir's eben! Und dann ist da plötzlich eine Tür, und man steht im Freien. Herr Magister nickt freundlich und zeigt auf einen Kiosk! Dort gibt's Ansichtskarten, Dias, Bildbände mit Schloßgrundriß und natürlich Stocknägel, Briefbeschwerer und — Eis! Eigentlich wollte man noch etwas fragen, aber der Fremdenführer flitzt schon um die Ecke zur nächsten Gruppe — schade — »zwei Becher Vanille zu fünfzig, bitte!«

Vorstellbar? Ja, vorstellbar!

Aber nun: Das nämliche Schlößchen steht genau da, wo das von vorhin stand. Wieder kommt ein Omnibus und die Leute steigen aus, mit ihnen auch Herr Didaktus, der Reiseleiter: Man geht zum Einfahrtstor. Dort steht mit großen Buchstaben »Der § 123 StGB gilt hier nicht! Betreten erwünscht, aber auf eigene Gefahr«. Merkwürdig, hier gibt's gar keine Kasse! Die ersten sind schon am Portal! Verdammt — abgeschlossen! Ein Seiteneingang? Man teilt sich, damit es rascher geht, die einen links-, die andern rechts herum.

Wo haben die bloß ihr Regenwasser hinlaufen lassen? Nirgends ein Dachschlauch!? — Geschrei auf der anderen Seite! Alles läuft hin. Ein Fenster ist offen. Die ersten sind schon drin und ziehen die anderen nach. Etwas unbequem, aber dennoch spaßig, dieser »Einstieg«.

Aber wo sind wir da bloß? Das sieht ja aus, als ob's die gräfliche Waffenkammer wäre. Herr Didaktus verteilt Aufgaben, Aufgaben zum Zählen, Ordnen, Zeichnen.

Und wo geht's da hin? Zum Pulverlager, zur Werkstatt des Waffenmeisters, oder in die Küche? Man überlegt, diskutiert, argumentiert ... Der Reiseleiter hat ein paar der Gruppe über eine Hintertreppe in den 1. Stock geschickt. Sie haben Bilder und Bücher bei sich, einen Kompaß, ein Bandmaß und sonst noch allerlei. Sie vermuten, daß es so etwas wie einen großen Festsaal geben müsse und sie haben klare Vorstellungen, wo er liegen könne. Eine Spieluhr soll es auch hier geben. Aber erst interessieren uns die vielen Musikinstrumente, die der Graf besaß! Sie stehen alle in einem Raum beieinander. Die meisten sind den Betrachtern bekannt, aber da sind auch welche, die haben sie noch nicht gesehen. Das ist ein komischer Rucksack! Da hängt ja eine Blockflöte heraus, und bunte Bänder sind auch daran. Einer vermutet, es wäre ein Dudelsack. Dudelsack? Spaßig! Kann man damit überhaupt Musik machen? Oder dient er dazu, etwas fortzutragen. Da blättert schon einer im Lexikon: Dublette ... Dublin ... Dudelsack ›ein altes Blasinstrument der Hirten und Bauern mit einem eigenartigen Klang und einem Sack als Luftspeicher‹. Man müßte es mal ausprobieren. Wer kann Flöte spielen? Da kommt einer zurück. Man hat den Festsaal gefunden! Inzwischen sind alle Besucher sehr beschäftigt. Herr Didaktus geht von Gruppe zu Gruppe, rät hier und hilft dort. Langsam beginnt man auch, sich auszukennen. Man weiß, wo das Treppenhaus liegt, findet die Flure und Gänge und begreift, warum es da und dort kleine Stiegen gibt, die ins nächste Stockwerk führen. Einige kommen auf die Idee, einen Plan zu zeichnen ...

Die Seminarteilnehmer fühlten sich nicht gefoppt. Sie verstanden, was damit gemeint sein sollte.

Sie begriffen, daß dieser systematische Durchtrieb durch dieses Gebäude recht viel Ähnlichkeit mit einem Unterricht hat, der in den sehenswerten Gemächern große Worte »darbietet« oder die Spieluhr ablaufen läßt, der keinem auszukneifen oder zu verweilen gestattet, der den »Zutritt verbietet« und das »Berühren nicht erlaubt«, der das Fragen erschwert und das Ausprobieren des Echos verleidet, der endlich den Besucher, wohl instruiert, durchs Hintertürchen entläßt, meinend, in ihm die Wißbegier für neue Schlößchen erweckt zu haben. Und was ist dessen Reaktion? — Eis! Ist der Lehrer dabei recht viel mehr als ein Fremdenführer, auch dann, wenn die Schüler die Spieluhr in Gang setzen und in die Hände klatschen dürfen? Im Grunde sind sie untätig, passiv bis ins Mark, selbst wenn noch so viel »Betrieb« herrscht.

So skurril das zweite Beispiel auch anmutet, es läßt vielleicht doch erahnen, worum es geht: Nicht um ein Vorwärtskommen mit dem Fremdenführer streng nach dem System, hier geht es um das Finden des Systems. Daß der Lehrer dabei in der Rolle des Reiseleiters erscheint, ist schon eine sympathischere Vorstellung. Da bei einer solchen Entdeckungsreise ungewiß ist, welches Fenster zum Einstieg gerade offen steht, welche Gemächer, Flure und Treppen vor dem Eindringling liegen, braucht er Methoden, um sich zurechtzufinden, betrachten, untersuchen, verstehen zu können. Ist der Trip aber vorausgeplant, systematisch bedingt, sind den Besuchern nur gewisse Räume zur Besichtigung freigegeben, dann erübrigen sich die Methoden; denn das, was man sehen darf, steht im Baedecker, am Kiosk zu kaufen. Haben wir nicht alle ein bißchen Abneigung gegen »Führungen« solcher Art? Fühlen wir uns als Geführte nicht alle ein wenig passiv, gegängelt, belehrt, zurechtgewiesen, abgehetzt, beinmüde, uninteressiert und am Ende so »bedient«, daß wir so schnell nicht wieder eine Führung mitmachen wollen? Und sind wir es als »Führer« nicht auch leid, immer wieder dasselbe sagen zu müssen, dieselben Treppen steigen, dieselben Flure entlanglaufen, dieselben Schlösser öffnen, dieselbe Spieluhr betätigen, genau an diesem Fleck in die Hände klatschen zu müssen? Passen uns da die Fragen aus der Gruppe und das Nachlaufen nach ein paar Zurückgebliebenen, die sich nicht ranhalten wollen?

Es dürfte einsichtig sein,

* daß eine systematische, d. h. nach dem System ausgewählte Weitergabe von Fakten mit der rapiden Zunahme der Ergebnisse im Bereich der Physik und Chemie unmöglich geworden ist, oder besser gesagt, seit Generationen schon undurchführbar ist;

* daß diese Fakten, so unanfechtbar sie erscheinen mögen, durch das Voranschreiten unserer Kenntnisse ständig in ihrer Gültigkeit bedroht sind. Was heute über jeden Zweifel erhaben ist, kann morgen überholte und nur noch historisch interessante Lehrmeinung sein;

* daß die mit relativer Gültigkeit belasteten, zu erwerbenden Fakten bestenfalls *Endprodukte eines Prozesses* sind, der als Chemie oder Physik bezeichnet wird.

Um dem Lernenden einmal das Recht auf eine naturwissenschaftliche Weltorientierung als Faktor seiner Bildung zu sichern, ihn aber andererseits nicht zu einer Randfigur der Wissenschaft zu machen, indem man ihn mit volkstümlichem Ersatz oder pseudowissenschaftlicher Information abspeist, gilt es, einen Unterricht zu betreiben,

* der *nicht Fakten, sondern Probleme* bearbeitet, der *das System nicht an den Anfang, sondern an das Ende* stellt, der sich *nicht extensiv verzettelt, sondern sich intensiv konzentriert;*

* der die Unzulänglichkeit und Fragwürdigkeit allen Verstehens erblicken läßt, der die Enge einer bestimmten Natursicht, aber auch deren Möglichkeiten und Gefahren aufzeigt und

* der den Schüler in den Stand versetzt, durch den Gebrauch der geeigneten Methoden zu jenen Einsichten zu kommen.

Diesen dringenden Forderungen rückt man näher, wenn man begreift, daß es im Unterricht nicht um die vorgegebene Fragestellung, sondern um das eigene

Stellen der Frage, nicht um das schon gelöste Problem, sondern um das Lösen des Problems, nicht um die übermittelte Sache, sondern um das Ringen mit ihr, nicht um die fertige Abstraktion, sondern um das Abstrahieren, nicht um Kenntnis, sondern um Erkenntnis geht. Diesen Zielstellungen einer naturwissenschaftlichen Bildung ist der Unterricht allerdings nur dann gewachsen, wenn der Schüler in den Stand versetzt wird, die dazu nötigen *Verfahren* zu erlernen. Ohne diese Bedingung gleitet der Unterricht unweigerlich in eine fragwürdige Faktenweitergabe ab.

5.21 Fachspezifische Arbeitsweisen im physikalisch-chemischen Sachunterricht der Grundschule, — eine Alternative zur ergebnisorientierten Unterweisung?

Es liegt nahe, daß die Betonung eines sach- und fachgerechten Unterrichts in der Grundschule zu Mißverständnissen führen kann. Man muß also fragen, ob damit der Grundschulunterricht eine Methodologie sein soll, die als eine Art Propädeutik dem eigentlichen Fachunterricht der Hauptschule vorausgeht, ob er vorbereitender, vorfachlicher Unterricht ist, wie man das immer wieder lesen kann? Ganz und gar nicht!

Eine bloße Methodenlehre als Gegenstand des naturwissenschaftlichen Sachunterrichts der Grundschule ist aus zwei Gründen undenkbar. Zunächst deshalb, weil eine solche Auffassung den ergebnisorientierten Unterricht in das andere Extrem verlagern würde. Ebenso wie Kinder mit den bloßen Fakten nichts anfangen können, ist ihnen mit Arbeitsverfahren allein nicht gedient. Außerdem sind methodische Fragestellungen ohne Gegenstand gar nicht denkbar. Zum anderen wäre es nach all den bisher gewonnenen Einsichten eine totale Verkennung des Bildungsauftrages der Grundschule im physikalisch-chemischen Bereich, wenn die Alternative zur ergebnisorientierten Unterweisung als Unterricht in fachspezifischen Arbeitsformen verstanden würde. Das Gewicht, das wir heute der Beherrschung der Methoden beimessen, indem wir sie zu eigenständigen Lernzielen erheben, birgt die schon angesprochene Gefahr in sich, mißverstanden zu werden.

Was der Schüler braucht, ist eine klare, fachlich eindeutige Fragestellung, deren methodische Lösung integrierender Bestandteil der Gesamtaufgabe ist. Es gilt also beides — das Problem und seine Lösung — im Auge zu behalten, auch dann, wenn es darum geht, Arbeitsverfahren als notwendige Voraussetzung zur Problemlösung einzuführen, zu üben und zu verfeinern. Dies muß mit allem Nachdruck unterstrichen werden, besonders deshalb, weil die Meinung aufkommen könnte, die nachfolgende Darstellung von Arbeitsweisen sei als Zeichen dafür zu nehmen, daß im Sachunterricht der Grundschule Methoden zu lehren seien, zu deren Verwirklichung Probleme aus dem physikalisch-chemischen Bereich herangezogen würden. Wer diese Ansicht hegt, der ist allerdings auch im Recht, wenn man den Sachunterricht der Grundschule als vorfachlich, vorbereitend, propädeutisch, vorwissenschaftlich abtut. Glücklicherweise ist dies nicht die gängige Ansicht, obwohl dennoch diese Bezeichnungen den Sachbetrachtungen anhängen und sie damit abqualifizieren. »Der experimentelle Sachunterricht versteht sich als naturwissenschaftliche Propädeutik, indem er hilft, die Kinder aus der naiven Denkstruktur herauszuführen«, sagt *Völcker* (1969, S. 3) und *Becker* (1969, S. 2) spricht von einem »Sachunterricht als vorfachlichem naturwissenschaftlichen Unterricht«. *Höcker* (1968 b, S. 35) endlich ist der Ansicht, daß wir »›reflektierte Physik und Chemie‹ — Naturwissenschaft — ... in der Grundschule nicht realisieren können«.

Dieser Sachunterricht sei also einmal kein Fachunterricht, weil er propädeutisch, vorfachlich wäre. Zum andern sei er nicht naturwissenschaftlich, weil er keine reflektierte Physik und Chemie realisieren könne. Es ist nicht einzusehen, wie diese Autoren zu diesen Meinungen kommen, obwohl sie in ihren Unterrichtsbeispielen alles andere tun, als propädeutisch, vorfachlich und vorwissenschaftlich zu sein. Es ist nicht einfach und sicher auch nicht kurzweilig, die Merkmale der Vorfachlichkeit und der Vorwissenschaftlichkeit — falls es sie überhaupt gibt — von jenen der Fachlichkeit und der Wissenschaftlichkeit abzugrenzen. Dies müßte einer gründlichen theoretischen Erörterung vorbehalten bleiben. Aber vielleicht kann ein Gedanke hier zumindest erwogen werden, der die Furcht vor dem Eingeständnis, in der Grundschule wissenschaftlichen Fachunterricht zu betreiben, mildert.

»Unsere Sprache hat für die Regelung des Verhältnisses von Mensch und Welt ein ungemein charakteristisches Wort. Sie spricht von der ›Auseinandersetzung‹ von Mensch und Welt. Warum ist dieses Wort so lehrreich? Es kann wörtlich genommen und dahin verstanden werden, daß der Mensch zwischen sich und der Welt einen Abstand herstellen muß, damit er mit dieser Welt zum rechten Einvernehmen gelangen könne. Er muß die Welt ›objektivieren‹, vergegenständlichen. Er muß sie von sich abrücken. Erst dadurch, daß er diesen Vorgang der Objektivierung vornimmt, wird er selbst Mensch und wird die Welt für ihn Welt.« *Litt* (1962, S. 5) hat hier mit klaren Worten ausgesprochen, worauf es ankommt: auf das Ringen des Menschen, sich die Natur vom Leibe zu halten, um sie betrachten und verstehen zu können. Dieses Objektivieren aber beginnt nicht erst dann, wenn Physik und Chemie, oder »Naturlehre« auf dem Stundenplan stehen, wenn dazu der Fachraum aufgesucht wird, oder wenn dafür eigene Lehrkräfte in die Klassen kommen. Diese äußerlichen Merkmale entscheiden nicht über Vorfachlichkeit und Fachlichkeit. Vielmehr ist die Aufgabe, »die Kinder aus der naiven Denkstruktur herauszuführen« (*Völcker* 1969, S. 3), »die Rationalität, die sich in der Naturwissenschaft verdichtet, kindgemäß« abzurufen (*Becker* 1969, S. 2), ein wesentliches Kriterium für die Fachlichkeit.

Das Verständnis von Wissenschaft als einem Prozeß, gilt nicht allein für ihre Ergebnisse, es gilt ebenso für das Hineinwachsen des Menschen in den Zustand der Objektivität, gilt gleichermaßen für jene zitierte »Auseinandersetzung«. Daß »die ... Kinder die Dinge weitgehend unter den äußeren Merkmalen der Lebensbedeutsamkeit sehen; daß die Erlebnisqualität des Umgangs mit den Dingen die Kinder am Fortschreiten in der Systematik eines Erkenntnisprozesses hindert«; oder »daß das Bedürfnis der Kinder nach Erklärung von Zusammenhängen nicht in die Tiefe echter Kausalität eindringt« wie das *Höcker* (1968 b, S. 34/35) beklagt, kann nicht als Syndrom mangelnder Wissenschaftlichkeit aufgefaßt werden, sondern vielmehr als Erscheinungen, die auf einer frühen Stufe wissenschaftlicher Auseinandersetzung auftreten.

Endlich erregen die Bezeichnungen »vorfachlich« und »vorwissenschaftlich« noch ein weiteres Bedenken. Als »vor dem Fach« und »vor der Wissenschaft« stehende Einlassungen haben sie das Odeur des Vorläufigen und Unverbindlichen an sich, das man nicht weiter ernst zu nehmen brauche, weil es später doch noch einmal komme. Das aber ist ein gefährlicher Irrtum. Die Möglichkeit einer »Erstbegegnung« mit der Wissenschaft in der Schule kommt nicht wieder; einmal vertane Chancen kehren nicht in der gleichen Konstellation zurück. Es liegt in unserer Verantwortung, ob wir sie nützen oder nicht.

5.22 Die Analyse fachspezifischer Arbeitsweisen im Rahmen des fachmethodischen Erkenntnisverlaufs

5.221 Versuch einer Sprachregelung

Ein Schlagwort in der Reformbewegung der Grundschule lautet: Orientierung an der Wissenschaft. Um unserem Anliegen näher zu kommen, nämlich Klarheit über Funktion, Ablauf und Ziel von fachspezifischen Arbeitsweisen zu gewinnen, bleibt uns nichts anderes übrig, als die Methoden der Physik und der Chemie — die im Kern identisch sind — zu betrachten.

Damit wir uns in den folgenden Darlegungen verstehen, soll zunächst das Begriffsvokabular überdacht werden. Wenn wir von *Methode* oder *Verfahren* reden, so ist damit die den Naturwissenschaften, der Physik und der Chemie zugrundeliegende Sequenz von logisch aufeinanderfolgenden Denkabläufen gemeint, die am Ende zu einer Erkenntnis führt. Man kann so etwas wie ein Standard-Verfahren, eine General-Methode aufstellen, deren grundsätzliche Gültigkeit nicht anzuzweifeln ist, und die als »klassische Methode der Naturwissenschaften« eine gewisse Berühmtheit erlangt hat.

Dem allgemein gültigen Verlauf des Erkenntnisganges, stellen wir das *Problemlösungsverfahren* gegenüber. Es ist diejenige strategische Planung eines Unternehmens, die einmal dem speziellen Problem, zum andern aber auch der speziellen Situation des Betrachters, des Schülers, der Klasse angepaßt werden muß. Das Problemlösungsverfahren zum Thema »Eisen schwimmt« in einem 2. Schülerjahrgang, wird sich von der erforderlichen Strategie her, die Vorwissen, Fähigkeiten der Schüler im Umgang mit Arbeitsweisen, Gebrauch von Arbeitstechniken, die Sprach- und Denkkapazitäten, die speziellen Lernsituationen usw. berücksichtigen muß, ganz wesentlich von der gleichen Themenstellung etwa in einer 4. Klasse unterscheiden. Das Problemlösungsverfahren ist also die, zwar den grundsätzlichen Erkenntnisschritten gehorchende, aber dennoch eigenständige auf Objekt und Subjekt Rücksicht nehmende Art, ein spezielles Problem anzugehen. Es erwächst aus der *Strategie* (siehe Kapitel 6), den Erwägungen der Zweckmäßigkeit, der Ökonomie, der Erfolgsaussicht, den Vorüberlegungen also, die einem solchen Lösungsverfahren vorausgehen. Die Fachmethode wurde als eine Reihe von logisch aufeinander folgenden Denkabläufen definiert. Sie enthält mehr oder weniger für die Grundschule nutzbare, geschlossene Abschnitte. Sie werden als *Stufen* oder *Schritte* bezeichnet.

Unter diesen Stufen oder Schritten sind also im klassischen Verlauf der Erkenntnisgewinnung lokalisierbare, im Problemlösungsverfahren durch strategische Überlegungen eingeplante, der Bildungssituation entsprechende Phasen der Auseinandersetzung mit dem Gegenstand zu verstehen.

Die einzelnen Stufen (Schritte) werden sehr wesentlich durch *Arbeitstechniken* gestützt. Das Unterscheiden, Ordnen, Einteilen, Vergleichen, Nachschlagen, Beschreiben, Symbolisieren, Generalisieren, Übertragen, Umschreiben, Ver- und Entschlüsseln, Darstellen, Schematisieren, Verbalisieren usw. sind schulbare Techniken geistiger Arbeit. Sie lassen sich in allen Fächern wiederfinden, aber sie bekommen von Fach zu Fach wieder andere Akzente, die es zu beherrschen und zu verstehen gilt.

Das Ordnen von vorzeitlichen Funden, das Ordnen von Verkehrswegen, das Ordnen nach Stoffeigenschaften, das Ordnen von Laubblättern ist zwar alles Ordnen, aber es setzt eine Reihe fachspezifischer Kenntnisse, den Besitz und die Anwendbarkeit bestimmter Kriterien voraus, die sich überfachlich nicht vergleichen lassen.

Damit die folgenden Darlegungen zu einer gewissen Einheitlichkeit gelangen und somit die einzelnen Denkschritte miteinander vergleichbar sind, soll jeweils eine Reihe von Momenten angesprochen werden. Der dabei vielleicht erscheinende Eindruck eines Schematismus darf zu Gunsten der erforderlichen Klarheit hingenommen werden.

Beim Abgehen der einzelnen aufeinanderfolgenden Denkschritte, Erkenntnisstufen, Phasen oder wie wir das immer nennen wollen, ist es zunächst erforderlich, jeden dieser Abschnitte gründlich zu charakterisieren. Es kommt darauf an, seine Erscheinung zu kennen, ihn in seiner Struktur zu verstehen und seine didaktischen Erfordernisse wahrzunehmen. Das, was sich abspielen soll, wird durch das Ziel der jeweiligen Erkenntnisstufe festgelegt. Ferner wird es erforderlich sein, typische Arbeitstechniken anzusprechen. Dies darf jedoch nicht so verstanden werden, als ob es möglich wäre, jedem Denkschritt spezielle Arbeitstechniken zuzuweisen. Grundsätzlich sind alle möglichen Arbeitstechniken in einer Phase denkbar, doch haben eine ganze Reihe von ihnen in gewissen Bereichen eine bevorzugte Funktion. Darauf soll aufmerksam gemacht werden. Erst auf Grund dieser Vorarbeit wird es gelingen, jene Abschnitte im Erkenntnisprozeß herauszuschälen, die sich in einer bestimmten Dimension für die Aufgaben der Grundschule eignen. Ihnen kommt eine gewisse Bedeutung im Aufbau naturwissenschaftlicher Bildung zu. Den als besonders fruchtbar erkannten Stufen sollen skizzierte Unterrichtsbeispiele zur Abrundung folgen.

Wir werden also jedem der auffindbaren Abschnitte des Erkenntnisganges folgende Merkmale abzugewinnen haben: die Zielstellung und die Stufenbezeich- nung, die Verlaufscharakteristik unter Beachtung der möglichen Arbeitstechniken und der didaktischen Maßnahmen; sodann die Beurteilung als spezifische Arbeitsweise; eventuell die Illustration durch Unterrichtsskizzen.

5.222 *Das Forschen beginnt mit dem Staunen*

Eigentlich lautet dieser Ausspruch: »Das Philosophieren beginnt mit dem Staunen«. Aber da Forschen und Philosophieren etwas mit Wahrheitsfindung, mit dem Streben nach Erkenntnis zu tun haben, darf diese Veränderung vielleicht hingenommen werden. Es ist indes nicht so sehr das Ringen um Klarheit, welches das Forschen und das Philosophieren einander so nahe bringt, es ist vielmehr jene Haltung, die am Anfang dazu steht: das Staunen, das Sich-Wundern. Zwar ist man heute geneigt, zu bezweifeln, ob Menschen unserer Tage noch staunen können, da Wunder alltäglich geworden sind. Eines aber wissen wir sicher: Kinder und insbesondere die der Grundschule besitzen diese Eigenschaft. Ganz abgesehen davon vermögen äußerlich erkennbare Reaktionen, die als Staunen, als Verwunderung gedeutet werden dürfen, relativ wenig über den Grad dieser Verfassung auszusagen. Es geht hierbei mehr um den Zustand des inneren Ergriffenseins, als eines Antriebs zu geistiger Auseinandersetzung, dessen Intensität und Gerichtetheit nur sehr bedingt festzustellen ist.

Unter diesen Voraussetzungen ist es natürlich wenig sinnvoll, Kinder zum Staunen führen zu wollen. Alle Maßnahmen, die es darauf abgesehen haben, wirken unecht, gekünstelt, haben den Geruch des Bluffens an sich, werden zu Recht als »Mätzchen« bezeichnet. Sie sind auch deswegen abwegig, weil sie nicht jenes innere Ergriffensein zu erzeugen vermögen, das am Anfang aller echten Erkenntnis steht, sondern eher die Gefahr heraufbeschwören, das Bedürfnis nach Klärung zu verbauen, in dem sie verwirren, foppen, täuschen, zum Narren halten. Das »Nun staunt mal schön« (*Wagenschein*) ist der falsche Ansatz. Man überlege sich, ob die »Einfälle« des Lehrers, die »gags«, noch etwas mit Unterricht zu tun haben, ob sie nicht mehr eine »show« bedeuten, ob sie dem Ziel dieser Stufe dienen. In der Befürchtung, daß Kinder einer zweiten Klasse schon zu viel von Magneten und ihren Kräften wissen und deshalb nicht mehr genug staunen könnten, denkt sich der Lehrer folgenden Trick aus: Er befestigt einen Ringmagnet liegend auf ein Holzbrettchen, aus dessen runder Öffnung ein Pappzylinder, mit Brett und Magnet fest verleimt, etwa 10 cm in die Höhe ragt. Einen zweiten gleich großen Magnet schiebt er über den Zylinder. Im Widerstreit der Kräfte schwebt dieser Magnet nun über dem Brett. Drückt man ihn zu Boden, schwappt er wieder federnd in die Höhe, zieht man ihn hoch und läßt ihn zurückgleiten, so wird sein Fallen plötzlich abgebremst, bis er hin und her pendelnd wieder diese merkwürdige Schwebelage einnimmt. Das wird den Kindern vorgeführt — ohne Kommentar. Lachen, spontane Verwunderung. Ein Kind darf es wiederholen. »Da ist eine Feder drin!« Der Lehrer nimmt den beweglichen Magnet ganz ab, in der Hoffnung, die Kinder würden einsehen, daß eine Feder doch an diesem Ring ansetzen müßte. Das hatte keine Wirkung. Die Schüler begehren in den Zylinder zu sehen. Man stellt fest: Nichts ist in der Röhre, keine Feder — nur Luft! Luft — das war das Stichwort. »Das ist wie beim Auto, da sind auch so Dinger, die federn« (Stoßdämpfer). »Mein Vater hat einen Citroën, der ist luftgefedert«. »Die Türen vom Omnibus gehen auch mit Luft auf.« Wie schnell doch Kinder vom Magnetismus auf die Mechanik kommen. Es bedeutete eine Anstrengung, sie wieder zum hüpfenden Metallring zurückzuführen. Da überhaupt noch kein Schüler den festen Magnet auf der Bodenplatte bemerkt hatte, wurde darauf hingewiesen. »Der hält die Pappröhre!« Der Lehrer zog daraufhin nochmals den beweglichen Ring ab, drehte ihn um, ließ ihn über die Papprolle zurückgleiten und als er nun auf dem unteren aufklatschte und dort festgehalten wurde, offenbarte sich recht deutlich die Wirkung »dieser Fopperei«: nach einem kurzen Augenblick schweigender Überlegung, brachs wie ein Wasserfall aus nicht gerade wenigen Kindern heraus. »Magnet« riefen sie, aber gar nicht im Tone der Begeisterung über eine Entdeckung, mehr mit dem Tenor der Entrüstung, begleitet von abfälligen Handbewegungen. Ganz abgesehen davon, daß dieser Ansatz in der Dimensionierung für eine 2. Klasse nicht stimmt, macht er deutlich, was einem passieren kann, wenn eine Hinführung an das Problem bewußt auf Überraschung und Staunen angelegt ist. Gewiß waren die Kinder davon gefangen, aber es zeigte sich sehr bald, daß diese Faszination rasch abebbte, weil eben nur sie es war, worauf es dem Lehrer ankam. Dieser hatte — in der Meinung, damit das Sich-Wundern zu gefährden — bewußt darauf verzichtet, das Problem zu strukturieren, indem er schwieg. Hier hätten wichtige Arbeitstechniken einsetzen müssen, um das Problem zu artikulieren: Das detaillierte Betrachten, das den nicht unwichtigen zweiten Metallring viel eher ins Bewußtsein gerückt und auch die bloße Haltefunktion der Pappröhre offenbart hätte; das bewußte und häufige Auslösen des Vorgangs, also das Hantieren damit, das In-die-Finger-kriegen; das Beobachten des beweglichen Ringes; die Beschreibung seines Verhaltens.

Wegen dieser nicht vorhandenen Objektivierungen der Erscheinung, irrte die Beschäftigung damit von einem Erklärungsversuch zum andern, und ganz nebensächliche Dinge führten auf falsche Fährten. Es ist geradezu symptomatisch für eine ungenügend durchlebte erste Phase, wenn die Schüler zu rasch zu Deutungen gelangen. Dies gilt auch dann, wenn sie richtig sind. Wäre statt der »Feder-« und der »Lufterklärung« gleich die Vermutung ausgesprochen worden, daß es sich um Magnetkräfte handeln könne, so wären ebenfalls die angesprochenen Arbeitstechniken zur Objektivierung des Phänomens vonnöten gewesen. Damit sind wir bei einem anderen Punkt, der diese erste Stufe der Auseinandersetzung mit dem Problem zu einem Eilmarsch verkürzt. Er entsteht dadurch, daß sich der Lehrer entweder von dem richtigen Ansprechen der Erscheinung durch die Schüler täuschen läßt und nun glaubt, die Klasse befände sich auf dem rechten Geleise, oder daß ganz bewußt eine Parforce-Tour geritten wird. Der Denkanstoß — nomen est omen — das mit dem Tritt in den Hintern vergleichbare »ist es nicht merkwürdig, daß ...« — »ihr habt doch schon mal beobachtet, wie ...« — »sicher ist euch schon aufgefallen, in welcher Weise ...« ist dafür besonders kennzeichnend. In beiden Fällen ist die Eile zu rügen, mit der hier zum Problem vorgestoßen wird.

Die erste Stufe aber ist nicht dazu da, das Problem zu erjagen, sondern
* es zu beleuchten, zu betrachten, sich mit ihm auseinanderzusetzen, seine Erscheinungsformen zu erfassen, es handelnd zu erfahren, es auslösend zu beobachten, die Umgangsqualitäten zu erleben, von ihm fasziniert zu sein, sich
wundern zu können. Hat der Schüler dazu genügend Zeit?
* Reicht es aus, nur einen Zugang zu eröffnen, oder besteht die Notwendigkeit,
den Grad der Vertrautheit mit diesem Phänomen durch weitere, anders ge-
artete Perspektiven zu erschließen?
* Werden das Wesen des Problems, seine Eigentümlichkeit, die Art seiner Erscheinung, ferner die Formulierbarkeit des Fragwürdigen an ihn, die Möglichkeiten der Problemlösung, genügend einsichtig?

Es dürfte deutlich geworden sein, was hier vorgehen muß. Wir bezeichnen
diesen Schritt als *Stufe der Problemerhellung.* Ihr Ziel, auf das sie es abgesehen
hat, ist die klare und eindeutige Problemstellung, ist die Frage »warum . . .«, ist
die *Problemformulierung,* die verbal ganz präzise umrissen werden muß, wenn
es danach weitergehen soll. Ist nun dieser erste Schritt als ein für die Grundschule
nutzbarer geschlossener Abschnitt zu bezeichnen?

Kinder gehen mit Aufmerksamkeit durch die Welt. Es ist verblüffend, was
ihnen alles auffällt, was sie sich merken, was sich ihnen einprägt. Was uns Erwachsenen oft entgeht, haben sie beobachtet, was uns uninteressant erscheint,
fasziniert sie. Dies sind ganz gewiß positive Ansätze, sozusagen Pluspunkte.
Wir wissen aber auch, daß die Fähigkeiten, einen Zustand oder Vorgang erfassen zu können, qualitativ sehr fragwürdig sind. Oft sind es unwesentliche
Details, die von den Kindern aufgenommen werden und von denen sie nicht so
leicht loskommen; sie nehmen das Teil für das Ganze. Sie sind vorschnell mit
Erklärungsversuchen oder aber begnügen sich mit dem bloßen Wahnehmungs-
genuß. Ein bisweilen oberflächlicher Eindruck erweckt in ihnen Zusammenhänge
und Beziehungen, die gar nicht oder doch nur sehr bedingt bestehen. Das Problem besteht also in der kaum entwickelten Fähigkeit, sich aus dem ganz gewiß
notwendigen und in seiner Bedeutung wichtigen und auszukostenden Zustand
des Einsseins mit dem Gegenstand in die Aus-einander-Setzung mit ihm zu
begeben, in die bewußte Haltung des Betrachters, der sich aus der Verwicklung
mit dem Objekt so weit als möglich befreit. Dies gegenstandsgerecht zu tun,
erfordert spezielle Maßnahmen, deren Zweckhaftigkeit und Zielsicherheit vom
Grundschulkind nur sehr bedingt selbständig zu leisten sind. Das bedeutet, daß
es im Laufe seiner durch Unterricht gesicherten Beschäftigung mit Naturphäno-
menen lernen muß, Techniken zu erwerben, die den Vorgang des Objektivierens
fördern, daß es ein Gespür entwickeln muß, welche der Techniken diese Problemerhellung ermöglichen, daß es endlich zu einer Problemfrage gelangen muß, die
den weiteren Verlauf einer methodengerechten Erkenntnis gestattet. Es ist klar,
daß der Lehrer hierbei sehr stark die Zügel in die Hand nehmen muß, daß er
rät und vorschlägt, was man unternehmen könnte, um das Phänomen als solches
zu erfassen: Es wird vielleicht auch damit klar, wie wichtig es ist, diese Phase
der Problemerhellung intensiv zu nutzen.

Die hier einschlägigen Techniken sind rasch aufgezählt: Zunächst bedarf es des Merkmale findenden *Betrachtens* und des Abläufe erfassenden *Beobachtens*. Sie dienen dazu, Fakten zu liefern, deren sprachliche Formulierung zu *Beschreibungen* führen. Häufig reicht das jedoch nicht aus. Die Phänomene zeigen Qualitäten und Quantitäten, die es in geeigneter Weise zu ermitteln gilt. Mit der *Datengewinnung* ist zugleich aber auch *Datenfixierung* gemeint, jener Komplex von Arbeitstechniken, der dazu dient, das Beobachtete, sprachlich Faßbare in geeigneter Weise festzuhalten (siehe unter 6).

Erst wenn diese Voraussetzungen gegeben sind, gelingt es, eine sinnvolle, d. h. dem Wesen der Erscheinung entsprechende und lösungsaktive Problemformulierung zu leisten. Das bedeutet negativ formuliert, es ist unmöglich, eine Problemfrage zu stellen, die den brauchbaren Ansatz zu einer methodengerechten Lösung in sich hat, wenn die das Phänomen objektivierenden Auseinandersetzungen nicht erfolgt sind.

Versuchen wir abschließend folgenden schematischen Überblick zu gewinnen:
1. Stufe: Problemerhellung
Ziel: Problemformulierung
Arbeitstechniken: u. a. insbesondere Betrachten, Beobachten, Beschreiben, Datengewinnen, Datenfixieren, Versprachlichen.
Eignung für die Grundschule: nur bedingt, Führung durch den Lehrer in starkem Maße erforderlich.

5.223 »Wir meinen viel, aber wir wissen wenig«

Ist es nicht bemerkenswert, daß Kinder, auch schon die der 1. Klasse, sehr rasch mit Erklärungsversuchen aufwarten? Gewiß, diese sind oft falsch, oder müssen es sein. Aber das tut der Tatsache keinen Abbruch, daß sie das Bedürfnis haben, auf Fragwürdiges eine Antwort zu finden. Inwieweit eine solche Antwort sie indes befriedigt, ist ein anderes Problem. Für den Lehrer ist es bedeutsam zu wissen, daß diese nun folgende Stufe erst beginnt und beginnen kann, wenn die Problemformulierung im Blick auf die fragenden Schüler exakt ist, wenn sie dem Wesen der Erscheinung entspricht, deren Kern trifft, die gedankliche und methodische Fortführung erlaubt. Dies zu entscheiden ist nicht einfach, deshalb nicht, weil man, ehe man sich's versieht, bereits diesen 2. Schritt zu tun im Begriffe ist, ehe der erste recht vollzogen wurde. Damit es aber nicht gleich zu Beginn zu einem Stolpern kommt, bedarf es jener Wachsamkeit des Lehrers; Grundschulkinder sind dazu vorerst nicht in der Lage. Sie vermögen noch nicht die methodisch notwendige Trennung zwischen dem 1. Schritt der Problemerhellung und dem 2., dem der Meinungsbildung, zu vollziehen.

Etwas Hinterhältiges haftet diesem Abschnitt der Erkenntnisgewinnung an, und damit zeigt sich erstmals, worauf es naturwissenschaftliche Methode abgesehen hat, nämlich auf das Überlisten, das In-die-Enge-treiben, das Fallenstellen. Hier wird deutlich, daß Methode Raffinement bedeutet und sie wäre verwerflich, würde nicht ihr Zweck sie rechtfertigen.

Auf die gestellte Problemfrage versuchen wir also eine Antwort zu geben, aber, und das ist das Merkwürdige, nicht zum Zwecke ihrer Lösung, sondern um damit eine neue Frage aufwerfen zu können, über die uns dann aber die Natur selbst Auskunft geben soll. Wir nennen ein solches Verfahren ein antizipierendes, ein auf Hypothese angelegtes Unternehmen. Es beginnt damit, daß man die durch die Problemformulierung gefundene Warumfrage so gut als möglich beantwortet. Dazu bedarf es einer Reihe von Voraussetzungen, die auch bei Kindern in entsprechenden Dimensionen vorhanden sind. Einmal sind das die eigenen bisherigen Kenntnisse und Erfahrungen sowie die der anderen, die man sich zunutze machen kann. Ferner all jene, die man auf Grund dieser Fähigkeiten ableiten, erschließen, spekulativ erwarten kann, aber es sind auch bloße Meinungen, die aus subjektiver Befangenheit erwachsen und die sich nicht so einfach widerlegen lassen. Man könnte sagen, daß der Versuch, die Problemfrage zu beantworten, eine Synthese aus gesichertem Wissen und wahrscheinlicher Spekulation darstellt. Dieser Unsicherheitsfaktor bringt es auch mit sich, daß sich oft nicht nur eine, sondern zwei, eventuell einander widersprechende Deutungen ergeben. Nun aber beginnt, das Raffinement, die Methode: Die mögliche Lösung wird zur Hypothese erhoben, als »eine offengehaltene Probabilitätsannahme, so wahrscheinlich ausgedacht wie möglich, jedoch nicht zum Zweck der Verkündigung als These zur Verteidigung, sondern nur zum Zweck, dem Gericht des Experiments« unterbreitet zu werden« (*Dessauer* 1960, S. 64). Damit wird der Natur etwas unterstellt, von dem sie das Gegenteil beweisen soll oder nicht. Aber damit sind wir schon viel zu weit gegangen. Erst wollen wir uns dieser *Stufe der Meinungsbildung*, deren Ziel die *Hypothese* darstellt, widmen.

Unbedingte Voraussetzung für eine erfolgreiche Arbeit innerhalb dieses Erkenntnisschrittes ist eine kristallklare und von den Kindern verstandene Problemformulierung. Liegt sie vor, dann sollte der Lehrer das Feld freigeben zur Meinungsbildung. Sie ist in hohem Maße von der Zusammenarbeit der Klasse, insbesondere von den Sozialformen abhängig; denn Hypothesenbildung ist letztlich Gemeinschaftsleistung.

Es gibt viele Möglichkeiten und Variationen für die Arbeit an den Hypothesen. Man kann sogleich verschiedene Meinungen äußern lassen, sie kurz fixieren und dann darüber diskutieren. In Rede- und Gegenrede werden Argumente und Gegenargumente abgewogen. Dabei geht es zunächst darum, die einzelnen Ansichten daraufhin zu überprüfen, ob sie nicht das Gleiche meinen, auch wenn sie verschieden lauten. In der Regel läßt sich so das Vielerlei der Deutungen auf wenige Thesen konzentrieren. Die Erfahrung lehrt, daß nach diesem ersten Klärungsversuch meist nur eine oder zwei, selten mehrere tatsächlich verschiedene Meinungen übrig bleiben. Damit aber begnügen wir uns nicht. Wir versuchen unter Zuhilfenahme der eigenen Kenntnisse und der aller Schüler solange an der mutmaßlichen Gültigkeit der Hypothesen zu zweifeln, solange wir auf Grund der eigenen Möglichkeiten dazu in der Lage sind.

Der Lehrer kann diese Hypothesenbildung dadurch intensivieren, daß er in Partner- oder Gruppenarbeit Vorklärungen erstellen, Formulierungen ausarbeiten,

Gegenargumente finden läßt. Natürlich sollten Schüler dazu nachschlagen dürfen, in Tabellen und Bildbänden, in Lexika und Statistiken. Leider ist solches Material knapp; wie sehr unsere traditionellen Lehrbücher hier versagen, ist offenkundig.

Besteht nicht die Gefahr, daß die Schüler hierbei schon auf die richtige Lösung kommen und damit dann die weitere Arbeit sinnlos wird?

Hypothesen, die bereits die richtige und endgültige Erkenntnis in sich haben, sind nicht selten. Wir können und wollen gar nicht verhindern, daß einzelne Kinder mehr vermögen als die anderen, daß ihre Erfahrungen und ihr Wissen größer sind als erwartet. Von einer Gefahr für den Erkenntnisverlauf, indem dieser dadurch wertlos würde, kann überhaupt nicht gesprochen werden. Immer noch ist diese (vom Standpunkt des Wissenden) richtige Meinung eine Hypothese, die erst bewiesen werden muß. Die weitere Auseinandersetzung mit dem Problem deshalb aufzugeben, hieße, den Sinn fachmethodischer Arbeit zu verkennen.

Eine Reihe wichtiger Arbeitstechniken kommen in dieser Stufe der Meinungsbildung zum Zuge. Das als Unterrichtsform geschätzte *Klassen*- oder *Gruppengespräch* wird hier zur echten Arbeitstechnik. Alles, was wir an erziehlichen Momenten so sehr an ihm schätzen, das freie Reden, das Zuhören, das Antworten, das Argumentieren, das Diskutieren, wird hier zu einer methodischen Notwendigkeit mit dem Ziel, Klarheit zu erreichen. Aber auch *Nachschlagen, Versprachlichen, Fixieren* und *Interpretieren* haben wesentlichen Anteil an dem Ziel dieser Stufe: einer ebenfalls eindeutigen Formulierung einer (oder mehrerer) Hypothesen. Man mag vielleicht den Eindruck gewinnen, daß dieser methodische Schritt insgesamt größere Schwierigkeiten bereitet als der vorausgegangene. Dem ist jedoch nicht so. Das nachfolgende Unterrichtsbeispiel läßt erkennen, daß sich Schüler damit gut zurechtfinden. Der klare und eindeutige Auftrag, die vorgefundene Ausgangsbasis in Form der Problemformulierung, das Bedürfnis, das eigene Wissen beizusteuern, läßt diese Phase im Erkenntnisverlauf für Grundschulkinder als gut bis sehr gut geeignet erscheinen.

Fassen wir zusammen:

2. Stufe: Meinungsbildung
Ziel: Hypothesenformulierung
Arbeitstechniken: Klassen- und Gruppengespräch, ferner Nachschlagen, Versprachlichen, Fixieren, Interpretieren.
Eignung für die Grundschule: gut bis sehr gut.

5.2231 Unterrichtsbeipsiel: Meinungsbildung und Hypothesenformulierung
Thema: Kohlensäure

Vorbemerkung: Gegen Ende eines 4. Schülerjahrgangs wird dieses Thema behandelt. Die Klasse mit 38 Buben ist gut geführt und besonders im naturwissenschaftlichen Bereich sehr gefördert. Was die Lösung dieses Problems begünstigt, sind die fachlichen und methodischen Voraussetzungen. So wurde das Wasser betrachtet, die Luft, die Verbrennung und deren Bedingungen. Eine Einführung in den Begriff der Säure erfolgte am Essig.

Auch konstruktiv und laborierend vermögen die Kinder viel. Darauf wird noch hinzuweisen sein. Sicherlich ist diese Arbeit ein Sonderfall. Aber die Tatsache, daß sie möglich ist, sollte zumindest zum Nachdenken anregen.

Ausgangssituation: Die Limonade stand im Mittelpunkt der Betrachtung. Der Lehrer brachte zwei Flaschen mit, eine mit Leitungswasser, die andere mit Aqua minerale. Man überlegte, wie man das echte Gewässer vom gewöhnlichen unterscheiden könne. Neben dem Geschmack sei das Sprudeln ein deutliches Merkmal, behaupteten die Kinder. Man trieb die hübschen Spiele: Flasche kräftig schütteln, schnell öffnen — gisch, man horchte am Trinkglas, man hielt die Hand darüber, man sprach von schaler Limonade und wie es dazu komme, daß warmgewordenes, offen stehen gelassenes »Limo« nicht mehr gut schmeckt, — wie Wasser schmeckt. Natürlich war auch der Begriff Kohlensäure da, — er stand zudem auf dem Etikett. Und endlich kam es zur Problemformulierung.

»Warum sprudelt Mineralwasser, nicht aber Leitungswasser?«

Unterrichtsverlauf:

»Das macht die Kohlensäure, die sprudelt«

»In der Fabrik wird Kohlensäure hineingeschüttet, dann schmeckt die Limonade gut und sprudelt«.

»Hineingeschüttet?« fragt der Lehrer dazwischen.

»Ja, das ist wie Brausepulver, das kommt ins Wasser hinein und dann in Flaschen.«

»Ich kriege immer Cebion, das sind so Tabletten, da schüttet man Wasser darüber, dann sprudelt es.«

Ganz offensichtlich herrschte die Ansicht, Kohlensäure sei ein Pulver. Da die Bezeichnung Kohlensäure ohnehin nur bedingt richtig ist, versuchte der Lehrer die Vorstellung von der festen Säure zu erschüttern.

»Sprachen wir nicht vor einiger Zeit von einer anderen Säure?«

»Essigsäure ist im Essig«. — »Essigessenz ist Essigsäure.«

»Essigsäure ist flüssig.«

»Aber Kohlensäure ist ein festes Pulver, die ist wie Zitronensäure, meine Mutter nimmt sie zum Backen.«

Zu viele Beweise für die ›feste‹ Säure! Aber vielleicht hilft diese falsche Vorstellung weiter.

»Wir sollten uns mal Gedanken darüber machen, woher die Bläschen kommen und wie diese entstehen!«

»Das ist die Kohlensäure.«

»Die Kohlensäure macht Luftbläschen.«

»Die Kohlensäure bläst die Luft heraus.«

»Ihr sagt, die Kohlensäure bildet die Bläschen. Was ist denn in den Bläschen?«

»Da ist Luft drin.«

»Nein, da ist Kohlensäure drin.«

»Habt ihr nicht behauptet, die Kohlensäure sei fest?«
»Die löst sich doch, und dann macht sie die Bläschen.«
»Die Brausetablette löst sich auch auf und macht Bläschen.«
»Da ist gar nichts drin in den Bläschen, die sind nur so.«
»Wenn nichts drin ist, dann gibt's auch keine Bläschen. Im Wasser ist keine Kohlensäure und drum gibt's auch keine Bläschen.«
»Im Wasser gibt's schon Bläschen. In der Flasche sind welche.«
»Gerhard, wir haben gelernt, daß im Wasser Luft ist, weil sonst die Fische nicht atmen können.«
»Beim Kochen geht die Luft raus.«
»Die Kohlensäure macht das alleine, da braucht man gar nicht kochen.«
»Aber wenn das Limo warm wird, geht die ganze Kohlensäure raus.«
»Ja, was ist nun in den Bläschen?«
»Luft!«
»Nein, da ist Kohlensäure drin. Wenn man Limo trinkt, dann kommt die Kohlensäure hoch.«
»Nein, da kommt die Luft hoch, ich kann's machen, daß es mir hochkommt, auch ohne Limo.«

Diese Demonstration wird nur ungern vermißt; da aber alle »Erfahrung« haben, ist man eher geneigt zu glauben, daß die Bläschen aus Luft bestehen. — Der Lehrer versucht das Ergebnis des Gesprächs faßbar zu machen. Jeder soll seine Vermutung schriftlich niederlegen. Die Schüler werden vorher nochmals auf die auslösende Frage hingewiesen. Es entstehen 26 Sätze, die allesamt sinngleich so lauten: das Mineralwasser sprudelt, weil die Kohlensäure die Luft im Wasser heraustreibt, und 12, die etwa so abgefaßt sind: Im Mineralwasser ist Kohlensäure gelöst, die Bläschen bildet. Diese beiden Meinungen werden — nicht ohne Mühe — formuliert und angeschrieben.

»Ich hätte erwartet, daß ihr noch etwas über die Kohlensäure selbst sagen wolltet.«

»Die Kohlensäure ist ein Pulver.«

Es erhebt sich kein Widerspruch. Als Ergebnis dieser versuchten Problemklärung stehen zwei verschiedene Deutungen an der Tafel.

»Das Mineralwasser sprudelt, weil die Kohlensäure die Luft im Wasser heraustreibt. Kohlensäure ist ein Pulver.« Und »Im Mineralwasser ist Kohlensäure gelöst; diese bildet Bläschen. Kohlensäure ist fest.«

Schlußbemerkung: Solche klar formulierten Aussagen lassen sich natürlich sehr gut als Hypothesen weiterverwenden. Auch Schüler vermögen damit etwas anzufangen, wenn es darum geht, die »Frage an die Natur« zu formulieren. Damit dieser Ablauf einsichtig wird, soll dieses Beispiel an späterer Stelle wieder aufgegriffen werden.

5.224 »Wer vom Ziel nichts weiß ...

kann den Weg nicht haben.« Sich dessen zu erinnern ist gerade an jener Stelle wichtig, an der so gerne Wege gewiesen werden, deren Ziel aber leider oft nur einer kennt, — der Lehrer. Wir treten nun ein in die erste von zwei Erkenntnis-stufen, die miteinander innig verbunden sind. Sie bilden das, was man gemein-hin als »Experiment« bezeichnet. Man mag mit Fug und Recht fragen, ob es Sinn hat, diesen doch anscheinend geschlossenen Komplex in zwei Schritte zu zerlegen. Die Betrachtungen werden jedoch zeigen, daß es sich dabei um ver-schiedene Akte geistiger Auseinandersetzung handelt, deren didaktische Konse-quenzen eine säuberliche Trennung rechtfertigen.

Man hat oft das Experimentieren als Frage an die Natur bezeichnet, aber damit nur allzu häufig die Antwort gemeint. Wer aber eine Antwort will, muß fragen können, muß wissen, was er fragen, wie er fragen soll. Kann er das nicht, weil ein anderer ihm die Frage vorsagt, oder für ihn fragt, dann ist die Antwort ohne Wert, weil sie ihn nicht interessiert und weil er sie nicht versteht. Es ist überaus bezeichnend, daß sich der Schüler jeden Alters permament in der Situa-tion eines Kleinkindes befindet, dem die Mutter zuflüstert: ›Frag doch mal die Tante, wie es ihr geht‹... ›Sag: Besuchst du uns bald einmal?‹... ›Erkundige dich, was der Onkel macht‹. Nun kann man eine solche Gängelei noch verstehen, wenn der Neffe ein kleiner Junge ist, der das Fragen erst lernen soll. Um so mehr ist man dann bestützt, wenn der Bengel plötzlich beweist, daß er recht wohl in der Lage ist, eine Frage zu stellen, eine die ihn brennend interessiert: warum Tantchen denn so einen komischen Hut auf dem Kopf habe?

Unsere Schulbücher von der zweiten bis zur dreizehnten Klasse sind ständig darauf aus, Fragen vorzusagen und der Lehrer bemüht sich außerdem mit Arbeitsblättern, Versuchsbeschreibungen, Tafelskizzen und Gerätelisten seine Schüler zu bevormunden. Kaum ist eine Hypothese gefunden — und das ist der glücklichere Fall, meist passiert es schon nach der Problemformulierung — dann reißt so eine Arbeitsanweisung die Kompetenzen an sich: Führe einen Versuch durch... Ein Experiment wird uns die Frage klären... So sollst du es nachprüfen! Besorge dir... Du brauchst... Wir benötigen dazu... Und dann folgt die Litanei über Geräte, Dinge, Stoffe; Sätze stehen da, ein paar Bilder wollen verdeutlichen. Und offenbar hat das Erfolg! Eine Betriebsamkeit hebt an, die das Herz erfreut! Mit oft erstaunlicher Disziplin holen die dazu bestimmten Schüler die Geräte aus den Schränken oder vom Vorbereitungstisch, in den Arbeitsgruppen beginnt eine eifrige Tätigkeit, man baut auf, man erhitzt, man mißt, beobachtet, notiert, vergleicht. Die einzelnen Aufgaben der Arbeitsan-weisung werden Punkt für Punkt mit Eifer abgehandelt. Die Schüler kommen zu Teilresultaten und nicht selten zu abschließenden richtigen Urteilen, sofern diese nicht schon vorgedruckt auf dem Papier stehen. Was soll dieser Betrieb? Er soll Ergebnisse produzieren, Beweise liefern, den Schüler überzeugen; er soll so rasch als möglich greifbare und memorierfähige Fakten auf den Tisch bringen, alles andere ist »aus Gründen der Anschauung« notwendiges Übel, das den Lehrer belastet, Aufwand verursacht, aber vielleicht lernpsychologisch nicht unwichtig sein mag. In der Schule modernen Stils, in der ein wissenschafts-orientierter Unterricht betrieben werden soll, muß sich hierin wohl einiges ändern. Sicher geht es auch dabei noch um Experimente und deren Ergebnis, als eine Antwort der Natur auf eine Frage, aber es geht in gleicher Weise und mit gleicher Bedeutung auch um das Stellen der Frage, die zu einer Antwort führt, weil eine Antwort ohne gestellte Frage sinnlos ist. Dabei zeigt sich jetzt schon die deutliche Gliederung des Experiments in einen ersten Schritt, der sich mit der Formulierung oder besser der Formulierbarkeit dieser Frage an die Natur befaßt. Ihm folgt sodann der zweite, der die Reaktion der Natur auf diese Frage zum Inhalt hat.

Frage, — das ist ein milder Ausdruck für das, was hier vorgeht. Verhör, — das trifft es schon besser. In Wirklichkeit ist dieser Schritt gekennzeichnet durch ein raffiniertes, hinterhältiges Fallenstellen, ein Überführen eines störrischen Delinquenten, der dazu noch Ausländer ist und nur zwei Worte beherrscht: ja und nein. Keine Angst, — der Befragte wird dabei seiner Würde nicht beraubt, und auch der Fragende gerät nicht in den Sog totalitärer Methoden, wohl aber in den Zwang naturwissenschaftlicher Verfahren, — und das soll er ja wohl! Wem das zu brutal erscheint, dem sei die Bezeichnung dieser Stufe zum Überdenken anheimgestellt und es ist vorauszusehen, daß ihm das leichter in die Ohren geht, obwohl es im Kern ein und dasselbe ist: *Stufe des Konstruierens.*

Dieser Akt des Konstruierens beginnt in dem Augenblick, in dem sich der Forschende, der Schüler, die Gruppe, die Klassengemeinschaft anschicken, ihre Lösungsvermutung, ihre Hypothese, zu überprüfen, indem sie der Natur Bedingungen stellen, in denen sie sich so ereignen kann, wie die Hypothese es vermutet. Das bedeutet: die gedanklich formulierten Konditionen, welche die Natur nach den hypothetischen Annahmen erfüllen wird oder nicht, müssen konstruktiv zum Ausdruck gebracht werden, müssen in geräte- und materialhaftem Zustand Gestalt gewinnen. Das Ziel ist also eine Apparatur, eine Anordnung, ein zu Röhren, Drähten, Gefäßen, Schläuchen, Spulen, Instrumenten gewordener Gedanke. Zwei Momente kennzeichnen das Ergebnis dieses Denkschrittes gleichermaßen und wechselseitig: Finalität und Instrumentalität.

Es ist selbstverständlich, daß der konstruierende Schüler wissen muß, was sein Experiment erbringen soll, d. h. er bedarf der Klarheit über die Frage, die er von der Natur beantwortet haben möchte, ob er eine qualitative Auskunft benötigt oder eine quantitative, die ihm einen Wert liefert, eine Zahl, eine Menge, ein Gewicht oder eine andere meßbare Größe. Ohne Einsicht in das Ziel, kann der Weg nicht gefunden, kann diese Frage nicht formuliert werden. Dazu bedarf man aber der instrumentellen Fähigkeiten. Mit der Natur läßt sich nicht reden wie mit irgendwem, sie versteht nur Eindeutiges, und das, was sie sagt, ist selten mehr als »ja« oder »nein« oder besser ausgedrückt, was wir als ein »Ja« oder als ein »Nein« interpretieren.

Weil man eine Frage, auf die man sich eine bestimmte Antwort erwartet, verschieden formulieren kann, ohne daß sich dabei ihr Sinn ändert, ist auch die Konstruktion verschieden gestaltbar, einfach oder kompliziert, mehr oder weniger elegant, auf diese oder auf jene Weise. Das bedeutet, daß in der Regel die instrumentelle Lösung verschieden aussehen kann, wichtig ist lediglich, daß damit ihrem Zweck Rechnung getragen wird. Das Konstruieren ist die instrumentelle

Formulierbarkeit einer Frage an die Natur, ist die Fähigkeit, die finalen und die instrumentellen Komponenten in Einklang zu bringen.

Konstruieren ist ein geistiger Akt, der sehr früh einsetzt. Das Zusammenstellen von Bauklötzen zu einer Eisenbahn ist zweifellos ein Konstruktionsvorgang. Hier ist das Ziel des Konstrukts dem Kinde klar: Lokomotive, Wagen. Die instrumentellen Faktoren dagegen sind nur unzureichend gegeben; wenige Merkmale sind vorhanden, z. B. der Abstand der einzelnen Wagen voneinander. Die fehlenden werden durch Phantasie ersetzt. Man kann den umgekehrten Vorgang ebenfalls beobachten. Da baut ein Kind mit seinen Holzklötzchen. Es nutzt dazu die den einzelnen Teilen innewohnenden Eigenschaften recht gut aus. Fragt man das Kind, was das denn werden solle, dann kann man erleben, daß zunächst keine Antwort kommt. Erst durch Überlegen wird diesem Tun eine Finalität zudiktiert: eine Garage. Das bedeutet also, daß Finalität und Instrumentalität beim Konstruieren des Kindes mitwirken, obwohl sie zunächst noch keinen unmittelbaren Bezug zueinander haben. Je stärker die Phantasie mitspielt, um so lockerer ist das aufeinander Bezogensein dieser Komponenten. Je stärker aber der Realismus die Phantasie verdrängt, um so mehr rücken diese beiden Momente aufeinander zu und lassen ihre gegenseitige Abhängigkeit deutlich werden. Mit fortschreitendem Lebensalter ist das Bedürfnis an Realität im Zunehmen, was dem Konstruktionsvorgang im experimentellen Bereich zugute kommt. Realismus brauchen wir nämlich dabei, insbesondere, was das Funktionieren anlangt, obwohl auch für den Experimentator noch ein guter Schuß Phantasie von Nöten ist, wenn er sich einen Kochkolben als Kessel vorstellen muß, oder wenn ein Reagenzglas mit Kohlenstaub eine Entgasungskammer sein soll.

Wir wollen hier nicht die gewiß interessanten Zusammenhänge in der Entwicklung der Konstruktionsfähigkeiten verfolgen, sondern uns mit der Feststellung begnügen, daß wir mit diesem Mitbringsel rechnen dürfen, wenn es in der Stufe des Konstruierens darum geht, eine Frage *instrumentell* zu *formulieren*. Selbstverständlich bedarf es von seiten der Schule dazu gewisser Vorleistungen und einer permanenten Unterweisung. Die erste und wichtigste Voraussetzung ist allerdings ein Lehrer, der Fähigkeiten im experimentellen Konstruieren mitbringt und auch bereit ist, diese ständig auszubauen. Es muß leider der Umstand beklagt werden, daß die Pädagogischen Hochschulen infolge mangelnder Prüfungsvorschriften kaum die Möglichkeit haben, den späteren Hauptschullehrern eine entsprechende Ausbildung angedeihen zu lassen, ganz zu schweigen von den Grundschullehrern. Eine Weiterbildung praktizierender Lehrer ist vielfach nur durch Privatinitiative möglich, oft nur in Form von Veranstaltungen der Lehrmittelindustrie.

Aber kehren wir zurück zu »der Frage an die Natur«, die es da zu formulieren gilt. Vielleicht bleiben wir etwas in dieser Metapher. Wenn man eine Frage sprachlich fassen will, braucht man dazu eine Reihe von elementaren Kenntnissen. Man braucht Worte, die Gepflogenheiten der Syntax, der Grammatik usw. . . . Aus den Sprachelementen und deren Funktionen baut man die Frage, man produziert eine »Satzkonstruktion«. Ähnlich ist es beim experimentellen

Konstruieren. Auch hier ist die Kenntnis der einzelnen Elemente, deren Funktion und deren Kombination nötig, um damit etwas anfangen zu können. Es gilt, eine »Sprache« zu erlernen, welche die Natur versteht, deren »Worte«, deren »Grammatik«, deren »Syntax« bewußt gemacht werden müssen. Der Schüler bedarf deshalb einer experimentellen Konstruktionslehre, in der ihm Bau und Funktion dieser »Sprachelemente« nahegebracht werden.

Das geschieht in der Weise, daß man die Schüler an das Gerät heranführt, wobei unter Gerät keinesfalls physikalisches und chemisches Laborgerät verstanden werden soll. Im Gegenteil, wir werden uns anfänglich mehr auf all das stützen, was den Kindern durch Umgang in ihrer Wohn- und Spielwelt geläufig ist, auf Blechdosen und Einmachgläser, auf das Zimmerthermometer und die Wäscheklammer, die Gießkanne und die Taschenlampenbatterie, den Blumentopf und die Waschschüssel. Das soll nicht bedeuten, daß damit einer Konserven-büchsenphysik und einer Tablettenröhrchenchemie das Wort geredet werden soll, ganz im Gegenteil! Dieser Ansatz im Vertrauten soll vielmehr so bald als nötig hinführen zum Verständnis und dem Gebrauch von »Spezialisten«, den Bauelementen physikalisch-chemischer Experimentalkonstruktionen. Von Anfang an werden wir aber aus Zweckmäßigkeitsgründen auch Geräte verwenden, denen der Schüler bislang noch nicht begegnet ist, etwa einer Wärmequelle (Kartuschen-brenner, Bunsenbrenner, Spiegelbrenner), geeignetem Stativmaterial (Dreibein, Stativstange mit Muffe und Haken), Verschlüssen (Gummistopfen mit Bohrun-gen), Verbindungen (elektrischen Experimentierkabeln mit Spezialsteckern, Gum-mischläuchen) usw.... Ihnen gilt bewußte Aufmerksamkeit. Wir werden sie betrachten, ihre Umgangsqualitäten erfahren, Form, Farbe, Gestalt, Material feststellen und Rückschlüsse auf ihre Funktion ziehen können. Natürlich gehört dazu, sie zu benennen und zwar mit dem richtigen Namen. Ersatzbezeichnungen aus einer falsch verstandenen Kindertümlichkeit heraus angeboten, wie z. B. Proberöhrchen für Reagenzglas, sind eher hinderlich als geeignet, diese Elemen-tarteile zum verfügbaren Besitz werden zu lassen. Je vertrauter diese Objekte werden, um so sicherer gelingt ihr funktions- und zielgerechter Einsatz. Deshalb ist es nicht sinnvoll, sie ständig hinter verschlossenen Glastüren aufzubewahren. Man sollte vielmehr den Schülern oft und oft Gelegenheit geben, sie herauszu-holen, sie anfassen und damit hantieren zu lassen. Das ist gewiß nicht geräte-schonend, natürlich geht dabei einmal etwas zu Bruch. Aber diese Erfahrungen gehören einfach dazu. Die Industrie bemüht sich zwar, verschleißunempfindliche Geräte zu produzieren, aber dennoch ist der behutsame Umgang mit diffizilen Teilen eine Fähigkeit, die es ganz allgemein zu entwickeln gilt.

Wenn auch die ersten Experimentalkonstruktionen einfach und wenig auf-wendig sind, so erfordern sie doch eine gründliche Auseinandersetzung. Mögen sie auch anfänglich stark vom Lehrer getragen werden, so ist dennoch darauf zu achten, daß der Schüler möglichst bald konstruktiv beteiligt wird. Seine Aktivität kann er entfalten, wenn die Zweckmäßigkeit der Plazierung, der Größe, der Beschaffenheit einzelner Teile zur Diskussion stehen. Seine Vorschläge dazu müssen aufgenommen, besprochen, in die Tat umgesetzt und erprobt werden. Wohl selten führt das »learning by doing« und das »trial and error« so zum Erfolg wie hier. Auch das Vorbild hilft weiter: eine Zeichnung, eine Geräteanordnung aus dem Buch; sie muß besprochen, auf ihre Zweckmäßigkeit hin überdacht und beurteilt werden. Umgekehrt kann eine bloße Aufzählung nötiger Geräte zur Konstruktion anregen, das ist gewiß schon eine schwierigere Aufgabe. Lediglich verbale, mündlich oder schriftlich vorgetragene Konstruktionsbeschreibungen verlangen gesteigerte Anforderungen.

Wenn man die vorhandenen konstruktiven Fähigkeiten des Grundschulkindes genügend schult, dann wird es bald dazu kommen, daß von den Kindern eigene Konstruktionen entwickelt werden, die sowohl dem Zweck als auch den instrumentellen Erfordernissen dieser Stufe genügen. Sie gelangen zu einer Kenntnis über Merkmale und Fähigkeiten der elementaren Bauteile, die sich zu einer funktionstüchtigen Konstruktion zusammenfügen lassen. Sie erlernen ferner eine Reihe von typischen Bauplänen, deren Funktionsglieder und deren Modifizierbarkeit. Natürlich gibt es Augenblicke, sehr fruchtbare übrigens, in denen die Schüler trotz aller guten Gedanken nicht weiterkommen. Daß ihre Konstruktion versagen muß, sieht der Lehrer im voraus; dennoch wäre es unklug, die Durchführung des Experiments zu verhindern. Gerade derartige Fehlschläge bringen einen beachtlichen Zuwachs in den konstruktiven Fähigkeiten. Auf eine etwa mögliche Gefährdung der Schüler ist selbstverständlich zu achten. Häufig aber wird ihnen schon während der Planung einer Anordnung bewußt, daß ihre Erfindungsgabe nicht mehr ausreicht. Dies ist der Moment, wo die Einführung neuer Geräte und Geräteteile ihren Platz hat, das ist die Stelle, an der die Vorstellung spezieller Apparate notwendig wird.

All dies trägt dazu bei, den Schüler der Grundschule zu echten experimentellen Konstruktionen zu befähigen. Sie beruhen auf der schulbaren Technik, die Bauelemente entsprechend ihrer instrumentellen Funktion zielgerecht einzusetzen. Dazu bedarf es einmal des Wissens um diese Bauteile und ihrer Eigenschaften, der Fähigkeit, bereits vorhandene bzw. neu zu gewinnende naturwissenschaftliche Erkenntnisse verarbeiten, verknüpfen, einordnen und reproduzieren zu können. Ist der Konstruktionsvorgang anfänglich noch ganz an die konkrete Gegenwart der Teile gebunden, vermag das Kind praktisch nur mit den Geräten in der Hand eine Anordnung zu entwerfen, so löst es sich im Laufe der Grundschule mehr und mehr aus dieser Gegenstandsbindung. Es wird fähig, den Konstruktionsvorgang mehr und mehr zu abstrahieren. Es braucht die Teile nicht mehr vor Augen zu haben, es genügt ihm, sie sich vorstellen zu können. So entsteht vor dem geistigen Auge die Konstruktion, deren Erarbeitung jetzt mit Bleistift und Papier in den Grundzügen einwandfrei gelingt. Natürlich muß der Schüler dazu herausgefordert werden, er sieht dann ein, daß ein mit Vorbedacht betriebenes Konstruieren sinnvoller und zweckmäßiger ist, als ein planloses Drauflosbauen.

Welche Anforderungen dabei an den Lehrer gestellt werden, ist einsichtig. Sie betreffen einmal seine schon zitierten eigenen Konstruktionsfähigkeiten, die er sich nicht in der nachmittäglichen Vorbereitung auf eine Unterrichtsstunde anzueignen vermag, zum anderen physischen Einsatz. Wenn von Betrieb gesprochen wurde, so ist dies jenes unfruchtbare Herumexperimentieren ohne Motivation, das den Schüler beschäftigt, aber nicht fordert. Der Aufwand an Material und Gerät hingegen ist unumgänglich, aber er wird erträglich, wenn er mit Vernunft und Sachkenntnis eingesetzt und ausgeschöpft wird.

Wenn wir die Frage stellen, ob diese Stufe des Konstruierens für die Grundschule genutzt werden kann, dann dürfen wir nach den Darlegungen guten Gewissens sagen, daß sie sich sehr gut eignet. Sie läßt den Grundschüler in jeder Phase der Entwicklung zu eigenständigen und methodisch fundierten Tätigkeiten kommen, die im Blick auf den gesamtmethodischen Zugriff von integrierender Bedeutung sind.

Die dabei angesprochenen Arbeitstechniken werden im wesentlichen von den im Kinde entstehenden Ordnungsprinzipien bestimmt. Es ist einsichtig, daß die Funktionskenntnis der Konstruktionselemente und die sich daraus ergebenden Bauprinzipien zur *Klassifizierung* drängen. Das Ordnen der Aufbauteile nach Merkmalen (z. B. nach Material: Glas-, Metall-, Kunststoffgeräte usw.), nach Grundfunktionen (z. B. Gefäße, Röhren, Leitungen usw.), nach Spezialaufgaben (z. B. Meß- und Wiegeeinrichtungen usw.) oder auch das Auseinanderhalten von Stoffqualitäten (flüssig, fest, gasförmig, flüchtig, wasseranziehend, lichtempfindlich, ätzend, giftig) wird zur dringenden Voraussetzung für ein Vorankommen beim Konstruieren. Je mehr sich das planerische Denken entwickelt, um so mehr werden weitere Techniken notwendig; das *Darstellen* in Form von Skizzen und Schemata, das *Verbalisieren* durch den Gebrauch von Bezeichnungen und Fachbegriffen, das *Fixieren* durch vereinfachende Symbole (Schaltzeichen, die Zeichen für zerbrechlich, feuergefährlich, ätzend, giftig, explosiv) usw. Es läßt sich unschwer feststellen, daß gerade diese Stufe des Erkenntnisprozesses eine Fülle von Aktivitäten entwickelt, die auf ganz spezielle, im Kinde vorhandene Fähigkeiten eingeht und den Aspektcharakter naturwissenschaftlicher Betrachtung deutlich sichtbar macht.

Fassen wir zusammen:

3. Stufe: Stufe des Konstruierens
Ziel: Experimentalkonstruktion
Arbeitstechniken: Insbesondere Klassifizieren, Darstellen, Verbalisieren,
　　　　　　　　 Symbolisieren, Fixieren
Eignung für die Grundschule: sehr gut

5.2241 Unterrichtsbeispiel: Konstruktion einer Experimentalanordnung
　　　　　　　　 Thema: Kohlensäure (Fortsetzung v. 5.2231)

Vorbemerkung: Es wurde schon erwähnt (siehe S. 135), daß die Schüler dieser Klasse im denkenden und handelnden Umgang mit Laboriergerät gut geschult sind. Alle zur Bewältigung dieser Aufgabe nötigen Aufbauteile sind ihnen bereits bekannt. Sie haben hier also keine neuartigen Konstruktionsprobleme zu lösen, sondern die dazu geeigneten, vom Typus her bekannten Anordnungen auf den besonderen Fall zu beziehen und zu modifizieren. Dazu gehören: das Abdampfen (vgl. Beispiel 5.2252), ursprünglich erarbeitet beim Rückgewinnen von Kochsalz aus einer Lösung; ferner im späteren, hier nicht mehr skizzierten Verlauf: das Auffangen von Gasen mittels einer pneumatischen Wanne, bekannt durch das Problem, Atemluft in ein Gefäß zu bekommen; eine Nachweisreaktion für Luft mit Hilfe einer Brennprobe.

Die skizzierte Stunde wurde zwei Tage nach der erfolgten Formulierung der Hypothesen (siehe 5.2231) durchgeführt. Sie widmet sich lediglich der beiden Hypothesen gemeinsamen Ansicht, Kohlensäure sei fest. Die weitere Bearbeitung der übrigen Hypothesenbestandteile wird nicht mehr dargestellt.

Ausgangssituation: Da das Gelingen der Konstruktion vom lebendigen Erfassen der Hypothesen abhängt, ist es zunächst erforderlich, diese ins Gedächtnis zurückzurufen. Der Lehrer läßt sie deshalb zunächst lesen und dann rückblickend berichten, wie es zu deren Formulierung gekommen ist.

Unterrichtsverlauf:

An der Tafel steht:

Das Mineralwasser sprudelt, weil die Kohlensäure die Luft im Wasser heraustreibt. Kohlensäure ist ein Pulver. Im Mineralwasser ist Kohlensäure gelöst; diese bildet Bläschen. Kohlensäure ist fest.

»Wir haben zwei verschiedene Meinungen an der Tafel stehen. Trotzdem sind sie einander ähnlich.«

»Hier steht Kohlensäure ist ein Pulver und da Kohlensäure ist fest, das ist das Gleiche.«

»Nein, das ist nicht das Gleiche. Pulver, das ist wie Puder oder Mehl; aber fest, das können auch so Dinger sein.«

»Welche Dinger?«

»So Brocken, wie Kandiszucker.«

»Das ist doch egal, ob das Brocken sind oder nicht; ›fest‹ — das soll heißen, daß die Kohlensäure nicht flüssig ist, so wie Essig.«

»Ich habe im Schülerlexikon nachgesehen, da steht drin, daß die Kohlensäure ein Gas ist. Aber es gibt auch feste Kohlensäure, die ist dann wie Schnee.«

Offensichtlich handelt es sich hier um eine angelesene, aber nur fragmentarische Information. Sie muß aufgegriffen werden, auch wenn sie, an dieser Stelle vorgetragen, wenig weiterhilft.

»Schön, daß du nachgeschlagen hast, Gerhard. Aber du hast das wohl nicht genau genug gelesen. Vielleicht siehst du dir das nochmals an! — Meinen nun beide Aussagen das Gleiche?«

Überwiegende Ansicht.

»Dann sollten wir aber die Sätze an der Tafel auch ändern. Sollen wir stehen lassen ›ist ein Pulver‹ oder ›ist fest‹?«

»›Kohlensäure ist fest‹ ist besser«.

Die Anschrift wird geändert: Kohlensäure ist fest.

Ich mache den Vorschlag, wir prüfen diese Behauptung zuerst nach, oder was denkt ihr?«

»Wir könnten ja in die Apotheke gehen ...«

»Entschuldige, wenn ich dich unterbreche, Achim, ich möchte zuerst wissen, ob ihr auch der Meinung seid, daß wir zunächst die Behauptung »Kohlensäure ist fest« nachprüfen sollen.«

Zustimmungsgemurmel

»Vielleicht ist das günstig, denn beide Behauptungen sind gleich!«

»Schön, dann versuchen wir das mal. Ich möchte, daß ihr in Gruppen arbeitet. Wißt ihr, was ihr tun sollt?

»Wir sollen überlegen, wie man das nachprüfen kann, daß Kohlensäure ein Pulver — wollt sagen — fest ist.«

Die Schüler bilden ihre gewohnten Arbeitsgruppen. Sie pflegen ein Gruppengespräch, sie notieren und zeichnen. Während der Arbeit kommen einzelne Schüler zum Lehrer um Erkundigungen einzuziehen. Folgende Fragen werden gestellt:

Ist Kohlensäure teuer?

Kann man ein bißchen (gemeint waren Gramm) bekommen?

Was ist der Unterschied zwischen Limonade und Mineralwasser?

Der Lehrer beantwortete die beiden ersten Fragen, so weit ihm dies zulässig erschien. Der Unterschied zwischen Mineralwasser und Limonade wurde dagegen geklärt. Nach wenigen Minuten gab eine Gruppe zu erkennen, daß sie fertig sei. Sie bekam den Auftrag, ihren Vorschlag schriftlich zu formulieren. Nach insgesamt 11 Minuten schien die Arbeit zu einem gewissen Ende gekommen zu sein.

»Es ist das beste, wir gehen in die Apotheke und kaufen uns Kohlensäure.«

»Warum in die Apotheke?«

»Weil es dort auch Cebion gibt, aber das ist mit Vitaminen, wir brauchen reine Kohlensäure.«

»Ja, das ist wohl eine Möglichkeit, wenn auch eine recht bequeme, nachzuprüfen, ob Kohlensäure fest ist. Was meint denn ihr anderen?«

»Wir machen es wie bei der Salzlösung, die haben wir heiß gemacht und das Salz ist übrig geblieben.«

»Ja, unsere Gruppe hat das auch, wir dampfen das Mineralwasser ein.«

»Aber wir dürfen kein Limo nehmen, das enthält Zucker und Fruchtsaft, da bekommen wir keine reine Kohlensäure.«

»Wir haben eine Zeichnung gemacht. Wir brauchen ...«

»Wir haben auch eine Zeichnung.«

»Schön, aber wer ist nun alles der Meinung, daß es mit dem Abdampfen möglich ist, unsere Behauptung zu beweisen?«

Von den insgesamt 9 Arbeitsgruppen waren 5 zu dem »Abdampfvorschlag« gekommen, eine wollte Kohlensäure in der Apotheke kaufen. Drei Gruppen hatten kein brauchbares Ergebnis, davon zwei überhaupt keinen Vorschlag, eine wollte etwas durch Filtrieren erreichen.

»Bitte arbeitet alle eine Zeichnung aus, dazu eine Geräteliste, damit wir zu einer Lösung kommen.«

In diese Arbeit sind nun alle eingespannt. Es dauert etwa 10 Minuten, bis die einzelnen Gruppen fertig sind. Das Ergebnis:

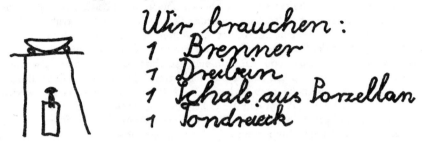

Wir brauchen:
1 Brenner
1 Dreibein
1 Schale aus Porzellan
1 Tondreieck

»Ich schlage vor, sofort die Überprüfung durchzuführen! Was ist mit euch? Wollt ihr noch in die Apotheke gehen?«

Die Erfinder des Vorschlags wollen nun abwarten, was das Experiment ergibt. Das jedoch, findet die Klasse, sei »feige«. Sie sollen ruhig gehen. Zwei Schüler der Vierergruppe, darunter Achim, der eigentliche Initiator, bekommen 2,— DM und werden losgeschickt. Der Lehrer überlegt sich, ob er nicht in der Apotheke anrufen soll, um auf die »Kohlensäurekäufer« hinzuweisen. Er unterläßt es aber, weil er einmal die Schüler dieser Situation ausgesetzt sehen möchte, andererseits aber, um den Erkenntnisgang nicht durch unnötige Einmischung zu belasten.

Schlußbemerkung: Die unmittelbare Fortführung dieser Arbeit findet sich unter 5.2251. Sie ist deshalb abgetrennt, weil wir uns damit in die nächste Stufe begeben, in die des Laborierens. Sie recht zu verstehen erfordert aber, sich über die Bedeutung dieses Schrittes im Klaren zu sein. Wer jedoch den reinen Fortgang des Unterrichts im Zusammenhang lesen will, der möchte bei 5.2251: Unterrichtsverlauf weiterfahren.

5.225 *Wer laboriert, hat mehr vom Lernen*

Auf die *Stufe* des Konstruierens folgt die *des Laborierens*. Ihr Ziel ist die *Feststellung* einer Aussage, eines Tatbestandes, woraus wir im weiteren Verlauf die Antwort der Natur erschließen. Es sind zwei Akte, welche diesen zweiten Schritt des Experimentierens kennzeichnen: das Zusammenbauen der Apparatur und das Ablaufenlassen des Geschehens. Da aber der Aufbau der Experimentieranordnung sehr stark von dem Entwicklungsgrad der Konstruktionsphase abhängt, wird die allgemein gültige Ausprägung sehr häufig modifiziert, was insbesondere die Zusammenstellung der Geräte anlangt. Das Auftreten einer zusätzlichen Funktion dieser Stufe, der Sicherung der Datengewinnung und Datenfixierung ist ebenfalls eine Folge der sich im Entstehen befindenden Konstruktionsphase.

Äußerlich betrachtet kann der Verlauf dieser Erkenntnisetappe recht verschieden anmuten. Die Skala der möglichen Erscheinungen läßt sich allgemein nur durch ihre beiden Endpunkte beschreiben. Der eine: Die fertig aufgebaute Experimentalanordnung liegt schon so weit vor, daß lediglich noch das »Naturereignis« ausgelöst zu werden braucht. Hier haben wir es mit einer Frühform des Konstruierens zu tun. Der Konstruktionsakt ist den Kindern nur möglich, wenn sie *denkend* und *handelnd* zu jener Finalität kommen können. Die andere Position wird gekennzeichnet durch das Vorhandensein einer gedanklich vollzogenen Konstruktion. Ihre sichtbaren Zeichen sind eine Skizze der Anordnung, eine Bedarfs- oder Materialliste. Hier hat sich der Vorgang des Konstruierens schon weitgehend verselbständigt, ist unabhängig geworden von den Bauteilen, ist schon voll abstrahiert. Zwischen diesen beiden Punkten bestehen alle nur denkbaren Möglichkeiten. Sie zu durchlaufen ist Voraussetzung zum Erlernen und Beherrschen des Konstruierens. Das soll nicht heißen, daß mit dem Erreichen dieses in der Grundschule möglichen Zieles, alle Rückgriffe in konkrete Phasen dieser Entwicklung aufhören. Jedes neue, dem Schüler noch unbekannte Konstruktionsproblem, wird zwangsläufig die Auseinandersetzung mit den dazu geeigneten Teilen und Geräten erfordern. Es ergeht ihm wie dem Konstrukteur, der plötzlich vom Reißbrett aufspringt, in das Materiallager läuft und sich dort ein bestimmtes Schaltrelais geben läßt, damit er seine vagen und unsicher gewordenen Vorstellungen an diesem Bauteil wieder ausrichten und neu beleben kann. Nicht selten sind dies die Augenblicke zündender Konstruktionseinfälle.

Diese Stufe ist zunächst also gekennzeichnet durch die mehr oder minder vollständig vorliegende Aufbauarbeit der Experimentalanordnung. Sie mag schon ganz, teilweise oder in Ansätzen in der Konstruktionsstufe vorweggenommen worden sein. Hingegen können die Maßnahmen zur Datengewinnung und Datenfixierung, die eigentlich Bestandteile des Konstruierens sind, erst in der Laborierstufe auftreten.

Eigentlich schafft schon das Konstruieren Klarheit über Art und Umfang der experimentellen Aussage. Der Schüler weiß also, ob ein Gas entstehen, ob ein Zeiger ausschlagen, ein Lämpchen aufleuchten, eine Umfärbung einsetzen, ein Druck entstehen, eine Erhitzung stattfinden wird oder nicht. Diese Zeichen provoziert er ja mit seiner Konstruktion und er will sie als Bestätigung oder Verneinung seiner Vermutung werten. Das ist ihm gewiß als Konstruktionsziel deutlich. Es ist jedoch nötig, dies während der Laborierphase — wo, das muß im Einzelfall entschieden werden, jedenfalls aber vor dem Auslösen des Ereignisses — nochmals ganz klar zum Bewußtsein zu bringen. Ziel dieser Stufe ist ja, eine Feststellung zu treffen, die der Schüler nur erreichen kann, wenn er über das Wesen der Daten Bescheid weiß, die es zu gewinnen gilt. Es ist verständlich, daß diese Rückbesinnung zwischen dem Eifer des Aufbauens und der Erwartung des Ablaufes wie ein bremsender Fremdkörper wirkt, aber die Erfahrung lehrt, daß sie hier am besten plaziert ist. Es zeigt sich nämlich, daß der Schüler erst nach dem fertigen Aufbau ganz sicher und eindeutig weiß, wo er hinschauen soll, wo das Erwartete sich zeigt. Das ist um so einsichtiger, wenn es darum geht, mehrere Daten zu gewinnen, z. B. Meßwerte. Erst an der fertigen Apparatur gelingt es, sich entsprechend einzustellen, sich bereit zu machen für das, was es zu beobachten gibt. Vielfach ist dies auch der Ort, wo die Vorbereitungen zur Datenfixierung erst möglich sind, wo man sich überlegen muß, was zu tun ist, damit das, was das Experiment sagen wird, möglichst einfach aber doch genau, übersichtlich und im späteren verwertbar festgehalten werden kann. Es ist wohl einsichtig, daß die Planung der Datengewinnung und Datenfixierung hier am wirksamsten ist. Mit zunehmendem Vermögen der Schüler sollten wir aber dennoch versuchen, sie herauszulösen und der vorausgehenden Stufe als einem ihr zugehörigen Teil zuzuweisen. Das sollte deshalb geschehen, weil das Einbeziehen dieser mehr arbeitstechnischen Überlegungen die Zielstellung des Konstruierens klären hilft und weil das Einschieben dieser Maßnahmen den Arbeitsfluß der Laborierstufe begreiflicherweise hemmt.

Einen unverrückbaren Platz dagegen hat das Laborieren im engeren Sinne, das Auslösen des Vorgangs, das Einschalten, das Erhitzen, das Zugießen, Vermischen, Aufdrehen, Vollpumpen usw. usw. all jener Akte also, die verursachen, daß sich Natur ereignen kann. Sie folgen auf die mannigfachen und notwendigen Vorbereitungen und zeitigen eine feststellbare Erscheinung. Ganz bewußt nennen wir das nicht ein Ergebnis, sondern schlicht eine Feststellung. Ergebnisse nämlich können nur erschlossen werden; sie gehen kaum direkt aus einem Experiment hervor. Darüber wird noch zu reden sein.

Innerhalb dieser Stufe wimmelt es von mehr oder minder anspruchsvollen Arbeitstechniken. Das *Auffinden und Einordnen* der Geräte und Aufbauteile sollte jeder Schüler erlernen, nicht nur die ohnehin dazu besonders befähigten Ordner. Jede Vorgabe, auch wenn sie anfänglich nötig ist, widerspricht dem Wesen der Auseinandersetzung und sollte nach und nach verschwinden. Das eigentliche Zusammenfügen der Elemente zur Konstruktion, das *Aufbauen*, ist ein ganzer Komplex ineinandergreifender und sich gegenseitig bedingender Teiltechniken. Hierzu gehören: das Lesen der Planungsskizze, das Umsetzen einer Zweidimensionalen Vorstellungshilfe in die Wirklichkeit; das Beachten der Materialqualität und die sich daraus ergebenden Konsequenzen im Umgang damit; das Beschicken der Apparatur, das Eingießen, Einfüllen; das Vorantreiben der nötigen Verbindungen bis auf den letzten, auslösenden Handgriff; das Sichern gefährdeter und gefährlicher Teile usw. Was alles an Techniken ansteht, wenn endlich der Moment gekommen ist, die Apparatur in Funktion zu setzen, läßt sich nur unzureichend beschreiben. Vom einfachsten Handgriff, etwa dem Umlegen eines Schalters, bis hin zum vielfach verflochtenen kombinierten *Hantieren* tut sich ein weites Feld auf, das immer wieder neues Überlegen, Erfahren und Üben erfordert. Das Erhitzen, Filtrieren, Zutropfen, Rühren, Abgießen, Eindampfen, Lösen, Trocknen; das Einstellen, Justieren, Messen, Ablesen, Wiegen, Anschließen, Dosieren, sind nur wenige, immer wieder benötigte Handgriffe.

Aber auch das *Abbauen* darf nicht unterschätzt werden. Es ist falsch, es nur von den Ordnern machen zu lassen. Es gehört dazu, eine Apparatur wieder entleeren, in ihre elementaren Teile zerlegen und diese notfalls reinigen zu können. Gerade das Zurückführen der Anordnung auf die sie bedingenden Bausteine fördert das Verständnis ihrer Einsatzmöglichkeiten.

Es ist selbstverständlich, daß die gesamte Laborierstufe übungsintensiv sein muß. Es gelingt dies alles nicht, wenn die Techniken und Teiltechniken nicht geschult und ständig ausgebaut werden. Das Übungslaborieren ist eine Tätigkeit, welche in den Schulen so gut wie unbekannt ist. Dabei ist es so einfach, hier voranzukommen. Die Schüler sind mit Begeisterung dabei und der Zuwachs an Fähigkeiten ist nirgends so offenkundig wie hier. Warum werden eigentlich Experimente kaum wiederholt? Nach einmaligem »Gebrauch« sind sie vergessen! Schade und töricht zugleich. Einmal ist die dafür verbrauchte Denkarbeit zu kostbar. Der Schüler möchte seine »Erfindung«, seine Konstruktion öfter genießen und in Funktion betrachten können. Zum andern: Steht nicht in jedem Lexikon, daß ein Wesenszug des Experiments dessen Wiederholbarkeit bei gleichem Ergebnis sei? Also ist schon deswegen ein da capo vonnöten! Auch das Mißlingen von Experimenten sollte als wirksame Gelegenheit ergriffen werden, einen Zuwachs an Konstruktions- und Laborierfähigkeiten zu gewinnen. Wir haben darauf schon bei Betrachtung der vorausgehenden Stufe aufmerksam gemacht.

Was die Maßnahmen zur *Datengewinnung* und *Datenfixierung* anlangt, so ist hier besonders gedacht an das Erstellen von Tabellen, in welche die Einzelwerte einzutragen sind, das Vorgeben gewisser Bedingungen, zu denen Werte ermittelt werden sollen, das Vorformulieren von Sätzen, in die das Ergebnis eingefügt werden kann, das Zusammentragen von Auswahlmöglichkeiten, die zutreffendenfalls abzuhaken sind, usw. . . . Inwieweit hier schon kategoriale oder graduelle Gesichtspunkte, welche die spätere Dateninterpretation erleichtern, mit eingebaut werden können, wäre ebenfalls zu erwägen. Hier ist besonders an die Systematik in der Erhebung von Werten gedacht.

Natürlich erfordert es eine Fülle von Maßnahmen und auch von Zeit, ehe sich das alles so weit entwickelt, sich so weit eingeschliffen hat, daß diese Stufe des Laborierens zur Domäne des selbsttätigen Schülers und der eigenständigen Gruppe wird. Vom Lehrer erfordert das ein hohes Maß an Geduld, einen ordentlichen Schuß Organisationstalent und eine behutsame Führung. Schlecht disziplinierte Schüler, wenig entwickelte Sozialformen, nicht geübte Arbeitstechniken lassen das Laborieren zu einer Nervensäge werden, vor der sich verständlicherweise mancher Lehrer fürchtet. Die Flucht in den Lehrerversuch oder in eine bis ins Detail gehende Vorschriftenabfolge liegen gewiß nahe, aber sie widersprechen dem Wesen eines methodengerechten Unterrichts. Deshalb darf in diesem Zusammenhang nochmals mit allem Nachdruck auf die Bedeutung der Sozialformen als integrierende Bestandteile eines modernen Sachunterrichts in der Grundschule hingewiesen werden. Die Befähigung zu einem echten Arbeitsverhalten ist in allen fachmethodischen Erkenntnisschritten permanent angesprochen.

Wenn wir uns fragen, welche Eignungsbewertung denn dieser Stufe für die

Grundschule zuzusprechen ist, dann können wir mit gutem Gewissen sagen, daß es diejenige ist, die am besten abschneidet. Das hat sehr naheliegende Gründe: Die stark manuelle Komponente entspricht dem Grundschulkind. Die kleinen und beweglichen Finger vermögen manches, was Erwachsenen Mühe macht. Der feststellbare Zuwachs an Vermögen, der auch dem Kind nicht verborgen bleibt, ist ein recht wirksamer Faktor in dieser Auseinandersetzung. Trotz aller Vorurteile, trotz der voraussehbaren »Störungen« der Klassendisziplin, trotz des vermeintlich zu großen Zeitaufwands, den man nicht verantworten könne (warum nur?) sollte sich der Lehrer entschließen, so bald als nur möglich in dieser Stufe tätig zu werden, seine Schüler hierin zu aktivieren. Vielleicht darf behauptet werden, daß diese Stufe den passenden »Einstieg« in die fachmethodische Arbeit der Physik und Chemie in der Schule bildet. Von hier aus kann man sich ausbreiten auf andere Schritte, vorausgehende und nachfolgende, — aber, und dieses Aber muß mit erhobenem Zeigefinger ausgesprochen werden, das Erobern der anderen Stufe muß gewagt werden. Leider, — und dieser Umstand ist zu beklagen, gibt es Lehrer, die glauben, daß Laborieren allein schon fachspezifische Methode sei. Sie begehen den Grundfehler, dieses Tun mit Experimentieren zu verwechseln. Aber gerade das ist es eben nicht, sondern nur eine Komponente in einem Komplex notwendiger, einander bedingender und logisch aufeinanderfolgender Akte, die zusammen das erst ausmachen, was naturwissenschaftliche Methode kennzeichnet: das Experiment, als Frage an die Natur, als Prüfstein des eigenen Denkens und Erfassens. Wenn wir diese Maßnahme in der Sequenz der Erkenntnisschritte lokalisieren wollen, dann umfaßt es eigentlich drei Stufen: die der Meinungsbildung in dem Augenblick, in dem die Vermutung ganz bewußt zur Hypothese erhoben wurde, in der Absicht, sie der Beantwortung durch die Natur zu übergeben, ferner die des Konstruierens und des Laborierens. Jedes echte Experiment weist diese Merkmale auf. Es ist die Aufgabe der Schule, diese Einsicht zu vermitteln. Sie ist der Kern naturwissenschaftlichen Erkennens.

Fassen wir zusammen:

4. Stufe: Laborieren

Ziel: Feststellung eines Verhaltens

Arbeitstechniken: Aufbau und Abbau der Experimentalanordnungen,
Auffinden und Einordnen der Geräte und Aufbauteile,
Hantieren mit den Geräten, Datengewinnung und
Datenfixierung

Eignung für die Grundschule: sehr gut

5.2251 Unterrichtsbeispiel: Laborieren und Feststellung
Thema: Kohlensäure (Fortsetzung v. 5.2241)

Vorbemerkung: Das hier skizzierte Beispiel ist die direkte Fortsetzung der unter 5.2231 begonnenen und unter 5.2241 weitergeführten Darstellung. Sie ist nicht ohne Kenntnis dieser Teile verständlich.

Ausgangssituation: Zwei Lösungswege liegen vor. Ein echter, nämlich Kohlensäure durch Abdampfen wieder zu gewinnen, ein unechter, Kohlensäure zu kaufen, um dadurch ihren Aggregatszustand zu erfahren.

Unterrichtsverlauf:
Die Einzelfunktionen innerhalb der Arbeitsgruppen werden zunächst verteilt. Das ist notwendig, weil sie nicht auf bestimmte Kinder festgelegt sind. Zwei Schüler jeder Gruppe besorgen die Geräte. Der Aufbau ist Gemeinschaftsarbeit, ein Schüler leitet dieses Tun. Jede Gruppe hat ihre Feststellung schriftlich zu formulieren. Mineralwasser wird in Portionen zu den Gruppentischen gebracht. Nach vollzogenem Aufbau kommt es zu folgender Vergegenwärtigung:
»Was erwarten wir uns denn nun von unserer Nachprüfung?«
»Wir wollen wissen, ob Kohlensäure fest ist.«
»Ja, aber was hat denn unsere Geräteanordnung damit zu tun?«
»Wenn was übrig bleibt, dann ist sie fest.«
»Wenn das Wasser verdunstet ist, dann sieht man, ob sie fest ist.«
»Wir verdampfen das Wasser, dann muß die Kohlensäure übrig bleiben, wie das Kochsalz.«
»Wir hoffen also, daß wir eine ganz bestimmte Feststellung machen können.«
»Es muß was in der Schale bleiben.«
»Die Kohlensäure bildet sich in der Schale.«
»Die Kohlensäure ist da, wenn das Wasser weg ist.«
»Wer sagt uns nochmal, was man beim Eindampfen beachten muß?«
»Nicht so toll erhitzen!«
»Ja, besonders nicht, wenn das Wasser weniger wird.«
»Am Ende muß man den Brenner ausmachen, weil die Schale noch warm genug ist.«
»Nicht so nahe hinschauen, damit nichts spritzt!«
»Geht an eure Arbeit!«
Die Schüler dürfen nun selbständig laborieren. Das verläuft ohne besondere Vorkommnisse. Daß in einer Gruppe das Mineralwasser verschüttet wird, muß einfach hingenommen werden.

Während des Laborierens kommen die beiden Schüler aus der Apotheke zurück. Einer davon hat in der Hand eine Tüte. Das wird von den allermeisten bemerkt. Der Schluß liegt nahe: da ist Kohlensäure drin. Der Lehrer bittet sie, erst zu berichten, wenn das Experiment abgelaufen ist.

Das dauert etwa eine Viertelstunde.
»Wenn eine Gruppe fertig ist, möchte sie das bitte gleich anzeigen.«
Alle Gruppen kommen ziemlich zur gleichen Zeit ans Ziel. Lediglich eine laboriert noch; sie hatte ihr Mineralwasser vergossen.
»Bitte berichtet!«
»Die Kohlensäure ist kein Pulver.«
»In der Schale bleibt nichts übrig.«
»Nein, das stimmt nicht! In der Schale ist ganz wenig Kohlensäure.«
»Ja bei uns auch, so kleine dünne Ringe!«

»Wenn man mit dem Finger darüberwischt, bleibt es hängen.«
Tatsächlich waren in den Schalen winzige Mengen fester Rückstände vorhanden, zur Trockene eingedampfte Mineralsalze des Wassers.

Es ist ferner interessant, daß die erste Antwort: ›Die Kohlensäure ist kein Pulver‹ schon einen Schluß aus der objektiv beobachtbaren Feststellung bedeutet (siehe dazu Kap. 5.226).

»Achim und Robert haben doch Kohlensäure in der Tüte, dann muß sie doch fest sein.«

»Bitte laßt euch nicht ablenken! Unser Experiment muß uns auch eine Antwort geben. Also was meint ihr, ist das Kohlensäure, was ihr da in den Schalen seht?«

»Vielleicht schon, aber warum ist das so wenig?«

»Als wir damals in der dritten Klasse die Salzlösung abgedampft haben, da ist mehr übrig geblieben. Und dann haben wir auch Wasser abgedampft, da ist auch was übrig geblieben und es war kein Salzwasser.«

»Ja, wir haben dann auch noch ganz reines Wasser abgedampft, da ist dann nichts dagewesen, weil im Wasser immer Salze und Kalk gelöst ist, sonst schmeckt es fade!«

»Herr Lehrer, wird das Mineralwasser mit gewöhnlichem Wasser gemacht oder aus ganz reinem Wasser?«

»Vielleicht gibt euch das Etikett auf der Flasche Auskunft, Bernd lies doch mal vor.«

»Natürliches Mineralwasser. Am Quellort abgefüllt. Ohne künstliche Zusätze.«

»Das Weiße ist vielleicht keine Kohlensäure, sondern kommt vom Wasser.«

»Ich weiß was! Wenn das weiße Pulver Kohlensäure ist, dann muß es doch sprudeln, wenn man Wasser drüber schüttet!«

Ein guter Einfall, der sofort in die Tat umgesetzt wird! Es ist notwendig, darauf hinzuweisen, daß mitten in der Laborierphase Rückgriffe in vorausgehende Stufen vorgenommen werden. Das »weiße Pulver« in der Schale wird zum Problem, als man sich nicht sicher ist, ob es sich tatsächlich um Kohlensäure handelt. Hier bewegen wir uns wieder in einer Problemerhellung. Sie wird zu einer erneuten Meinungsbildung, wobei vorhandene Erfahrungen und Erkenntnisse ganz entscheidend mitwirken. Eine neue Hypothese tritt auf: Die Rückstände könnten aus dem Wasser stammen, könnten aus Salzen und Kalk bestehen! Damit wird ein Konstruktionsakt entbunden. Das Zugeben von Wasser müßte ein Aufbrausen zur Folge haben, wenn es sich um (feste!) Kohlensäure handeln würde.

»Na, was ist?«

»Es tut sich nichts!«

»Es braust nicht.«

»Das ist aus dem Wasser, es ist keine Kohlensäure.«

»Kohlensäure ist vielleicht doch nicht fest.«

»Bitte wiederhole das, Frieder!«

»Die Kohlensäure ist nicht fest!«
Hier befinden wir uns schon in der nächsten Stufe (siehe 5.226).
»Was ist in der Tüte?«
»Noch einen Augenblick: Wenn sie nicht fest ist, wie könnte sie denn dann sein?«
»Sie könnte ein Gas sein.«
»Sie könnte flüssig sein.«
Es werden somit also neue Hypothesen formuliert. Das zu erarbeiten scheint dem Lehrer aber nicht lohnenswert.
»Nun dürfen Achim und Robert berichten.«
»Wir sind in die Victoria-Apotheke gegangen und haben 100 g Kohlensäure verlangt. Da hat das Fräulein gesagt, die kann man nicht so kaufen, die gibts nur in großen Stahlflaschen.
»Dann habe ich gefragt ...«
»Nein, ich habe gefragt, ob die flüssig ist«
»Und, was habt ihr erfahren?«
»Sie hat gesagt, das ist ein Gas.«
»Und was ist in der Tüte?«
»Damit kann man Kohlensäure machen, wenn man Wasser drüber gießt.«
»Das ist so ähnlich wie Brausepulver.«
Die Tüte enthielt eine Mischung aus Weinsteinsäure und Natriumbikarbonat. Natürlich wollten die Schüler das ausprobieren.
Schlußbemerkung: Der Versuch, mit Hilfe einer Experimentalkonstruktion eine Hypothese zu klären, ist hier gut gelungen. Die Vermutung wurde falsifiziert und damit erneut in die Meinungsbildung zurückverwiesen. Der eigentlich unechte Lösungsvorschlag (Kauf von Kohlensäure) hat eine erneute Auseinandersetzung erübrigt.

5.2252 Unterrichtsbeispiel: Laborieren
Thema: Rückgewinnung von Salz aus einer Lösung
Vorbemerkung: Mit einem zweiten gemischten Schülerjahrgang (21 Buben, 23 Mädchen) wird versucht, erdachte Konstruktionen zu erproben und mit deren Hilfe zu einer Aussage zu kommen. Es geht dabei um zweierlei. Einmal soll damit ein durch Hypothese und Konstruktion angestoßener Erkenntnisablauf weitergeführt, zum andern eine Arbeitstechnik, die des Eindampfens, in Art und Durchführung bewußt gemacht werden.
Ausgangssituation: Es war vom Wasser die Rede. Die Kinder erkannten, daß man es sehr nötig brauche, zum Waschen und zum Kochen, zum Baden und Blumengießen. Daß man es so gut verwenden könne, liege an seinen Eigenschaften. Es sei flüssig (Waschen, Trinken), es könne gefrieren (Schlittenfahren, Eislaufen) und es würde verdunsten (Inhalieren, Trocknen der Wäsche). Sehr fasziniert hat die Schüler sein Lösungsvermögen. Zuckerwasser, Salzwasser, farbiges Wasser wurden hergestellt. Der Begriff »Sättigung« kam zum Vorschein. So tauchte auch die Frage auf, ob man das Gelöste aus dem Wasser wieder heraus

bekommen könne. Das Trocknen der Wäsche gab den Anstoß, in Richtung des Verdunstens zu denken. Aber wie lang dauert es, bis ein Glas mit Salzwasser verdunstet ist! So kam es zur Hypothese: Man bekommt das Salz viel schneller wieder, wenn man die Lösung heiß macht.

Dazu konstruierten die Schüler Anordnungen: Die Salzlösung sollte erhitzt werden jeweils in

1. einer Konservendose auf einem Dreibein mit Drahtnetz
2. einem Einmachglas auf einem Dreibein mit Drahtnetz
3. einem Erlenmeyerkolben auf einem Dreibein mit Drahtnetz
4. einer Porzellanschale auf einem Dreibein mit Drahtnetz
5. einem Becherglas auf einem Dreibein mit Drahtnetz

Unterrichtsverlauf:

Jeweils zwei der zehn Gruppen hatten die gleiche Anordnung zu erproben, sonst wurde arbeitsteilig vorgegangen. Der Aufbau erfolgte gemeinsam durch die jeweilige Gruppe. Jede bekam die gleiche — kleine — Menge Salzlösung. »Bitte hört noch einmal alle her. Ihr arbeitet wieder mit dem Gasbrenner, seid vorsichtig, daß ihr euch nicht die Finger verbrennt! Und noch etwas! Gebt acht, nicht zu nahe mit dem Kopf an die Gefäße! Die Salzlösung spritzt gerne!

Und jetzt habe ich für jede Gruppe noch eine Aufgabe! Überlegt euch bei eurer Arbeit, ob man das Gerät nicht besser bauen könnte!«

»An der Tafel steht nochmals alles, was ihr beachten sollt.« Tafelanschrift: Vorsicht mit der Flamme!

Vorsicht, die Lösung spritzt!

Was würdest du verbessern?

Nun entzündet die Lehrerin die Brenner, die auf Anweisung im gleichen Augenblick unter die Gefäße geschoben werden. Während des Laborierens geht die Lehrerin mit einem Wischtuch versehen von Gruppe zu Gruppe. Sie muß wiederholt einige Schüler ermahnen, nicht zu nahe hinzusehen. Da zerspringt — wie erwartet — ein Einmachglas, sein geringer Inhalt ergießt sich auf die Tischplatte. Die vier Schüler dieser Gruppe werden schnell der anderen »Einmachglasgruppe« zugeteilt. Auch dort knackt das Glas hörbar, hält aber stand. Die Gruppen mit den Konservendosen stellen recht bald fest, daß die Büchsen nicht brauchbar wären, man könne nichts sehen. Die übrigen Gruppen haben zunächst keine Schwierigkeiten. Erst als die beiden, die mit Porzellanschalen arbeiten, ihr Salz schon zurückgewonnen haben, während die anderen noch nicht so weit sind, kommen ihnen Zweifel über die Zweckmäßigkeit der Anordnung. Es wird abgewartet bis die meisten Gruppen mit dem Laborieren fertig sind, lediglich die beiden mit den Erlenmeyerkolben arbeitenden Gruppen werden aufgefordert, abzubrechen. »Ihr habt sicher eine Menge zu berichten!«

»Bei uns ist das Glas zerbrochen.«

»Bei uns auch, es hat einen Sprung bekommen.«

»Man kann nichts sehen mit der Büchse, da muß man immer oben hineinschauen und da kommt der Dampf ins Gesicht.«

»Bei uns ist das Salz herausgespritzt.«
»Das ist schön, daß ihr so viel festgestellt habt. Aber zunächst interessiert mich etwas anderes. Stimmt es denn, daß man das Salz schnell wieder bekommt, wenn man das Wasser mit dem Brenner abdampft?«
Allgemeine Zustimmung.
»Gut, dann wollen wir feststellen, wie das am besten geht! Damit wir uns leichter tun, machen wir es der Reihe nach. Zunächst berichten die Kinder mit der Konservendose.«
»Mit der Dose kann man nichts sehen.«
»Da muß man immer oben hineinschauen, und da kommt der Dampf ins Gesicht. Das ist gefährlich.«
Die Lehrerin geht zur Tafel und schreibt an:
Tafelanschrift: ›Konservendose: Man kann nichts sehen.

   Einmachglas:‹
»Unser Einmachglas ist zerplatzt, da ist das Wasser in die Flamme gelaufen, da hat es gezischt.«
»Unser Einmachglas hat auch einen Sprung bekommen. Das macht, weil das Weckglas nicht aus Jenaer Glas ist.«
Die Lehrerin ergänzt die Tafelanschrift: ›nicht feuerfest.‹
»Berichtet über die Erfahrungen mit dem Becherglas!«
»Das ist nicht kaputt gegangen. Das ist feuerfest, weil es aus Jenaer Glas ist.«
»Und sonst?«
»Eigentlich nichts.«
Die Lehrerin läßt die Tafelanschrift offen; sie schreibt nur an ›Becherglas: . . .‹
»Erlenmeyerkolben.«
»Da ist das Wasser immer wieder im Glas runtergelaufen.«
»Das dauert so lange, weil das Wasser nicht raus kann!«
»Das Wasser?«
»Nein, der Dampf, der kann nicht raus, das Loch ist zu eng, da läuft das Wasser wieder hinunter.«
»Du meinst, die Öffnung ist so eng, daß der Dampf nicht heraus kann. Es bildet sich Wasser aus dem Dampf und das läuft dann wieder an den Wänden herunter!«
»Ja.«
»Bei uns ist auch Wasser heruntergelaufen.«
»Und bei uns auch!«
Diese Feststellungen werden erst jetzt von den Gruppen mit Einmachglas bzw. Becherglas vorgetragen.
Die Lehrerin setzt die Tafelanschrift fort.
›Becherglas: Wasser läuft zurück.
Erlenmeyerkolben: Öffnung zu eng, Wasser läuft zurück, dauert lange.‹
»Und nun dürfen die beiden Gruppen über das Abdampfen mit der Porzellanschale berichten.«

»Das geht schnell.«

»Aber da ist Salz rausgespritzt.«

Wieder wird die Tafelanschrift ergänzt:

›Porzellanschale: Geht schnell, Salz spritzt heraus.‹

Nun steht also folgendes an der Tafel:

›Konservendose: Man kann nichts sehen.

Einmachglas: Nicht feuerfest, Wasser läuft zurück.

Becherglas: Wasser läuft zurück.

Erlenmeyerkolben: Öffnung zu eng, Wasser läuft zurück, dauert zu lange.

Porzellanschale: Geht schnell, Salz spritzt heraus.‹

»Wofür werdet ihr euch entscheiden?«

Nach kurzer Debatte sind sich die Kinder darüber einig, daß es mit Becherglas bzw. Porzellanschale am besten geht.

Leider ist der Fall nicht eingetreten, daß die letzten am Becherglas herabrinnenden Tropfen, das heiße und am Boden trockene Gefäß zum Zerspringen bringen.

Da es anfänglich darum ging, ein rasches Verfahren zu entwickeln, wird dieses Kriterium in den Vordergrund gestellt.

»Wenn das Salz nicht herausspritzen würde, könntet ihr euch dann für die Porzellanschale entscheiden?«

Allgemeine Zustimmung.

»Versucht euch doch mal zu erinnern, wann hat es denn gespritzt?«

»Ganz zum Schluß!«

»Ja, da war das Wasser schon fast weg.«

»Paßt auf, ich sage euch, wie es mit der Porzellanschale prima geht. Zuerst könnt ihr stark erhitzen. Ihr beobachtet die Salzlösung genau. Wenn das Wasser fast verschwunden ist, dann zieht ihr den Brenner weg und dreht ihn gleich ab. Die Porzellanschale ist dann noch so heiß, daß das Wasser gar verdampft wird.

Gleich dürft ihr es nochmals probieren. Vorher zeige ich euch aber ein neues Gerät. Wir stellen die Porzellanschale nicht mehr auf das Drahtnetz, sondern auf dieses Ding: auf ein Tondreieck. Die Flamme kann dann leichter an die Schale heran und das Wasser verschwindet noch schneller.«

Dies dürfen die Gruppen arbeitsgleich ausprobieren. Es gelingt mit wenigen Ausnahmen (2).

Schlußbemerkung: Hier wird also versucht, eine Arbeitstechnik einzuschulen. Soweit die Kinder selbst in der Lage sind, ihre Konstruktion zu beurteilen, gelingt es auch, die Spezialgeräte zu begreifen. Die Einführung des Tondreiecks ist eine rationelle Randerscheinung.

5.226 Über das Schließen

Man kann darüber streiten, ob es diese Stufe überhaupt gibt. Aber die Tatsache, daß sie oft nicht auftritt, oder — genauer gesagt — mit den vorausgehenden verschmilzt, ist kein Grund, sie zu leugnen.

Schon im letzten Kapitel haben wir mehr beiläufig behauptet, das Ziel der Laborierstufe sei die ›Feststellung eines Naturverhaltens‹. Der Ausdruck ›Ergebnis‹ wäre dafür ungeeignet, weil dieses nicht aus dem Experiment hervorgehen, sondern nur erschlossen werden könne.

Vergegenwärtigen wir uns dies an Beispielen. Die Schüler wollten im weiteren Verlauf der Untersuchungen über die Kohlensäure — das ist in den Unterrichtsbeispielen nicht mehr beschrieben — die Frage, ob die Bläschen in der Limonade aus Luft bestehen würden, dadurch klären, daß sie diese vermeintlichen Luftblasen auffangen und darin eine Kerze brennen lassen. Als sie dies laborierend klärten, fanden sie: die Kerze geht sofort aus! Dies ist eine echte Feststellung, das Gewahrwerden eines Verhaltens, zu dem das Experiment befähigt. Bei der Frage, ob eine Schnur oder ein Faden aus Wolle oder Zwirn den elektrischen Strom leite, erdachten Kinder folgende Konstruktion: Ein Stromkreis müsse an einer Stelle aus einem Stück Bindfaden bestehen. Damit man sehen könne, ob der Strom fließe, könne ein Birnchen eingeschaltet werden. Leuchte es auf, dann leite Schnur den Strom. Als sich nichts zeigte, wurde folgendes Urteil gefällt: Eine Schnur leitet den Strom nicht. Dies ist ein echtes Ergebnis, das erst durch Schließen gefunden werden kann.

Worin unterscheiden sich beide Beispiele? Beim ersten endet das Experiment mit einer Feststellung: die Kerze erlischt sofort. Dies und nur dies kann jenes Experiment aussagen, die Schüler stellen das fest und damit ist das Ziel des Experiments erreicht, die Natur hat geantwortet. In der Hypothese ist aber mehr vermutet worden, nämlich, daß die Bläschen entweder aus Luft oder aber aus Kohlensäure bestehen könnten. Um nun weiterzukommen, muß eine Schlußfolgerung einsetzen: Da die Kerze ausgeht, und nicht eine Weile brennt, wie das bei Luft der Fall ist, könnte der Inhalt des Zylinders nicht Luft, sondern etwas anderes sein, vielleicht Kohlensäure.

Das zweite Beispiel: Die Kinder haben nach Ablauf des Experiments ausgesagt, daß eine Schnur den Strom nicht leiten könne. Haben sie das aber dem Experiment entnommen? Nein. Die einzig mögliche Feststellung, die sie machen konnten war indes die: das Birnchen leuchtet nicht auf. Daß dennoch diese objektiv feststellbare Erscheinung nicht als solche registriert, sondern sogleich der weiterführende Schluß — da es nicht leuchtet, kann Schnur kein Leiter sein — unbewußt ausgesprochen wurde, liegt an der Tatsache, daß in dieser experimentellen Fragestellung diese Schlußfolgerung bereits impliziert ist.

Es kommt recht häufig vor, daß diese *Stufe des Schließens* als solche nicht auftritt, daß sie sich so eng an die vorausgehende anschmiegt, daß sie gleichsam mit ihr verschmilzt. Das ist kein Unglück und sollte ohne Aufhebens geduldet werden, weil damit eine echte und sinnvolle Verkürzung des Erkenntnisaktes erreicht wird. Es wäre töricht, den Kindern insofern Zwang anzutun, daß man das Ergebnis ohne formulierte Feststellung nicht annehmen würde. Es genügt, wenn sich der Lehrer im Klaren ist, daß die Stufe des Schließens hier übersprungen worden ist. Es wird andererseits aber auch dem Schüler sehr nachdrücklich bewußt, daß viele seiner aus dem Experiment ermittelten Feststellungen, seine Daten, einer gedanklichen Aufbereitung bedürfen, ehe sie ein echtes Ergebnis zeitigen können.

Schließen ist ein Denkakt, der eine Fülle von geistigen Funktionen umfaßt. Er verlangt vom Schüler, daß er sich zu einer bestimmten Haltung ent»schließt«, daß er wertet, daß er urteilt, nun aber nicht auf Grund von mehr oder minder gesicherten Spekulationen, sondern auf der Basis von Fakten, von Daten, die er zu diesem Zweck gewonnen hat. Das geht oft nicht ab, ohne vorher die Daten entsprechend interpretiert, gedeutet zu haben. Dazu bedarf es wiederum spezieller Arbeitstechniken. Das *Ordnen* von Einzelfakten nach kategorialen, hierarchischen Gesichtspunkten, das *Darstellen* der Daten in Form von einfachen Schaubildern oder Diagrammen zum Zwecke einer besseren Lesbarkeit, das *Vergleichen* von Größen, Merkmalen, Verhältnisweisen unter dem Kriterium der Vergleichbarkeit, das *Unterscheiden* nach nicht identischen Eigenschaften, das *In-Beziehung-setzen* von Phänomenen zu anderen ähnlichen, namentlich in Form der »Wenn-Dann« und der »Je-desto« Kombination, das sind nur einige wenige Techniken oder schon Denkoperationen, die im Bereich des Schlußfolgerns eine Rolle spielen.

Es fragt sich, inwieweit der Schüler der Grundschule dazu in der Lage ist. Da das Schließen in hohem Maße von vorhandenen Kenntnissen und Erfahrungen abhängt, ist es einsichtig, daß es um so besser gelingt, je stärker das Kind bei der Schaffung dieser Voraussetzungen mitgewirkt hat. Denken wir doch daran, daß die Schlußfolgerung schon auf der Stufe der Meinungsbildung sozusagen vorprogrammiert wird! Wer das beachtet, der wird nicht behaupten können, daß die Grundschule nicht in der Lage wäre zu Ergebnissen zu kommen, worunter wir Aussagen über ein Naturphänomen auf Grund von experimentellen Problemlösungsverfahren verstehen.

Es läßt sich zusammenfassend feststellen:

5. Stufe: Schließen

Ziel: Ergebnis als Schlußfolgerung aus einem Problemlösungsverfahren

Arbeitstechniken: unter anderen insbesondere Ordnen, Darstellen, Vergleichen, Unterscheiden, Beziehungen setzen.

Eignung für die Grundschule: unter den entsprechenden Voraussetzungen gut.

5.227 Ist Abstrahieren zu abstrakt?

Es ist eigentlich verwunderlich, daß es Leute gibt, die steif und fest behaupten, der Volksschüler — vom Grundschulkind ganz zu schweigen — könne nicht abstrahieren. Wenn man fragt, woran das denn wohl liege, bekommt man billige Antworten, die besser als Vorurteile zu bezeichnen sind. Da wird von mangelnder Anschauung gesprochen, von zu bescheidener Intelligenz, von noch nicht erreichten Entwicklungsphasen und oft spürt man, daß hinter diesen recht vordergründigen Argumenten das steckt, was wir eingangs als Fehlverständnis einer naturwissenschaftlichen Bildung bezeichnet haben. Daß der Grund- und Hauptschüler angeblich nicht abstrahieren kann, liegt vielmehr an dem Umstand, zu glauben, diese Stufe der Erkenntnis sei für ihn nicht notwendig, weil unerschwinglich. Mit solch einem Unsinn müssen wir Schluß machen und uns vielmehr fragen, was das Abstrahieren denn ist, welche Voraussetzungen dazu nötig sind und welche Rolle es im Erkenntnisprozeß spielt.

Der Begriff sagt es schon, hier wird etwas weggenommen, abgezogen, in eine andere Sphäre verschoben. Es wird der bisher betrachtete Gegenstand, das bislang beobachtete Phänomen verlassen, in dem man etwas von ihm wegnimmt, etwas, was sich wegrücken läßt und was allein immer noch eine Menge wert zu sein scheint. Dieses Etwas ist nicht mehr die Sache selbst, es ist ihr Typ, ihre Paßform, ihre Kragenweite, das, was sie zum Massenartikel macht, zum Modell von der Stange, zum Vertreter einer Rasse oder Weltanschauung, es ist das, was sich in anderem wiederfinden läßt, was zusammenpaßt, was sich einteilen, ordnen, chiffrieren, systematisieren und katalogisieren läßt, was man sich, um Herr der Vielfalt zu werden, merken und, das ist das Besondere, wieder auf den Einzelfall zurückführen kann. Diese andere Sphäre ist nicht mehr die der Objekte, es ist nicht mehr eine gegenständliche, es ist die der Begriffe, der Vorstellungen, der nur geistig faßbaren Zusammenhänge. Warum versucht eigentlich die Wissenschaft immer in diese abstrahierte Sphäre vorzustoßen? Das ist nicht schwer zu verstehen. Wir können uns den Versuch des Menschen, sich dieser Welt zu bemächtigen, als einen riesigen Lernprozeß vorstellen. Eine ganz wesentliche Komponente ist dabei — wie bei jeder Art des Lernens — die Fülle der erfaßten Einzelheiten, der Vorgänge, Zustände, Sachverhalte, der Beziehungen, Erscheinungen und Strömungen ordnen zu können, überblickbar zu machen, weil man etwas nur wiederfinden kann, wenn man weiß, wo man es aufgehoben hat. Jedes Suchen nach einer bereits erarbeiteten Problemlösung würde bedeuten, wieder von vorne beginnen zu müssen. Da sich aber die unerläßlichen Ordnungen und Ordnungssysteme nur schaffen lassen, wenn es gelingt, an den zu ordnenden Objekten Merkmale zu finden, die sich für das Ordnen, das Einteilen und Gruppieren eignen, abstrahiert man von den Besonderheiten, von den Individualitäten das Allgemeine, das sich seinerseits diesem Ordnungsprozeß williger einfügen läßt. Aus der Flut von Einzelfakten wird also ein System allgemeiner Erscheinungen und Bezüge. Nur so ist es möglich, endlich zu dem zu kommen, worauf es Wissenschaft letztlich abgesehen hat, nämlich auf jene Antriebe und Seinsformen, welche diese unsere Welt beherrschen. Die Erkenntnisse über die Teilchenstruktur der Materie oder über die Erhaltung bzw. Umformung von Energie sind Beispiele jener Einsichten, die wiederum das System in besonderer Weise abstrahieren. So rücken Phänomene zusammen, die bei der Betrachtung ihrer konkreten einzelfaktischen Erscheinungsformen gar nichts miteinander zu tun zu haben scheinen. Die Abstraktion bzw. das Abstrahierfähige bildet hinter der konkreten, erfahrbaren Welt eine zweite, bei der wir uns allerdings fragen müssen, ob sie wirklich »abstrakt« ist. Sie ist es sicher nicht, wenn wir darunter die tatsächlich existierenden Stoffe und Kräfte meinen, sie ist es aber wohl in der Weise, in der wir zu ihr gelangen.

Fragen wir uns nun, was dies für die Schule und speziell für das Grundschulkind bedeutet. Auch hier ist Lernen unter anderem ein Ordnen, Verknüpfen und ein Beziehungen-Finden. Wir haben eingangs festgestellt, daß es falsch ist, diese Ordnungen gleichsam als vorhanden vorzugeben, und das Lernen danach auszurichten. Wir sagten, daß sei in der verkehrten Richtung gedacht, von oben nach unten, statt dies von unten her zu tun, entsprechend dem Werden des Faches und dem Anwachsen des Wissens. Systematische Schritte zu unternehmen setzt Abstraktion voraus, und umgekehrt ist Abstraktion nur sinnvoll, wenn damit zugleich Verstehbarkeit infolge von strukturierter Ordnung gemeint ist. Daß sie immer am Ende steht und stehen muß, wird einsichtig, wenn man begreift, daß Abstrahieren Systematisieren impliziert. Deshalb haben wir auch gewisse Bedenken, wenn neuere Grundschulcurricula, namentlich die amerikanischen, von Grundstrukturen der Wissenschaft ausgehen und sie zu Leitlinien des Wissenserwerbs machen; auch das ist von oben nach unten gedacht.

Wenn wir Kinder zu Abstraktionen führen wollen, dann setzt dies voraus, daß genügend Einzelfakten vorliegen, denen man das ansehen kann, was sich von ihnen wegziehen läßt. Sollen beispielsweise die Magnetwirkungen auf Metalle abstrakt gefaßt werden, so müssen die Ergebnisse verschiedener Untersuchungen bereitstehen. Wenn nur Eisen und Aluminium zur Debatte standen, dann ist es unmöglich, abstrahieren zu können. Wurden dagegen Aluminium, Magnesium, Messing, Zinn, Blei, Kupfer, Silber, Gold geprüft, dann kann die Verallgemeinerung gelingen, weil sich die Skala der Gemeinsamkeiten (alles Metalle, alle werden nicht angezogen) vermehrt. Damit haben wir neben der Voraussetzung einer ausreichenden Vielfalt von vergleichbaren Fakten noch eine weitere, die der begrifflichen Faßbarkeit. Solange es noch um die Frage geht, ob Kupfer angezogen wird oder nicht, ist kein kategorialer Begriff notwendig, er ist aber unerläßlich, wenn übergeordnete Aussagen gemacht werden sollen. Das bedeutet, daß die *Abstraktionsstufe* in erhöhtem Maße die Ebene der Begriffsbildung darstellt.

Weiterhin dürfte verständlich sein, daß eine möglichst intensive Auseinandersetzung mit den zu lösenden Problemen in den vorausgehenden Erkenntnisstufen den Abstraktionsvorgang ganz wesentlich beeinflußt. Ebenso wie das Schließen ist das Abstrahieren von Anfang an im Problemlösungsverfahren angelegt. Insofern unterscheiden sich diese beiden Erkenntnisschritte, das Schließen und das Abstrahieren, kaum voneinander. Man könnte sagen, daß das Abstrahieren ein Schließen auf einer höheren Ebene darstellt.

Die genannten Vorbedingungen (eine möglichst große Zahl von Ergebnissen, die eine Verallgemeinerung zulassen; die Verfügbarkeit bzw. Bildung von geeigneten Begriffen; ein entsprechendes Engagement an den Vorstufen) sind unabdingbare Komponenten einer Abstraktionsleistung. Nun aber ist es gar nicht möglich diese immer zu gewährleisten, sei es, daß die angestellte Betrachtung im Einzelfaktischen bleiben mußte, weil Parallelerscheinungen aus irgend welchen Gründen nicht bearbeitet werden konnten, sei es, daß es nicht gelang, die begriffliche Durchforstung weiterzutreiben, oder sei es, daß sich der Unterricht nur innerhalb einer Stufe bewegen konnte, so ist es vermessen, Abstraktionen formulieren zu wollen. Das ist weder fachgerecht noch notwendig. Auch in der Wissenschaft kann eine ins Allgemeine erhobene Aussage nur auf Grund einer Vielzahl von Ergebnissen, die unter den verschiedensten Bedingungen gewonnen wurden, als gesichert gelten und als Gesetzmäßigkeit formuliert werden. Da es nicht Aufgabe der Schule ist, Breitenarbeit im Sinne einer mehr oder minder umfassenden Nachprüfung einer Erscheinung unter Variablen zu betreiben, wird sehr häufig die Betrachtung eines Problems mit der Stufe des Schließens und dem Ergebnis enden. Erst wenn sich entsprechende Einsichten verdichten z. B. durch das Wiederaufgreifen zurückliegender Unterrichtserträge, sollte dieser Abstraktionsschritt versucht werden, dann aber mit aller Deutlichkeit und Gründlichkeit. Dann wird das um so besser und um so bewußter geschehen.

Alle Arbeitstechniken, die bereits auf der vorausgehenden Stufe angesprochen wurden, sind hier wiederum relevant. Sie erhalten zwar einen stark generalisierenden Akzent, doch sind sie im Wesen die gleichen. Was hinzukommt ist die, zwar auf allen Stufen bedeutsame, hier aber ganz direkt angesprochene *Verbalisierung*. Sie schließt all das ein, was man so gerne als Fachsprache bezeichnet. Hier geht es um die Wahl der geeigneten Begriffe und um das Produzieren von Spezialausdrücken (»Nichteisenmetalle«), um die Verknappung in der Ausdrucksweise, um die Schwierigkeiten, sich verständlich zu machen, um die fachtypische Diktion.

Es ist durchaus begreiflich, wenn der Lehrer nicht allzu geneigt ist, in diesem Bereich zu arbeiten. Man erlebt leicht Fehlschläge in der Form, daß man sich fragt, was nun eigentlich durch echte Gemeinschaftsleistung erreicht wurde oder was man als Lehrer dazu liefern mußte. Solange diese eben angesprochene »Gemeinschaftsleitung«, bei der auch der Lehrer mitwirkt, in einem guten Verhältnis bleibt, war sie recht plaziert und hat sich gelohnt. Wurde aber das Unternehmen an den entscheidenden Punkten vom Lehrer getragen, dann sollte man sich fragen, ob in dieser Situation die angesprochenen Vorbedingungen erfüllt waren. Meist stellt man fest, daß die sprichwörtliche Abstraktionsfähigkeit auf mangelnder sachlicher Vorbereitung beruht.

Wenn wir rückblickend zusammenfassen, dann können wir sagen:

6. Stufe: Abstrahieren
Ziel: Eine allgemeingültige Erkenntnis
Arbeitstechniken: Wie unter Stufe 5 (5.226), hier insbesondere das Verbalisieren
Eignung für die Grundschule: Unter Wahrung der Vorbedingungen recht gut.

5.228 Anwendung in zweifacher Bedeutung

Um es gleich im voraus zu sagen: diese Stufe gehört nicht zum eigentlichen Erkenntnisgang. Sie ist einmal ein didaktisches Erfordernis, das im Blick auf den Bildungsauftrag der Schule seine Bedeutung hat und aus dieser Sicht verstanden werden muß. Zum andern weist sie uns hin auf einen andern Aspekt, unter dem man diese unsere Welt verstehen kann.

Der Begriff der Anwendung ist einer von den wenigen, die im Vokabular der

Didaktik eindeutig sind. Auf unser Anliegen bezogen bedeutet das, die zahlreichen Kenntnisse und Fertigkeiten, die sich beim Durchlaufen der einzelnen Stufen ansammeln, dadurch zum echten Besitz werden zu lassen, daß wir ganz bewußt mit ihnen umgehen. Eine erkannte Erscheinung wird dann erst recht verstanden, wenn man sie in anderen Objekten wieder zu entdecken vermag, wenn man sie dort der andersartigen Verkleidung zu berauben versteht und ihren Wesenskern herauslösen kann. Ein praktiziertes Verfahren oder eine Technik wird dann erst zum Werkzeug, wenn man in der Lage ist, sie den veränderten Situationen anzupassen und sie dadurch auszunutzen.

Die Tatsache, daß Unbekanntes nur mit Bekanntem bemeistert werden kann, zwingt uns dazu, diese Anwendung ständig zu vollziehen. Das geschieht oft ganz unbewußt. Unterricht aber sollte versuchen, sie zu artikulieren. Das hat permanent zu geschehen bei der Erarbeitung neuer Probleme, indem wir nach den Parallelen suchen, die uns weiterhelfen könnten, Analogien bilden, Vergleiche anstellen, um das erneut Fragwürdige einzukreisen. Das muß aber auch gezielt in Form von Übung durchgeführt werden, wobei das erkannte Prinzip, die erworbene Technik, in anderen Erscheinungen aufzusuchen bzw. unter anderen Bedingungen zu praktizieren ist.

In der Grundschule bieten sich dazu laufend neue Gelegenheiten an. In den Unterrichtsbeispielen wird deutlich, wie sehr das Gelingen der Erarbeitung vom Einsatz vorhandener Kenntnisse abhängt, wie sich die Schüler beständig auf frühere Erfahrungen berufen, Vergleiche ziehen und Analogien anführen. Es wurde aber auch deutlich, daß das Ausweiten einer Erkenntnis oder Fertigkeit auf einen größeren Bereich erst zum rechten Verständnis führt. Das will die *Anwendungsstufe*. Ihr Ziel ist, Erkenntnis zum *Verständnis* emporzuheben.

Der eingangs angesprochene andere Aspekt, auf den Anwendung hinweist, ist durch einen modifizierten Inhalt des Begriffs bedingt. Er versteht »anwenden« im Sinne von nutzen, dienstbar machen, für pragmatische Zwecke gebrauchen.

Naturwissenschaften haben besondere Ziele. Es geht ihnen um Kenntnis einer verwirrenden Fülle von Einzelheiten, um Einsicht in die sie bedingenden Gesetzmäßigkeiten, um Verständnis der zugrundeliegenden Zustände und Antriebe. Was dagegen nicht in ihren Problemkreis gehört, ist die pragmatische Fragestellung. Es hat den Naturwissenschaften in ihrer Entwicklung schwer geschadet, daß man sie über lange Zeit hinweg als »nützliche« Interessenrichtungen bezeichnete und wegen dieses »Makels« als der Humanität nicht dienende Disziplinen bezeichnete. Dabei sind sie an dem Umstand, daß ihre Erkenntnisse praktisch angewandt und als solche auch mißbraucht werden können ganz unschuldig. Kein Naturwissenschaftler kann es verhindern, daß seine Forschungen zweckhaft verwendet werden. Es gibt kaum eine bewegendere Klage über den »Gebrauch« von naturwissenschaftlichen Erkenntnissen als die Otto Hahns, der aus rein wissenschaftlichen Intensionen heraus die Spaltung des Urankerns versuchte und miterleben mußte, was man aus seiner Entdeckung gemacht hat. Das »Nützliche« liegt nicht im Denkbereich der Physik und Chemie, aber es wird durch sie ganz wesentlich initiiert.

Nun hat man ja heute eine andere Auffassung von den im echten Sinne »nützlichen« Wissenschaften. Was wären wir, unsere Gesellschaft, unsere Welt, unser Wissen von ihr ohne Technik? Daß das Unheil, das man damit anrichten kann mehr eine moralisch-sittliche denn eine technische Frage darstellt, ist uns ebenso klar, wie der Umstand, daß Naturwissenschaft ohne Einsatz von Technik in großem Ausmaß gar nicht mehr möglich ist. Dies in der ganzen Spannweite der Bedeutung zu bedenken, rechtfertigt das andere Verständnis der Anwendungsstufe. Zweierlei soll dabei deutlich werden: erworbenes Wissen durch das Überdenken seiner technischen Verwendbarkeit einzusetzen, sowie auf einen anderen Aspekt aufmerksam zu machen, unter dem man Natur sehen und verstehen kann, eben den der Technik.

Man hat immer wieder versucht, Naturwissenschaft und Technik miteinander zu vergleichen, Gemeinsamkeiten zu finden, die Zielstellungen zu unterscheiden. Man kann sagen, daß wir heute so weit sind, zu begreifen, daß Technik nicht wie das vielfach angenommen wurde, eine Folgeerscheinung der Physik oder Chemie darstellt. Sie ist vielmehr *eine* Form unserer Weltbewältigung mit eigenen Gesetzen und ursprünglichem Wesen begabt. Worin sie sich aber nahezu voll zur Deckung bringen lassen, ist die konstruktive Phase, die beide Bereiche als wesentliche Bestandteile ihrer Methoden zeigen.

Im Rahmen dieser Abhandlung wurde die Betrachtung technischer Fragestellungen in der Grundschule ganz bewußt ausgeklammert. Das geschah aus der Überzeugung, daß sich diese beiden Aspekte nicht miteinander vermischen lassen, ohne einem von ihnen damit Gewalt anzutun. Elementarer technischer Unterricht hat andere Momente und andere Verfahren zu beachten, als elementarer naturwissenschaftlicher Unterricht. Wenn sich an dieser Stelle im Verlauf der Anwendungsstufe dennoch beide berühren, so soll diese Tangierung ganz bewußt aus der physikalisch-chemischen Perspektive erfolgen.

Was aber können wir tun? Wir können und wollen einen notwendigen technologischen Unterricht nicht dadurch ersetzen, daß wir auf der Anwendungsstufe technische Bezüge feststellen. Das bedeutet, daß die Arbeit auf dieser Stufe recht dürftig und einseitig bleibt, wenn nicht die technische Fragestellung als solche Bestandteil des Grundschulsachunterrichts ist. Wird es versäumt eine solche zu betreiben, dann wirken die sich anbietenden Möglichkeiten eher als technische Schwänzchen, ähnlich den verpönten moralischen vergangener Zeiten, die besser wegbleiben sollten.

Erkannte und durchschaute Sachverhalte in ihrer technischen Anwendung aufzusuchen oder umgekehrt aus technischen Verkleidungen das Naturphänomen herauszulösen, sind bekannte und gängige Möglichkeiten. Sie bieten sich allüberall an. Man sollte dabei nicht übersehen, deutlich werden zu lassen, was die technische Einrichtung mit Hilfe des Naturgesetzes in ihr vermag, wo ihre Stärken aber auch wo ihre Grenzen liegen. Natürlich befinden wir uns nun schon auf einwandfrei technologischem Territorium, was wiederum beweist, wie mager die Arbeit auf dieser Stufe bleiben muß, wenn ihr nicht die Methoden und Ziele eines speziell technischen Unterrichts entgegenkommen. Das Gleiche trifft, allerdings noch wesentlich verstärkt, für den Konstruktionsauftrag mit eindeutig zweckhafter Zielstellung zu. Dabei gilt es ein Gerät zu konstruieren, das ganz bestimmten Zwecken dient. Hier ist wieder Finales und Instrumentales angesprochen genau wie beim Konstruieren einer Experimentalanordnung, wenn auch die Grundhaltung eine andere ist. Die erste zielt auf Erfinden, die zweite auf Erforschen. Um diesen Grundtenor, der nicht unwesentlich ist, herauszuspüren, bedarf es aber wieder eines technologischen Elementarunterrichts; denn die Vor- und Folgestufen in den beiden Bereichen sind miteinander nicht vergleichbar und machen die ganz verschiedenen Intensionen beider Gebiete deutlich. Es ist müßig, die hier einschlägigen Arbeitstechniken zu nennen, man kann sie unter 5.224 nachlesen aber mit der Einschränkung, daß dabei wieder Transaktionen stattfinden, die an sich nicht zulässig sind.

Aus dem Dargelegten dürfte ersichtlich geworden sein, wie wenig eine so verstandene Anwendungsstufe wirkt und wie problematisch das Verständnis ist, das wir uns durch sie erhoffen. Sie bleibt vordergründig, weil sie letztlich etwas will, was in einen anderen Bereich verweist, nämlich in den der Technik, bzw. den des technischen Unterrichts.

Eine Zusammenfassung muß deshalb fein säuberlich die beiden verschiedenen Inhalte des Begriffs »Anwendung« voneinander trennen:

7. Stufe: Anwendung im didaktischen Sinn
Ziel: Verständnis eines Phänomens
Arbeitstechniken: alle nur denkbaren und möglichen
Bedeutung für die Grundschule: integrierender Bestandteil des
Lernens und Verstehens

7. Stufe: Anwendung im pragmatischen Sinne
Ziel: Hinführung zu einem anderen Aspekt, dem technischen.
Arbeitstechniken: alle die des Konstruierens und Laborierens,
ferner die geistiger Arbeit
Bedeutung für die Grundschule: kann nur aus dem Blickfeld eines
technologischen Sachunterrichts
beurteilt werden.

5.229 Epilog

Wir haben hier eine Reihe von sogenannten Stufen dargelegt. Hin und wieder wurden sie auch als Schritte, als Phasen, als Sequenzen bezeichnet. Dies geschah nicht, um psychologische Termini auszuleihen und sie mehr oder minder zu mißbrauchen. Es geschah einfach deshalb, weil gezeigt werden sollte, daß es gar nicht darauf ankommt, wie im einzelnen diese Bereiche genannt werden, sondern daß der Weg der Erkenntnis gegliedert ist, daß er sich in einzelne Abschnitte mit besonderem Charakter zerlegen läßt, die eine deutliche Plazierung aufweisen. Es handelt sich also um eine Folge denknotwendiger Maßnahmen, die durch die Fachmethode vorgezeichnet eine didaktische Überarbeitung erfahren haben.

Das dadurch entstandene Schema ist idealtypisch, das heißt, daß es weder in seiner Geschlossenheit, noch in seiner Tiefe von Anfang an erwartet, praktiziert oder bewältigt werden kann. Beim Gang über diese Stufen war unschwer festzustellen, warum das nicht möglich ist. Zunächst ist deutlich geworden, daß nicht jede Stufe für das Grundschulkind gleich gut geeignet ist. Das sollte nicht bedeuten, sie zu meiden, sondern sie vielmehr unter Beachtung der notwendigen Voraussetzungen zu gebrauchen, die teilweise jedoch außerhalb des fachlichen Anliegens zu suchen sind. Ferner zeigte jeder dieser Schritte Arbeitstechniken, die zwar im Gesamtbereich immer wieder vorkommen, jedoch häufig dann andere Akzente tragen. Daß ohne ein gewisses Minimum an Fähigkeiten damit umgehen zu können eine Stufe nur schwer genutzt werden kann, dürfte ebenfalls klar geworden sein. Wie übungsintensiv einige dieser Techniken sind, war wohl auch kaum zu übersehen. Es ist also einmal die pädagogische, psychologische und didaktische Situation der Klasse, welche darüber entscheidet, wie extensiv und wie intensiv das Stufenschema beachtet werden kann.

Aber auch das zu bewältigende Problem spricht nicht unwesentlich mit. Wo keine echten Hypothesen formuliert werden können, ist es sinnlos, einen auf experimentelle Klärung angelegten Erkenntnisablauf ankurbeln zu wollen. Die Frage, warum der Magnet nur Eisen- aber keine Messingschrauben anzieht, dürfte kaum zu brauchbaren Deutungen führen. In diesem Fall können etwa nur die Problemerhellung, das Laborieren, das damit zum Probieren wird, das Schließen, das Anwenden angesprochen sein. Oft kommt es vor, daß die Vermutungen nur gelingen, wenn beständig sofortige Nachprüfungen erfolgen, mit denen erst eine Hypothese möglich wird. In diesem Fall verschmelzen also Meinungsbildung, Konstruieren und Laborieren. Die gefundene Hypothese ist dann schon so gut wie gesichert. Die dennoch vollzogenen Stufen des Konstruierens, Laborierens und Schließens sind dann lediglich beweisende Akte eines schon fast sicheren Wissens. Wie es um die Ausprägung des Schließens steht, wurde schon behandelt. Es ist durchaus in der Ordnung, daß gewisse Stufen nur angedeutet sind, daß andere entfallen, mit vorausgehenden oder nachfolgenden verschmelzen. Einzelne werden so gewichtig sein, daß wir uns über Tage hinweg damit befassen müssen, andere sind in fünf Minuten durchstiegen. Damit ist auch angedeutet, daß die Schritte nicht zu einem Lektionismus nach Formalstufenmanier ausarten dürfen. Wer sie schematisch in das Kurzstundenkorsett preßt, handelt grob fahrlässig, was wiederum nicht besagen soll, daß das nicht auch durchaus gelingen kann. Wenn das alles so freibleibend gehandhabt werden darf, dann fragt es sich, ob sich dieses idealtypische Schema nicht selbst ad absurdum führt. Ganz gewiß nicht! Im Gegenteil, je flexibler der Lehrer es gebraucht, je sorgfältiger er sich über den jeweiligen Standpunkt in der Auseinandersetzung der Klasse mit dem Problem im Klaren ist, je intensiver er die nutzbaren Schritte setzt, je leichtfüßiger er über unergiebige hinwegspringt, um so rascher wird er die Kinder befähigen, stufengerecht zu arbeiten und je eher wird er dem Tage nahe kommen, an dem er und die Schüler das Gefühl haben, echte »Forschung« zu betreiben. Das gelingt im Verlauf der Grundschule an einigen Problemen ganz gewiß.

Weil gerade von »Forschung« die Rede war. Die Abkehr von der bloßen

Stoffvermittlung kann nicht bedeuten, daß alles durch simulierte Forschung zu erarbeiten ist. Vieles wird und muß Information bleiben. Dem »so tun, als ob« die Schüler die ersten Menschen wären, die dahinterkommen würden, sind sehr deutliche Grenzen gesetzt. Weil das aber so ist, muß jede sich bietende Gelegenheit wahrgenommen werden, ein Problem fachgerecht zu erarbeiten. Nur so ist letztlich die Flut an nötiger Information zu ertragen und zu nutzen.

Wir versuchten Arbeitsweisen des physikalisch-chemischen Sachunterrichts in der Grundschule zu betrachten. Wir sahen, daß sich hier ein weites und lohnendes Feld auftut, auf dem bei vernünftiger Bewirtschaftung manche gute Frucht zu ernten sein wird. Es ist verständlich, daß die Naturwissenschaften im Blick auf die unbebauten Flächen der Vergangenheit einen erhöhten Nachholbedarf haben, aber wir sollten bei aller Dringlichkeit wissen, daß Physik und Chemie nur zwei von vielen Möglichkeiten und nicht minder wichtigen Aspekten sind, diese unsere Welt zu betrachten und zu verstehen.

JOACHIM KNOLL

6. Arbeitsweisen und Problemlösungsstrategien im grundlegenden Biologieunterricht

6.1 Einleitung

Die gegenwärtige Diskussion um einen grundlegenden Biologieunterricht sieht sich in einer eigenartigen Situation: Auf der einen Seite ist sie mit der hochspezialisierten wissenschaftlichen Biologie, auf der anderen, mit der Misere des Biologieunterrichts (Werner 1971, S. 7-17) in allen Schulgattungen konfrontiert. Und so ist es kaum verwunderlich, wenn neue didaktische Begriffe wie »Orientierung an der Fachwissenschaft« oder »strukturgemäßer Sachunterricht« den Grundschullehrer eher verwirren, als daß sie ihm helfen, besser zu unterrichten. Der Didaktik des grundlegenden Biologieunterrichts sind in nächster Zeit daher im wesentlichen vier Aufgaben gestellt: Sie muß
1. die Kenntnisse, die in der Grundschule lernbar sind, beschreiben und begründen,
2. das Unterrichtsmaterial, an dem diese Kenntnisse gewonnen werden sollen, beschreiben bzw. entwickeln,
3. die Arbeitsweisen, die an Hand des beschriebenen Materials zu den geforderten Kenntnissen führen, definieren,
4. Lehrpläne für die vier Jahrgänge der Grundschule entwickeln.
Wenn begründete Entscheidungen hinsichtlich dieser vier Aufgaben getroffen worden sind, sind sie der empirischen Prüfung zu unterwerfen.
Die folgenden Ausführungen befassen sich nur mit einer dieser vier Aufgaben; sie versuchen die Forderung zu erörtern, daß sich der grundlegende Biologieunterricht an den für die Biologie charakteristischen Arbeitsweisen zu orientieren habe. Diese Forderung scheint sinnvoll zu sein:
> »Wissenschaften sind nicht nur ein Strukturgefüge substantiell zu erschließender Begriffe. Kennzeichnend für Wissenschaft ist auch ihr bereichsspezifisches Repertoire an Verfahrensweisen und Prozessen, durch die methodisch anspruchsvoll Informationen erarbeitet werden« (Tütken 1970, S. 109).

Im Gegensatz zu diesem Zitat stellen wir aber fest, daß sich der bisherige Biologieunterricht, wie wir ihn aus den verschiedenen Schulgattungen kennen, vorwiegend an den Ergebnissen der Biologie orientiert hat, an Fakten, die der

Schüler in der Prüfungssituation reproduzieren kann. Dieser Biologieunterricht wies nicht nach, auf Grund welchen Materials und auf Grund welcher Operationen die Biologie zu eben diesen Ergebnissen und Fakten gelangt. Die Folge ist, daß die Arbeit der wissenschaftlichen Biologie allgemein als etwas Geheimnisvolles und Undurchschaubares angesehen wird und ihren Ergebnissen mit einer Art Fatalismus begegnet wird. Eine solche Einstellung gegenüber der Biologie muß aber angesichts ihrer enormen gesellschaftlichen Bedeutung als ausgesprochen gefährlich bezeichnet werden. Wir behaupten, daß diese Einstellung zu einem großen Teil durch einen Biologieunterricht geändert werden kann, der sich an den Arbeitsweisen der Biologie orientiert. Und wir behaupten ferner, daß damit bereits in der Grundschule begonnen werden kann und muß.

Gefragt, wie Arbeitsweisen zu definieren sind, befinden wir uns freilich in einer Verlegenheit, der wir uns durch einen Kunstgriff entziehen wollen.

Befragen wir nämlich einen Wissenschaftler nach allen seinen Tätigkeiten, die er bei der Lösung eines Problems durchgeführt hat, so wird er vielleicht antworten:

Ich habe über mein Problem viel gelesen, ich habe wichtige Informationen exzerpiert, ich habe mit Kollegen diskutiert, ich habe beobachtet, ich habe ein Experiment geplant und verworfen, ich habe erneut nachgedacht und mit Kollegen diskutiert, ich habe ein neues Experiment entworfen, ich habe tagelang gemessen, ich habe die Ergebnisse in Tabellen festgehalten, die Tabellen habe ich geordnet, schließlich habe ich eine gefundene Regelhaftigkeit in einem Aufsatz veröffentlicht.

Ein anderer Wissenschaftler arbeitet an einem anderen Problem, sein Bericht wird vermutlich anders ausfallen, aber merkwürdigerweise tauchen bei ihm ähnliche Begriffe zur Beschreibung seiner Tätigkeiten auf wie bei dem ersten, nur die Problemlösungsstrategie war eine andere.

Was sind also Arbeitsweisen?

Als Arbeitsweisen bezeichnen wir die innerhalb einer komplexen Problemlösungsstrategie eindeutig beschreibbaren Operationen.

Eine Definition wie diese nennen wir eine operationale Definition.

Einen Wissenschaftler können wir freilich nicht ohne weiteres mit einem Schüler vergleichen. Ein Schüler ist ein Lernender und kein Forscher, wie ein Forscher kein Lernender mehr ist (*Roth* 1959, S. 3). Deshalb müssen wir bei der operationalen Definition von Arbeitsweisen für die Schule, insbesondere für die Grundschule, noch sehr viel mehr in Einzelheiten gehen.

Ein Blick in neuere Lehrpläne für den grundlegenden Biologieunterricht zeigt, daß eine Reihe von Arbeitsweisen der Biologie ausdrücklich als Unterrichtsaufgaben und Lernziele für den Schüler genannt wird. Es wird also angenommen, daß Grundschüler beispielsweise das Beobachten und Experimentieren, das Ordnen von Erfahrungen und das Darstellen von Untersuchungsergebnissen lernen können. Dieser Annahme können wir uns aus eigenen Erfahrungen anschließen. Es wird jedoch nicht ohne weiteres angenommen, daß der Schüler, im Besitz erlernter Arbeitsweisen, nun auch in der Lage ist, Strategien des Problemlösens zu entwerfen und durchzuführen. Hier deutet sich ein didaktisches Problem von großer Schwierigkeit an. Zunächst aber wollen wir nach der Planbarkeit von Arbeitsweisen und ihren Bedingungen im Rahmen des grundlegenden Biologieunterrichts fragen.

6.2 Die Planung des Lernens von Arbeitsweisen im Rahmen des grundlegenden Biologieunterrichts

6.21 Die Orientierung an den Arbeitsweisen wissenschaftlicher Biologie im Hinblick auf den grundlegenden Biologieunterricht

Wie im Biologieunterricht beobachtet und experimentiert werden soll, wie Ergebnisse ausgewertet werden sollen, erfährt gewöhnlich seine erste Konkretisierung in den sog. Arbeitsaufgaben der Schulbücher verschiedener Verlage. Eine theoretische Begründung dieser Arbeitsweisen wird aber selbst in den begleitenden Lehrerheften solcher Bücher nicht gegeben. Für die Aufstellung von Lernzielen in einem selbsterstellten Lehrplan sowie für das Verstehen der Lernziele in einem amtlichen Lehrplan ist aber eine klare Beschreibung und Begründung von Arbeitsweisen erforderlich. Was liegt näher, als in dieser Situation zu fragen, was man denn in der wissenschaftlichen Biologie unter den einzelnen Arbeitsweisen versteht. Dies wollen wir an drei Beispielen erläutern.

6.211 Die Arbeitsweisen »Beobachten«, »Ordnen« und »Experimentieren«

Das Beobachten

Das Beobachten wird zu Recht als die zentrale Arbeitsweise der Biologie bezeichnet. Hierbei werden Lebewesen und Lebenserscheinungen nicht nur betrachtet und beschrieben, sondern durch das Herausstellen von Ähnlichkeiten und Unterschieden immer auch verglichen. Beim Beobachten sind alle Sinne beteiligt: Sehen, Hören, Riechen, Tasten und Wägen. Sie können unterstützt werden durch verschiedene technische Hilfsmittel wie Lupe, Feldstecher oder Mikroskop. Oft sind Eingriffe und Maßnahmen erforderlich, um das zu beobachtende Objekt beobachtbar zu machen — wie bei der Sektion. Lebewesen und Lebenserscheinungen haben einen meist deutlichen Raum-Zeit-Faktor, der genau bestimmt werden muß. Dies ist besonders deutlich bei der Beobachtung von Entwicklungsvorgängen (Larvalentwicklung), von Wachstumsvorgängen, von Bewegungsweisen oder von Lebenszyklen. Der Beobachter muß dabei nicht nur qualitativ vorgehen, sondern wird zum quantitativen Erfassen voranschreiten: Die Puls- und Atemfrequenz kann durch Zählen bestimmt oder mit der Uhr gemessen werden. So gesehen ist das Beobachten sicher keine mechanische oder dem Zufall unterworfene Arbeitsweise. Das Handeln des Beobachters zeigt sich vor allem in der Wahl angemessener Beobachtungskriterien, in der Wahl des günstigsten Beobachtungszeitraumes, in der Wahl der Hilfsmittel oder in Maßnahmen zur Konstanthaltung der Beobachtungsbedingungen (*Vogel-Angermann* 1967, S. 15). Beobachten kann daher auch als eine programmgesteuerte Interaktion zwischen Beobachter und Objekt bezeichnet werden, oder, wie es Schiefele einmal nannte, ein »Schauen mit einer Frage«.

Durch Beobachten gewonnene Daten müssen fixiert werden. Dies ist durchaus keine formalistische Forderung, denn die Notwendigkeit eines Protokolls ergibt sich aus der für naturwissenschaftliches Arbeiten geforderten Exaktheit und Nachprüfbarkeit der gewonnenen Daten.

Das Ordnen

Über zwei Millionen Arten von Lebewesen sind uns bekannt. Diese ungeheuere Anzahl reduziert sich freilich für den Nichtbiologen auf eine sehr viel geringere Zahl, sofern er ihnen in seiner Umgebung begegnet. Aber noch die Vielfalt von Pflanzen und Tieren, welche uns während eines Sonntagsspazierganges begegnen, verwirrt uns. Das Phänomen der Vielheit ist ohne Zweifel ein Problem. Im Laufe der Geschichte der Biologie hat es zu drei Arbeitsgebieten geführt, die nacheinander entstanden sind:

1. Die Taxonomie: Durch Beschreiben und Vergleichen wurde die Vielfalt der Organismen nach bestimmten Kriterien geordnet. Genau genommen gehen in das Ordnen noch eine Reihe anderer Arbeitsweisen ein, etwa das Sammeln. Mit dem Sammeln verbunden ist das Benennen, wobei es gerade in der Biologie eigenartige Benennungsprobleme gibt. Unter einem Wurm beispielsweise kann in der Umgangssprache eine Schlange, der ›Mehlwurm‹, der ›Wurm‹ im Apfel oder der Wurm in der Erde verstanden werden. — Damit ist auch die Frage der Artenkenntnis, die durch Kenn- und Bestimmungsübungen erworben werden kann, angeschnitten. Die Forderung nach Artenkenntnis wird selbst von Fachbiologen nicht mehr unbestritten hingenommen.

2. Die Abstammungslehre: Die Vielfalt der Arten wird nach dem Maß ihrer Verwandtschaft geordnet.

3. Die Genetik: Sie erforscht die Mechanismen, welche die relative Konstanz und ihre Veränderlichkeit bewirken.

Das Experimentieren

Was sich vom Beobachten sagen ließ, gilt auch für das Experimentieren, wie auch Arbeitsweisen des Ordnens beim Beobachten mitwirken. Darüber hinaus werden aber an das Experiment strengere Maßstäbe angelegt. So wird seine Wiederholbarkeit verlangt und größter Wert darauf gelegt, daß vom qualitativen Experiment zum quantitativen fortgeschritten wird. Ein wesentliches Merkmal des Experimentierens ist der Eingriff des Experimentators in das Objekt, um ein Einzelphänomen innerhalb eines komplizierten Zusammenhanges besonders sichtbar werden zu lassen. Es werden nur eine oder nur wenige Variable zugelassen. Dies erfordert oft einen erheblichen technischen Aufwand. Aber das Umgehen mit Gerät und Chemikalien an sich ist kein Charakteristikum eines Experiments, wesentlich ist das Problem.

Isoliert betrachtet stellt beispielsweise die Jodprobe auf Stärke ein Nachweisverfahren dar, es kann allerdings Bestandteil eines Experiments sein.

Es ist wichtig, gerade auf solche Unterscheidungen hinzuweisen, da im naturwissenschaftlichen Unterricht häufig der Begriff »Versuch« verwendet wird, der vor allem durch das Manipulieren mit irgendwelchem Gerät beschrieben wird. Insofern ist dieser Begriff unglücklich und wir sollten versuchen, ohne ihn auszukommen.

Abschließend kann gesagt werden, daß gerade das Experimentieren für die moderne Biologie charakteristisch ist.

6.212 Diskussion

Es ist unbedingt erforderlich, daß ein Lehrer, der Arbeitsweisen im grundlegenden Biologieunterricht lehren will, sich an der wissenschaftlichen Hochform dieser Arbeitsweisen orientiert. Dann erst kann er sinnvoll fragen, wie sie im Hinblick auf den Grundschulunterricht zu modifizieren sind.

Was müßte eine Beschreibung von Arbeitsweisen berücksichtigen, damit sie eine Hilfe bei der Planung des grundlegenden Biologieunterrichts darstellt?
1. Beim Beobachten, Ordnen und beim Experimentieren sahen wir, daß es sich hier um sehr komplexe Arbeitsweisen handelt. Beobachten kann sich zusammensetzen aus: Betrachten, Beschreiben, Probleme sehen, Vergleichen, Wahrnehmen mit allen Sinnen, Anwenden von technischen Hilfsmitteln, Messen und Zählen. Die Reihe dieser Tätigkeiten ließe sich noch fortsetzen.

Ähnlich ist es beim Experimentieren und beim Ordnen. Uhlig und seine Mitarbeiter (*Uhlig* 1962, S. 175) haben die Tatsache, daß es Arbeitsweisen unterschiedlicher Komplexität gibt, mit Hilfe eines Schemas zu systematisieren versucht. Dabei beschränken sie sich auf die von ihnen als »Erkundungsformen« bezeichneten Arbeitsweisen Betrachten, Beobachten, Untersuchen und Experimentieren:

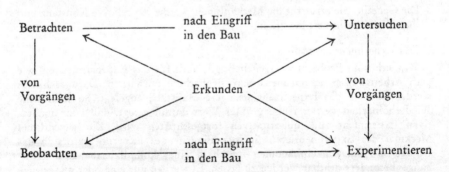

Für den Grundschulunterricht verdichtet sich die Feststellung von Arbeitsweisen unterschiedlicher Komplexität zu der Forderung, daß komplexe Arbeitsweisen aus einfachen aufzubauen sind. Darüber hinaus soll die Berechtigung von *Uhligs* Schema hier nicht erörtert werden.

2. Ein weiteres Problem ergibt sich aus der Analyse des Beobachtens. Beobachten ist zwar insgesamt als ein Vorgang zu bezeichnen, bei dem denkend ein Problem gelöst wird, doch genügt diese Bestimmung nicht. Beispiel: Auf die Frage, welche Rolle Männchen und Weibchen beim Erbrüten und Aufziehen von Jungen bei Stockenten spielen, werden wir das Federkleid beider Geschlechter vergleichen und mit ihrem Lebensraum in Beziehung setzen. Noch bessere Daten gewinnen wir, wenn wir Stockenten beim Brüten und Ausführen der Jungen mit Hilfe eines Feldstechers beobachten. Beim Beobachten spielen also nicht nur Denkakte, sondern auch Techniken eine Rolle. Diese Tatsache hat bei vielen Autoren zum Versuch einer Unterteilung der Arbeitsweisen geführt. *Roth* (S. 219) unterscheidet zwischen motorischen und geistigen Fähigkeiten, fügt aber hinzu: »Wir können jedoch keine eindeutige Grenze zwischen diesen beiden Arten des Lernens ziehen, da auch bei scheinbar rein motorischen Fertigkeiten ein Minimum an Einsicht nötig ist.« Tatsächlich ist es gegenwärtig nicht möglich, eine in jeder Hinsicht zufriedenstellende Abgrenzung verschiedener Dimensionen innerhalb der Arbeitsweisen der Biologie zu geben. Auch aus diesem Grund sollen daher im folgenden die Techniken mit ihrer vorwiegend psychomotorischen Komponente und die mehr kognitiven Arbeitsweisen gleichberechtigt nebeneinander behandelt werden (vgl. auch *Victor* 1965 und *Bloom* 1956).

3. Wenn Arbeitsweisen als Unterrichtsziele formuliert werden müssen, dann ist zu überlegen, wie dies im Hinblick auf die verschiedenen Schülerjahrgänge zu geschehen hat. Wir werden etwa zu untersuchen haben, wie Beobachtungs- oder Ordnungsaufgaben für die erste Klasse einfach zu formulieren sind und ob beispielsweise das Experimentieren nicht eine Überforderung des Schulanfängers darstellt. Ausgehend von der ersten Klasse werden die gleichen Fragen für die zweite Klasse gestellt werden usw.

4. Es ist zu bezweifeln, ob Arbeitsweisen im Sinne der ehemaligen formalen Bildungsziele als Lehraufgaben formuliert werden dürfen. Auf den doppelten Aspekt von Operationen, auf das Zusammengehören von Können und Wissen haben bekanntlich *Piaget* und *Aebli* hingewiesen. Am Beispiel des Beobachtens lautet die Frage für uns: Wenn wir »Beobachten« als Lernziel für einen bestimmten Schülerjahrgang formulieren, müssen wir dann nicht immer gleichzeitig sagen, an welchen Objekten und mit welchem intellektuellen Ziel Beobachten hier gelernt werden soll?

5. Es gibt nicht nur grundlegenden Biologieunterricht, sondern auch grundlegenden Chemie- und Physikunterricht. Da sich beide als naturwissenschaftliche Fächer verstehen, sind ihre Arbeitsweisen wenigstens prinzipiell die gleichen. Zu gegebener Zeit wird daher zu fragen sein, ob die für den grundlegenden naturwissenschaftlichen Unterricht charakteristischen Arbeitsweisen nicht von allen einschlägigen Fächern gemeinsam geplant und gelehrt werden könnten.

Bevor der Versuch gemacht wird, an einem Modell zu zeigen, wie Arbeitsweisen für den grundlegenden Biologieunterricht geplant werden können, müssen wir uns dort informieren, wo solche Versuche schon seit längerer Zeit mit großem Aufwand betrieben wurden. Gemeint ist die nordamerikanische Didaktik für den grundlegenden naturwissenschaftlichen Unterricht (Elementary Science).

6.22 Die Planung von Arbeitsweisen in der didaktischen Literatur der USA

1956 veröffentlichten B. S. *Bloom* und seine Mitarbeiter das Handbuch »Taxonomy of Educational Objectives«, welches dem Lehrer helfen soll, Lernziele im kognitiven Bereich als Endverhalten des Schülers eindeutig zu beschreiben und vor allem im Prüfungsverfahren gegeneinander abzugrenzen. Wenn *Blooms* System auch nicht ohne Schwierigkeiten zu handhaben ist, so lassen sich dennoch einige Gesichtspunkte für die Diskussion von Arbeitsweisen im grundlegenden Biologieunterricht gewinnen:
1. Das Wissen charakterisiert nur eine Lernzielebene, es ist zu ergänzen durch geistige Fähigkeiten und Fertigkeiten wie Verstehen, Anwenden, Analyse, Synthese und Bewertung.
2. Das Wissen ist in den dynamischen Prozeß der Auseinandersetzung mit unserer Welt einzubeziehen:
   »Kenntnisse sind dann von geringem Wert, wenn sie nicht in neuen Situationen, sehr verschieden von denen, in denen sie gewonnen wurden, angewandt werden können« (*Bloom* 1956, S. 24).

Die Anwendbarkeit dieser Taxomonie auf verschiedene Schulfächer wird zwar grundsätzlich behauptet, durch Beispiele belegt, aber leider steht eine vollständige Übertragung auf den Biologieunterricht noch aus. Der Arbeitskreis um *Bloom* bemühte sich zwar um eine möglichst umfangreiche Lernzielbeschreibung und -klassifizierung, verband diese aber nicht mit einer Beschreibung der dazu erforderlichen Lernprozesse. Dies versuchte 1965 *Gagné*, dessen eigentümlicher Ansatz für unser Thema von Interesse ist, nicht zuletzt, weil seine Theorie in den USA große praktische Bedeutung besitzt. Neben einfacheren Lerntypen spielt für *Gagné* im naturwissenschaftlichen Bereich das Lernen von Regeln eine zentrale Rolle. Es sind dies Regeln des Klassifizierens, des Messens, des Erkennens von Raum-Zeit-Beziehungen, des Schließens und des Mitteilens. Ihre Funktion beschreibt er folgendermaßen:
»So kann man sehen, daß die Regeln eines spezifischen naturwissenschaftlichen Themas (z. B. eines biologischen) das vorgängige Lernen vorgeordneter Regeln verlangen, die in dem Sinne Gemeingut der Naturwissenschaften sind, daß sie von den Prozessen naturwissenschaftlicher Erkenntnisgewinnung handeln, unabhängig davon, ob diese Kenntnisse im einzelnen biologisch, physikalisch, chemisch oder sonst etwas sind« (*Gagné* 1970[2], S. 154).

Gagné hält somit den Erwerb dieser Regeln für eine notwendige Voraussetzung jeden Fachunterrichts, also auch des Biologieunterrichts. Denn wenn beispielsweise sinnvolle Aussagen über das Wachsen von Pflanzen gemacht werden sollen, dann ist die Anwendung dieser elementaren Regeln Voraussetzung. Vor jeden Fachunterricht hat, so postuliert *Gagné*, ein Kurs zum Erlernen elementarer Arbeitsweisen (Regeln) zu treten, er erstreckt sich über die sechs Jahre der Elementary School.

Es ist anzumerken, daß *Gagné* seine elementaren Arbeitsweisen während der Mitarbeit an dem großen Curriculum-Projekt »Science — A Process Approach« weiter ausgebaut und verdeutlicht hat.

Experimentieren	
operational Definieren Daten interpretieren funktionale Abhängigkeiten finden Hypothesen formulieren	integrierte Arbeitsweisen
Schließen Vorhersagen	
Mitteilen	grundlegende Arbeitsweisen
Messen Zahlen gebrauchen Raum-Zeit-Beziehungen erkennen Klassifizieren Beobachten	

Charakteristisch für das Curriculum »Science — A Process Approach« ist, daß die einzelnen Arbeitsweisen in Form getrennter Lehrgänge entworfen werden, wobei sie zu immer höherer Komplexität entwickelt werden (hierarchisches Prinzip). Mit fortschreitender Entwicklung der einzelnen Arbeitsweisen kommt es zu einer steigenden Verflechtung der Arbeitsweisen untereinander. So tritt zum Beobachten das Messen und Zählen.

Die Übungen zur Entwicklung von Arbeitsweisen werden stets in Verbindung mit biologischen, physikalischen oder anderen naturwissenschaftlichen Inhalten durchgeführt.

Beispiel: Klassifizieren 6 / Lebewesen im Aquarium

Lernziele: Nach Abschluß dieser Übung soll der Schüler in der Lage sein

1. Lebewesen, die gewöhnlich in einem Aquarium gehalten werden können, in Gruppen und Untergruppen einzuteilen,
2. einen einfachen Bestimmungsschlüssel zu entwerfen und anzuwenden,
3. ein unbekanntes Lebewesen an der richtigen Stelle innerhalb eines bekannten Systems einzuordnen.

Auf diese Weise werden zwar eine Reihe wesentlicher Erkenntnisse aus dem Bereiche der Biologie gewonnen, aber insgesamt tritt die Eigenart der Fächer in den Hintergrund.

Wir fragen uns, ob wir den Ansatz *Gagnés* als einem primär methodenorientierten allgemeinen Naturwissenschaftsunterricht nachvollziehen können und wollen. Es ist nämlich zu erwägen, ob nicht die Eigenart der Fächer, die sich in ihren besonderen Gegenständen, Begriffen und Aussagen äußert, ebenso sorgfältig entwickelt werden muß, wie die für alle Fächer geltenden Arbeitsweisen.

Angesichts der Fächerung von Anfang an in neueren deutschen Lehrplänen für den grundlegenden Sachunterricht stellen wir zur Diskussion, ob die Arbeitsweisen nicht in diesem Rahmen entwickelt werden können. Dann könnte sich *Gagnés* »Elementenlehrgang« als überflüssig erweisen.

6.23 Beispiel

6.231 Samenkeimung und Wachstum grüner Pflanzen

Dieses Planungsbeispiel wird zunächst *in Form beschreibender Sätze* von der ersten bis zur vierten Jahrgangsstufe umrissen. Die Sätze sind hinsichtlich ihres Informationsgehaltes so eng gefaßt worden, daß sie ohne Schwierigkeit in die Formulierung von Lernzielen eingehen können.

Die weitere Ausarbeitung des Planungsbeispiels führt zu der auf den Seiten 176 u. 177 dargestellten Übersicht, bei der die notwendigen Arbeitsweisen und die zu gewinnenden Begriffe in Erscheinung treten.

6.232 Diskussion

Wir müssen feststellen, daß solche Tabellen wie die vorstehende uns erst dann bei der Planung der Arbeitsweisen entscheidend helfen werden, wenn sie für sämtliche Einheiten des grundlegenden Biologieunterrichts vorliegen. Zur Zeit ist es somit nicht möglich, eine Gesamtdarstellung der Arbeitsweisen im grundlegenden Biologieunterricht zu geben, sie kann in absehbarer Zeit nur von größeren Arbeitsgruppen erstellt werden. Aber es ist jetzt schon möglich, auf Grund der bisherigen Erörterungen und des Planungsbeispiels eine Reihe von Forderungen an eine solche Gesamtdarstellung aufzustellen.

1. Die Arbeitsweisen sind, in komplexe Lernvorgänge eingeordnet, so zu beschreiben, daß sie als erkennbare Unterrichtsaufgaben auch für den fachlich nicht besonders ausgebildeten Grundschullehrer exakt durchführbar sind.
Im Hinblick auf den Schüler heißt dies, daß der Schüler entsprechend seiner

4. Jg.	Stärke bildet die Pflanze in den grünen Blättern	Pflanzen können im Dunkeln eine Zeitlang wachsen, werden aber nicht grün und sterben schließlich	Stärke können nur grüne Pflanzen bilden, die im Licht wachsen	Pflanzen, die im Dunkeln wachsen, sterben an Nahrungsmangel	Nach dem Verbrauch der Stärke in den Keimblättern benötigt die Pflanze andere Stärkequellen
3. Jg.	In einem Samen befindet sich ein Pflanzenembryo. Er zeigt Teile der erwachsenen Pflanze	Keimblätter hat nur die junge Pflanze	Keimblätter sind Nahrungsspeicher der jungen Pflanze	Stärke ist die Pflanzennahrung in den Keimblättern. Stärke ist auch ein Nahrungsstoff des Menschen	
2. Jg.	Aus *jedem* Samen entstehen Pflanzen. Aus 3 verschiedenen Samen entstehen 3 verschiedene Pflanzen	Vor dem Keimen nimmt der Samen Wasser auf, er quillt	Pflanzenwachstum äußert sich in Zunahme von Gewicht, Länge, Dicke, Blättern ...	Junge Pflanzen können anfangs in Sand wachsen	
1. Jg.	Aus einem Bohnensamen entsteht eine Bohnenpflanze	Die Bohnenpflanze braucht regelmäßig und ausreichend Wasser	Eine B.-Pflanze wächst gut im Licht (Fenster)	Die Bohnenpflanze hat Wurzel, Stengel und Blätter	Junge Bohnenpflanzen gleichen ausgewachsenen Bohnenpflanzen

4. Jg.	Stärke in Laubblättern nachweisen Blätter in heißem Wasser abtöten Chlorophyll mit Alkohol extrahieren	Protokoll in Form einer Niederschrift abfassen	Chlorophyll (Blattgrün) Licht Stärke Pflanzennahrung	Das Wachstum von Pflanzen nach mehreren Kriterien, aber nach vorhergehendem experimentellem Eingriff beobachten (± Licht)	Im Dunkeln und im Licht gewachsene Pflanzen vergleichen Stärkebildung in bleichen und grünen Blättern vergleichen	Das Aufeinanderfolgen einer heterotrophen und der autotrophen Phase einer Pflanze ist zwar fließend, aber doch deutlich	Experimentelles Arrangement (Dunkelstellen) ist von den Schülern selbst zu finden	Hypothesen über das Wachsen im Dunkeln aufstellen Vorhandenes Wissen modifizieren Voraussagen machen über das weitere Wachstum vergeilter Pflanzen im Dunkeln Ursachen für das Eingehen der Dunkelpflanzen finden und beweisen (Stärkenachweis) Chlorophyll, Licht und Stärke als aufeinander bezogene Begriffe operational definieren
3. Jg.	Stärkenachweis mit Lugolscher Lösung an Keimblättern und menschlichen Lebensmitteln Lupe anwenden Zerlegen einer Bohne Volumenzunahme an gequollenen Bohnen messen	Das Ergebnis des Stärkenachweises in einer Tabelle festhalten Zeichnen, wie sich Bohnen nach dem Entfernen der Keimblätter entwickeln, mit Größen- und Zeitangabe Beschriften der Zeichnung einer geöffneten Bohne Eine Skizze einer geöffneten Bohne herstellen	Keimblätter Nahrungsspeicher Pflanzennahrung Stärke Samen Samenschale Nabel Keimling (Embryo)	Das Wachstum von Pflanzen nach einem Kriterium, aber nach vorhergehendem experimentellem Eingriff beobachten (± Keimblätter)	Experimentell beeinflußte Pflanze und Kontrollpflanze vergleichen Den Embryo mit der ausgewachsenen Pflanze vergleichen Stärke als für Pflanzen und Menschen (Tiere) gleichen Nahrungsstoff erkennen	Der aus dem Pflanzenembryo entstehende Keimling hat begrenzte Lebenszeit	Experimentelle Lösung der Frage nach der Bedeutung der Keimblätter wird vom Lehrer angeregt (Pflanzen mit und ohne Keimblätter!)	Stärke, Keimblatt, Nahrung als aufeinander bezogene Begriffe operational definieren wenn-dann-Aussagen bei Auswertung des Experiments machen Jedem Teil der Pflanze Funktionen zuordnen Von der Kenntnis der erwachsenen Pflanze her den Embryo deuten

	Halten von Pflanzen und Tieren	Untersuchungsverfahren, Meßverfahren, Nachweisverfahren, Anwendung technischer Hilfsmittel	Protokollieren, Darstellungsverfahren	Begriffe	Beobachten	Formen des Vergleichens	Raum-Zeit-Faktoren berücksichtigen	Vorstufen des Experimentierens (Planen, Arrangieren und Auswerten)	Beschreibende Sätze finden: Hypothesen bilden, Voraussagen, Schließen, Regeln finden
2. Jg.	Samen in Blumentöpfen mit Sand aussäen; Düngen nach Anweisung	Längen-, Dicken- und Gewichtszunahme an einer wachsenden Pflanze messen	Beobachtungsergebnisse (Zahlen!) in eine vorgefertigte Tabelle eintragen	Keimblätter; Samen; Quellen; Wasseraufnahme; Düngen; Mineralsalz	Das Wachstum von Pflanzen nach mehreren Kriterien in regelmäßigen, selbstgewählten Abständen beobachten	Die Teile verschiedener Pflanzen sind prinzipiell gleich; Verschiedene Pflanzen zeigen verschiedenes Wachstum	Samenzeit ist Ruhezeit; Quellen: Die Ruhezeit wird aufgehoben; Verschiedene Pflanzen wachsen versch., schnell	Über die Möglichkeit von Sandkulturen wird diskutiert	Wasser als Bedingung des Pflanzenwachstums bereits beim Samen (Quellen) feststellen; Wachsen als komplexe Erscheinung (Länge, Gewicht...) erkennen; Die gleichen Regeln beim unterschiedlichen Wachsen verschiedener Pflanzen erkennen
1. Jg.	maßvolles und regelmäßiges Gießen von Pflanzen unter Anleitung des Lehrers; Samen auf Anweisung in Blumentöpfe säen (Erde!)	Die Längenzunahme von Pflanzen mit einem einfachen Meßstab messen	Ein Bildprotokoll mit Hilfe vorgefertigten Materials als Gemeinschaftsarbeit führen; Eine Pflanze mit Wurzeln, Stengel und Blättern bezeichnen und beschriften können; mündlich vom Wachsen der Pflanzen an Hand des Gemeinschaftsprotokolls berichten können	Pflanze; Blatt; Stengel; Wurzel; wachsen sich entwickeln; Samen (quellen)	Das Wachstum einer Pflanze nach einem Kriterium unter Anleitung des Lehrers in regelmäßigen Abständen beobachten	Junge und ausgewachsene Pflanzen vergleichen	Feststellen, daß eine Größenzunahme von nur wenigen Zentimetern einer Wachstumszeit von vielen Wochen entspricht		Feststellen, daß Größenzunahme ein Merkmal von Wachsen ist; Feststellen, daß aus einem äußerlich einfachen Samen eine Pflanze mit höchst unterschiedlichen Teilen entsteht; Wachstumsbedingungen feststellen: Erde-Licht-Wasser

intellektuellen Entwicklung auf jeder Stufe eine optimale Antwort auf Fragen erhält, welche seine belebte Umwelt und ihn selbst betreffen. Aus diesem Grunde sind wir für eine Fächerung schon im ersten Schuljahr, wobei diese Fächerung nicht als äußerliches Organisationsprinzip, sondern als Aufgabe zu verstehen ist. Im ersten Schuljahr lernt das Kind Tiere, Pflanzen und seinen eigenen Körper schon unter vielen Gesichtspunkten durch konkrete Operationen kennen. Was aber die Biologie van anderen Betrachtungsweisen unterscheidet, das kann ihm nur im Laufe von Jahren deutlich werden.

2. Die Arbeitsweisen des grundlegenden Biologieunterrichts sind auf jeder Stufe an den Arbeitsweisen der wissenschaftlichen Biologie orientiert und führen zu wissenschaftlich vertretbaren Aussagen. Arbeitsweisen und Aussagen sind prinzipiell offen für die Weiterentwicklung.

3. Bestimmte Arbeitsweisen werden von der ersten bis zur vierten Jahrgangsstufe weiterentwickelt. Sie werden hierarchisch aufgebaut, z. B. Beobachten von der ersten bis vierten Klasse am Beispiel ›Pflanzenwachstum‹. Beobachten spielt aber auch bei der Behandlung anderer Themen eine entscheidende Rolle, etwa beim Beobachten der Singvögel im Jahreslauf.

4. Im Ablauf der einzelnen Schuljahre werden die einzelnen Arbeitsweisen in steigendem Maße miteinander gekoppelt. Diese Forderung kann wieder am Beobachten verdeutlicht werden: Beobachtungsaufgaben werden mit Meßaufgaben kombiniert oder sie werden in einen experimentellen Zusammenhang gestellt. Damit kann wesentlich früher begonnen werden als es etwa die amerikanische Literatur vorschlägt. So beginnen wir bereits in der zweiten und dritten Klasse damit, das Experimentieren vorzubereiten.

5. Arbeitsweisen sind als Lernziele operational zu definieren. Wir definieren erwünschte Arbeitsweisen als Schülerendverhalten (*Mager* 1970, S. 1). Sätze, welche Lernziele beschreiben, beginnen oft mit folgenden Worten: »Der Schüler soll am Ende einer Einheit (Stunde, Übung) ..... können«. Dabei muß die gesamte Unterrichtssituation einbezogen werden, eine künstliche Trennung von ›materialen‹ und ›formalen‹ Lernzielen erweist sich als ausgesprochen schwierig, wenn nicht unmöglich. Es ist nicht möglich, das Lernen von Arbeitsweisen in Form eines eigenen Kurses vor das Lösen inhaltlicher Probleme zu setzen. So sprachen wir im obigen Beispiel auch immer von Wachstumsbeobachtungen und nicht vom Beobachten allgemein.

Ein Beispiel aus einem anderen Themenbereich:

Meine Schüler sollen untersuchen, welche Teile des Kastanienbaumes bereits im Herbst in der Knospe angelegt sind.

Sie sollen bei der Untersuchung eines selbsthergestellten Knospenlängsschnittes eine Lupe benützen.

Sie sollen das sachgerechte Handhaben der Lupe durch Vormachen und Nachmachen lernen.

Sie sollen eine einfache Übersichtsskizze eines Knospenlängsschnittes anfertigen und mit sechs Begriffen beschriften usw.

6. Die hierarchische Anordnung der operational definierten Arbeitsweisen ent-

hält die Forderung, daß bisher gelernte Arbeitsweisen von den Schülern in ähnlichen und neuen Lernsituationen immer wieder angewendet werden.

7. Die Arbeitsweisen sind so darzustellen, daß sich aus dieser Darstellung Prüfungsaufgaben und -verfahren entwickeln lassen hinsichtlich der Reproduzierbarkeit und der Übertragbarkeit der erlernten Arbeitsweisen. Hierbei dürfte die Taxonomie *Blooms* noch erhebliche Bedeutung gewinnen.

8. Zunächst ist zu empfehlen, daß jedes naturwissenschaftliche Fach einen Plan der zu erlernenden Arbeitsweisen in eigener Verantwortung aufstellt. Danach sollte interdisziplinär der gemeinsame Aufbau der Arbeitsweisen von allen Fächern diskutiert werden. Dies sollte aber nicht zu einem allgemeinen naturwissenschaftlichen Vorkurs im Sinne *Gagnés* führen.

9. Bisher war, entsprechend der Themenstellung, nur von den Schülerjahrgängen 1 bis 4 die Rede. Die Planung muß aber für die weiterführenden Schulen fortgesetzt werden. Damit ist ausgedrückt, daß der Biologieunterricht der Grundschule der gleichen Theorie des Unterrichts gehorcht wie der der Orientierungsstufe, Hauptschule, Realschule, des Gymnasiums und des Grundstudiums der Universität. Die Bezeichnung ›vorfachlicher Biologieunterricht‹ lehnen wir als Ausdruck einer nicht zu verantwortenden Stufenideologie ab.

10. Pläne zum Aufbau von Arbeitsweisen im grundlegenden Biologieunterricht sind einer strengen empirischen Erprobung zu unterwerfen. Dabei könnte sich zeigen, daß bei der Beschreibung von Arbeitsweisen viel differenzierter verfahren werden müßte, als es im gegebenen Beispiel geschah, daß wir u. U. zu einer erneuten Diskussion von *Blooms* und *Gagnés* Ansätzen zurückkehren müssen.

6.3 Arbeitsweisen und Strategien des Problemlösens im grundlegenden Biologieunterricht

6.31 Die Orientierung des grundlegenden Biologieunterrichts an einem wissenschaftstheoretischen Modell des Problemlösens und die sich daraus ergebende Gefahr eines Schematismus

Im vorangehenden Abschnitt wurden die Arbeitsweisen des grundlegenden Biologieunterrichts als relativ elementare Operationen beschrieben und die Möglichkeit einer hierarchischen Anordnung erörtert. Jetzt erhebt sich die Frage, welche Rolle die Arbeitsweisen beim Lösen biologischer Probleme spielen. Während wir im Hinblick auf die Arbeitsweisen der Meinung sind, daß sie lehr- und lernbar sind, fällt die Antwort auf die Frage, ob auch das Lösen von Problemen lehr- und lernbar ist, bedeutend schwerer. Denn durch das Verfügen über eine Reihe von Arbeitsweisen ist man nicht ohne weiteres fähig, biologische Probleme zu lösen, wie auch das Beherrschen der Regeln des Schachspiels noch keinen guten Schachspieler ergibt. Aus diesem völlig anderen Blickwinkel müssen wir daher das Problem der Arbeitsweisen erneut diskutieren.

Heinrich *Roth* (1959[3], S. 125) vertritt einen der fruchtbarsten Gedanken neue-

rer Didaktik, wenn er in seiner Pädagogischen Psychologie schreibt:
»Das schulmäßige Lernen besteht in der Aufgabe, Erkanntes, Erforschtes, Geschaffenes wieder nacherkennen, nacherforschen, nachschaffen zu lassen, und zwar durch den methodischen Kunstgriff, Erkanntes wieder in Erkennen, Erfahrungen wieder in Erfahrnis, Erforschtes wieder in Forschung, Geschaffenes wieder in Schaffen aufzulösen ...«
Auf unsere Frage bezogen heißt dies, daß sich der Unterricht an Problemlösungsprozessen zu orientieren habe. Die Problemlösungsprozesse der Naturwissenschaften lassen sich durch ein charakteristisches Modell beschreiben. Dieses Modell wurde entworfen von der Wissenschaftstheorie, einem Arbeitsgebiet der Philosophie, welches die Möglichkeiten und Bedingungen menschlichen Redens über die Bereiche unserer Welt untersucht. Jede Fachdidaktik ist als solche direkt auf die wissenschaftstheoretische Grundlegung ihres Faches bezogen (*Ruhloff* 1967).

Ein stark vereinfachtes Modell für das Problemlösen bzw. den Erkenntnisgang in der wissenschaftlichen Biologie sei dargestellt:
Grundlage allen naturwissenschaftlichen Nachdenkens sind objektive Daten.
»›Objektiv‹ bedeutet hier nicht, die Feststellung zeige etwa direkt die reale Welt, sondern soll nur ausdrücken, daß es sich um Tatsachen handelt, die unabhängig vom jeweils erkennenden Subjekt und jederzeit vollständig nachvollziehbar (reproduzierbar) sind« (*Vogel-Angermann* 1967, S. 11).

Gewisse Aspekte dieser Daten können derart zum Problem werden, daß sie in ein System von Theorien, das bei einem Subjekt immer schon vorhanden ist, nicht passen. Dieser Konflikt drängt zu einem Ausgleich: Das problematische Phänomen wird vorläufig erklärt. Solche vorläufigen Erklärungen, wir bezeichnen sie als Hypothesen, erweisen sich nach einigem Nachdenken und zusätzlicher Information oft als mit den bisherigen Theorien vereinbar, sie können dieselben aber auch erweitern, einengen oder ganz in Frage stellen. Letzterer Fall ist selten. Wirklich revolutionäre Hypothesen waren in der Geschichte der Biologie etwa Darwins Erklärung der Vielfalt der Organismen als Ausdruck einer Evolution oder die viel jüngeren Hypothesen über die Bindung der Mechanismen des Stoffwechsels oder genetischer Prozesse an die Nukleinsäuren. Hypothesen als vorläufige Erklärungen werden formal wie gesicherte Theorien gehandhabt, aus ihnen können Folgerungen deduziert werden. Soll aber eine Hypothese das Prädikat der Brauchbarkeit erhalten, so wird gefordert, daß die aus ihr gezogenen Schlüsse objektiv (s. o.) nachgewiesen werden müssen. Der Geltungsbereich einer Hypothese erweist sich aus dem Vergleich von Voraussage und eingetretenem Ergebnis. Brauchbare Hypothesen sind solche, mit denen sich wenigstens eine Zeitlang gut arbeiten läßt. Manche Hypothesen haben sich sehr lange behaupten können, wurden dann aber durch brauchbarere Hypothesen ersetzt, so die Hypothese von der Konstanz der Arten. Gesicherte Hypothesen gehen als Theorien oder Prinzipien in den Bestand einer Wissenschaft ein und verleihen ihr den je eigenen Aussagecharakter. Sie können aber durch neue Daten grundsätzlich jederzeit in Frage gestellt werden, wodurch alle naturwissenschaftlichen Sätze eine eigenartige Relativität und Offenendigkeit besitzen. Naturwissenschaftlicher Fortschritt ist durch permanente Selbstkorrektur gekennzeichnet (vgl. *Mohr* 1967!).

Noch einfacher ausgedrückt findet folgender Prozeß statt: Angesichts neuer Daten findet eine Konfrontation mit vorgängigen Theorien statt, die zu neuen, objektiven Daten führt. Somit können wir die Arbeitsweisen in drei Gruppen einteilen: Arbeitsweisen zur Datengewinnung, Arbeitsweisen zur Datenverarbeitung und Arbeitsweisen zur Objektivierung oder Darstellung von Daten.

Arbeitsweisen zur Datengewinnung	Arbeitsweisen zur Datenverarbeitung	Arbeitsweisen zur Datendarstellung
Sammeln	Probleme sehen	(mündlich) Beschreiben
Messen	Hypothesen aufstellen	(schriftlich) Darstellen
Zählen	Erklärungen geben	Zeichnen, Skizzieren
Umgang mit optischen Hilfsmitteln	Modelle entwickeln	Fotografieren
Lese- und Nachschlagtechnik	Mannigfaltigkeit ordnen	Modellieren
Bestimmungsverfahren	Schlüsse ziehen	Tabellen und graphische Darstellungen anfertigen
Lesen von Tabellen und graph. Darstellungen	Voraussagen machen	Konservieren
Halten von Tieren und Pflanzen	Vergleichen	Ausstellen
Exkursionen durchführen	Isolieren	Protokollieren
Beobachten	Planen	
Untersuchen	Erfinden	

Die Tabelle befriedigt aber nicht in jeder Hinsicht, denn sie zeigt nicht, daß die drei Gruppen von Arbeitsweisen vielfältig aufeinander bezogen sind und sich gegenseitig überschneiden. Das folgende Schema veranschaulicht die tatsächlichen Verhältnisse besser:

Hier wird deutlich, daß zwar Daten Voraussetzung für Datenverarbeitung sind, daß aber brauchbare Daten nur auf Grund eines Programms, einer bereits vorhandenen Theorie gewonnen werden können. Solche zwar-aber-Sätze lassen sich auch über die anderen Bereiche bilden.

Wenn in diesem Zusammenhang großer Wert auf das Darstellen von Daten gelegt wird, so ist dies keine Forderung schulischer Pedanterie, sondern ein Charakteristikum wissenschaftlichen oder wissenschaftsorientierten Arbeitens, das auf Kommunikation und Objektivität angewiesen ist.

Derartige Beschreibungen des Ganges naturwissenschaftlicher Erkenntnisgewinnung bzw. Problemlösungsverfahren haben in der allgemeinen und be-

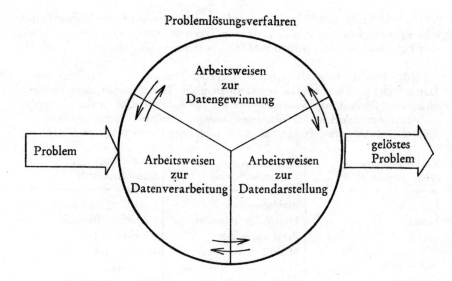

Problemlösungsverfahren

Arbeitsweisen zur Datengewinnung

Problem

Arbeitsweisen zur Datenverarbeitung

Arbeitsweisen zur Datendarstellung

gelöstes Problem

sonderen Didaktik seit der Arbeitsschulbewegung immer wieder zu Versuchen geführt, sie auf den Lernprozeß derart zu beziehen, daß aus ihnen Lernschritte abgeleitet werden, die in jeder Unterrichtseinheit der Reihe nach abzulaufen haben und nachgewiesen werden müssen.

Beispiel: 1. Identifizieren eines Problems
2. Formulieren einer Hypothese
3. Prüfen der Hypothese
4. Aussage über die Gültigkeit der Hypothese
5. Anwendung der gesicherten Hypothese auf ähnliche Probleme

Mit Hilfe unseres Repertoires an Bezeichnungen für Arbeitsweisen ließe sich dieses Schema auch ausweiten oder modifizieren.

Der Fortschritt eines Unterrichts, der nach diesem Schema verfährt, liegt im wesentlichen in drei Ansätzen:

1. Der Unterricht beginnt mit einer Problemstellung. Wo es dem Lehrer gelingt, scheinbare Selbstverständlichkeiten wieder fragwürdig zu machen, ist der Unterricht freier und offen für das Denken der Schüler.

2. Ein Problemlösungsverfahren soll durchgeführt werden.

3. Da wir im Sachunterricht immer auch darbieten müssen, wo wir nur informieren und demonstrieren wollen, kann dieses Stufenschema eine Art dramaturgischer Anweisung sein. Der Lehrer stellt die beabsichtigte Information nicht fertig vor die Kinder hin, sondern er läßt sie entstehen. Viele gute Sachbücher oder der Schulfunk verfahren nach dieser Anweisung.

Auf der anderen Seite muß auf gewisse Schwierigkeiten und Gefahren hingewiesen werden, die sich ergeben, wenn nach diesem Stufenschema unterrichtet
wird. In besonderer Weise gilt dies für den grundlegenden Biologieunterricht.
Wenn Stufenschemata, wie es traditionell weitgehend geschieht, auf zeitlich
kurze Unterrichtseinheiten bezogen werden, wie die Kurz- oder Blockstunde,
also dem alten Lektionsdenken verhaftet bleiben, dann erhält der Unterricht sehr
schnell den gleichen gängelnden Charakter wie dies für den vorwiegend dar-
bietenden, ergebnisorientierten Unterricht gilt. Es besteht die Gefahr, daß die
Schüler in ein Schema gepreßt werden, das sie gar nicht verstehen, daß sie zwar
von Problemlösungsverfahren hören, solche aber nie selbst durchführen.
Der besondere Gegenstand des grundlegenden Biologieunterrichts und die Tatsache, daß die Arbeitsweisen, die Problemlösungsverfahren charakterisieren, zunächst gelernt werden müssen, macht eine Reihe von Modifikationen des obigen
Stufenschemas erforderlich:
1. Es kann erforderlich sein, daß die einzelnen Stufen aus sachlichen oder unterrichtsmethodischen Gründen in ganze Reihen von eng begrenzten Arbeits-
   schritten aufgelöst werden müssen.
2. Das Erlernen der auf den einzelnen Stufen erforderlichen Arbeitsweisen verlangt einen sehr unterschiedlichen zeitlichen und unterrichtsmethodischen
   Aufwand.
3. Einzelne Stufen können durch oft erhebliche zeitliche Abstände voneinander
   getrennt sein, wobei diese zeitlichen Räume freilich nicht ungenützt bleiben,
   sondern in der Regel Beobachtungsstrecken darstellen.
4. Einzelne Stufen können wiederholt werden, weil beispielsweise ein Experiment mißlang oder eine Hypothese sich als falsch erwies.

Insgesamt müssen wir Schemata, die sich von wissenschaftstheoretischen Mo-
dellen ableiten lassen, als Idealstrategien des Problemlösens bezeichnen. Diese
Bezeichnung können wir uns verdeutlichen, wenn wir uns die Entstehung des
geschilderten wissenschaftstheoretischen Modells vor Augen halten. Das Modell
kann nämlich eine Reihe von Faktoren, die beim Problemlösen eine Rolle spielen,
nicht berücksichtigen: Es ist nicht die Rede von Phantasie, von Irr- und Um-
wegen, von Genialität oder Borniertheit, von Geschichte und den beteiligten
Menschen. Es ist rückblickend nach der Analyse von vielen unterschiedlichen
Problemlösungsstrategien unter Ausschaltung aller subjektiven Faktoren entstanden. Jeder seiner Schritte ist notwendig, logisch und allgemein anerkannt,
aber es stellt kein Rezept dar, wie in Zukunft wissenschaftliche Theorien gewonnen werden können.

6.32 Problemlösungsstrategien als Ziel des grundlegenden Biologieunterrichts

Das wissenschaftstheoretische Modell des Problemlösens im Biologieunterricht
behält seine Bedeutung als Korrektiv bei der rückschauenden Beurteilung von
im Unterricht stattgefundenen Problemlösungstrategien; als unterrichtsmetho-
dische Anweisung scheint es uns nicht sehr geeignet zu sein. Damit ist gleichzei-

tig gesagt, daß Problemlösungsstrategien im Unterricht zu entwickeln sind. Dies ist eine Forderung, die von vornherein mit einigen Schwierigkeiten belastet ist, welche bereits bei der Definition des Begriffs Problemlösungsstrategie beginnen. Die folgenden Ausführungen mögen daher als Diskussionsbeitrag verstanden werden.

Eine Problemlösungsstrategie ist ein Arrangement von vorhandenem Material, vorhandenen Kenntnissen, Arbeitsweisen und Einstellungen zur Lösung eines bestimmten Problems.

Damit ist mehreres gesagt:

1. Strategien sind im allgemeinsten Sinn voraussetzungsgebunden (vgl. *Gagné*, S. 48 f u. 51).

2. Strategien stellen nicht nur eine äußerliche Aneinanderreihung oder Kombination von Arbeitsweisen dar. Wer die Regeln des Schachspiels beherrscht (s. o.) ist noch kein guter Schachspieler. Selbst die Kombination von elementaren Arbeitsweisen zu komplexeren (›Regeln höherer Ordnung‹ nach *Gagné*) ergibt noch keine Problemlösungsstrategien.

3. Strategien werden immer auf ein ganz bestimmtes Problem hin entworfen: »Einsatz der Denkmittel in Richtung auf ein Ziel« (*Roth*, S. 198). Es gibt soviele Strategien wie es Probleme gibt, obwohl natürlich ähnliche Probleme auch ähnliche Lösungsstrategien ermöglichen.

4. Es ist nicht notwendig, den Begriff der Strategie in Anlehnung an gestalttheoretische Formeln, wonach das Ganze mehr ist als die Summe seiner Teile, zu umschreiben. *Gagné* (S. 138) unterscheidet zwischen Inhaltsregeln, worunter unsere Arbeitsweisen fallen, die erlernbar sind, und heuristischen Regeln, die zwar nicht als Lernziele erscheinen, aber dennoch erlernt werden. Bei Problemlösungsstrategien spielen gerade diese heuristischen Regeln eine Rolle.

5. Abgeschlossene Problemlösungsstrategien lassen sich rückschauend am wissenschaftstheoretischen Modell der Erkenntnisgewinnung prüfen und in seiner Form darstellen.

Was erwarten wir von Problemlösungsstrategien im Unterricht?

Strategien lassen den Denkhorizont des Schülers offen und legen ihn nicht vorzeitig auf ein Standardverfahren fest. Dadurch kann die Individuallage eines Schülers oder einer Schülergruppe optimal berücksichtigt werden. Strategien garantieren ein Optimum an Variabilität bei Problemlösungsverfahren, gleichzeitig aber durch die ihnen zugrunde liegende Systematik ein Maximum an Zielstrebigkeit (*Kleinschmidt* 1970, S. 190).

»Wenn also unser Unterricht die Systematik des wissenschaftlichen Denkens anstrebt, muß gezeigt werden, daß Systematik nicht nur eine Funktion der vorgegebenen Sache sondern eine Funktion der Auseinandersetzung mit ihr, eine Funktion des Denkens ist « (*Loser*, Päd. Randsch. H. 8, 1968).

Strategien, die somit individuelle Prozesse von Problemlösungsverfahren darstellen, geben schöpferischen (produktiven) Akten im Unterrichtsgeschehen breiten Raum. Sie spielen eine Rolle bei der Bildung von Hypothesen, bei der Planung von Experimenten und Beobachtungsarrangements sowie beim ›Erfinden‹ von Techniken.

Beispiel: Wir bringen Erbsen zum Keimen und stellen fest, daß sie vor dem Keimen größer werden, sie quellen. Um die Volumenzunahme quantitativ zu bestimmen, können wir unsere Schüler auffordern, dies nach einer Anweisung im Lehrbuch zu tun. Wir können sie auch auffordern, selbst Vorschläge für ein Meßverfahren zu bringen.

In einer dritten Klasse wurden folgende Vorschläge gemacht:
»Wir zählen, wieviele trockene Erbsen in dieses Glas hier hineinpassen und dann zählen wir, wieviele gequollene Erbsen hineinpassen.«
Wir sehen nach, wie hoch 100 trockene Erbsen und wie hoch 100 gequollene Erbsen in diesem Glas stehen.«

In einer Grundschulklasse ist es meist nicht schwierig, zu solchen produktiven Akten herauszufordern. Bereitwillig erfinden die Schüler oft phantastische Erklärungen für alle möglichen Phänomene. Im grundlegenden Sachunterricht muß es uns allerdings gelingen, phantastische Erklärungen, etwa bei der Hypothesenbildung, in die disziplinierten Bahnen fachspezifischen Denkens zu überführen, ohne das schöpferische Element zu unterdrücken. Dieses ist somit für einen freien, aber strategischen Umgang mit den vorhandenen Kenntnissen, Arbeitsweisen und Einstellungen fruchtbar zu machen.

Jeder erfahrene Lehrer weiß, daß wir uns mit der Forderung, daß sich der grundlegende Biologieunterricht das Beherrschen von Problemlösungsstrategien zum Ziel setzen müsse, an einem wünschenswerten Endverhalten orientieren, das sicher nicht in der Grundschule zu erreichen ist. Es ist auch sinnlos, in diesem Zusammenhang das Prinzip der Selbsttätigkeit übermäßig zu strapazieren, da wir bis jetzt nicht genau wissen, welche Arten von Lernen für Problemlösungsstrategien entscheidend sind. Es wäre somit nur zu zeigen, wie die gestellte Aufgabe in der Grundschule begonnen werden kann und welche Lehrstrategien geeignet scheinen, um das definierte Ziel zu erreichen.

Dabei zeigt sich wieder die Bedeutung des Lehrers, denn Lehrstrategien werden vom Lehrer weitgehend geplant und geleitet (vgl. *Gagné* S. 131 u. 138).

Wie äußert sich die Lehrerrolle bei dieser Aufgabe im Unterricht?
1. Der Unterricht hat auf jeder Stufe von einem Problem auszugehen, dessen motivierende Kraft so wirksam ist, daß die Aufmerksamkeit der Schüler bis zur Problemlösung wachgehalten wird.
2. Lehrstrategien, die auf das Problemlösen hinzielen, erfordern den allmählichen Aufbau von Arbeitsweisen, Kenntnissen und Einstellungen. Nach welchen Kriterien der Aufbau der Arbeitsweisen zu erfolgen hat, wurde im ersten Teil dieser Untersuchung dargestellt.
3. Erste Problemlösungsstrategien werden vom Lehrer geplant, wobei eine möglichst große Vielfalt anzustreben ist. Dies heißt aber auch, daß die Strategien auf Grund der auf der entsprechenden Entwicklungsstufe beherrschten Arbeits-

weisen, Kenntnissen, Einstellungen und des Materials entwickelt werden. Nach dem Prinzip des ›fading‹ tritt dann der Lehrer immer mehr zurück. Den mit den Schülern gemeinsam geplanten Strategien oder ihren Teilen wohnt eine erhöhte Motivation inne. Andererseits motivieren Strategien das Lernen neuer und den Ausbau bekannter Arbeitsweisen, sie machen sie eigentlich erst notwendig. Hier zeigt sich der »dienende« Charakter der Arbeitsweisen, die nur von Problemlösungsverfahren her richtig verstanden werden können.

4. Eine Reihe von Problemlösungen kann informatorisch nach dem wissenschaftstheoretischen Modell des Problemlösens vom Lehrer dargeboten bzw. demonstriert werden.

5. Im Anschluß an erfolgreich abgeschlossene Problemlösungsverfahren im Unterricht ist der Ablauf mit den Schülern zu reflektieren. Dabei sollte es sich im Laufe der Zeit herausstellen, daß eigentlich immer nach dem gleichen Denkmodell verfahren wurde. Es ist gegenwärtig noch unbekannt, wann dies geschehen kann.

Insgesamt wird deutlich, daß die Forderung nach einer Orientierung des grundlegenden Biologieunterrichts an Problemlösungsstrategien sich zwar theoretisch begründen läßt, daß sie sich im gegenwärtigen Zeitpunkt aber wohl nur durch Beschreibung von Unterricht, welcher sich im dargestellten Sinne in der Grundschule als durchführbar erwiesen hat, weiter verdeutlichen und verifizieren läßt. Zwei Beispiele werden dargestellt.

6.4 Unterrichtsbeispiele

6.41 Wir ordnen Blätter (1. Schuljahr)

Diese Unterrichtsaufgabe ist aus dem traditionellen Anschauungsunterricht bekannt, wurde dann aber auch in neuere Lehrpläne des grundlegenden Biologieunterrichts mehrerer Bundesländer aufgenommen. So heißt es beispielsweise im neuen Lehrplan des Bundeslandes Bayern für den grundlegenden Biologieunterricht:

A. Verbindliche Lehraufgaben
  1. Ermöglichung von Dauerbeobachtungen . . .
  2. Kennenlernen der Formenvielfalt der lebendigen Natur
     (Sammeln, Ordnen, Kenn- und Darstellungsübungen).
     a) Pflanzen und Tierformen sind nicht nur vielfältig, sie können auch geordnet werden.
     b) verschiedene Pflanzen haben die gleichen Aufbauteile (mit gleichen Funktionen), aber in verschiedenen Formen.
  3. Kennenlernen von Lebensvorgängen, Erfassen biologischer Zusammenhänge.
     a) Beobachten.
     b) Untersuchen.

c) Experimentieren.
d) Darstellen.

B. Themenvorschläge (zur Auswahl)
... Blätter, Früchte und Samen einiger Bäume und Sträucher ...
... Ordnen von Blättern nach Formen und Farben ...
... Kastanien und Haselnüsse werden reif ...
... Sammeln von Früchten und Samen an Holzgewächsen ...

Damit ist die darzustellende Unterrichtseinheit in den größeren Zusammenhang »biologischer Zusammenhänge an Bäumen und Sträuchern im Jahreslauf« gestellt. Ein solches komplexes Thema ist nun für den Unterricht aufzubereiten. Dies wird durch die ausführlichere Darstellung einer Unterrichtsstunde und eines weiterführenden Planungsvorschlages getan. Dem Leser wird empfohlen, sich vor dem Weiterlesen an der Übersicht auf Seite 193 zu orientieren.

6.3311 Einleitende Bemerkungen zu der dargestellten Unterrichtsstunde
Es heißt im Lehrplan »... einige Bäume ...«, wir beschränken uns auf Eiche, Buche, Ahorn und Kastanie, da wir sie auf dem Grundstück unserer Versuchsschule zur Verfügung hatten. Es ist natürlich möglich und notwendig, andere Bäume zu wählen, wenn die genannten nicht zu beobachten sind, beispielsweise Pappel, Linde und Roteiche. Weniger als drei Arten sollten es jedoch nicht sein. Es heißt im Lehrplan »... Blätter, Früchte und Samen ...«, wir beschränken uns in der ersten Stunde nur auf die Blätter. Es heißt im Lehrplan »... Sammeln, Ordnen, Kennübungen, Beobachten, Untersuchen, Experimentieren, Darstellen ...«, wir haben es hier im wesentlichen mit folgenden Arbeitsweisen zu tun: Benennen, Beschreiben und Ordnen. Um ein Klassifizieren im strengen Sinn handelt es sich deshalb nicht, weil an die Bildung von Ober- und Unterbegriffen auf diesem Stadium des grundlegenden Biologieunterrichts noch nicht zu denken ist. Hier sind die Blätter selbst, ihre Namen, wenige beschreibende Merkmale und die dazugehörigen Bäume einander zuzuordnen. Dieses allgemeine Lernziel findet seinen Ausdruck in beschreibenden Sätzen. Dabei sind wir uns bewußt, daß Kinder dieses Alters Blätter nicht nur auf Grund der Kenntnis von Merkmalen wiedererkennen; eine nicht geringe Rolle dürfte hierbei auch der Gesamteindruck der behandelten Objekte spielen.

Die Lernziele der dargestellten Unterrichtsstunde: Die Schüler sollen nach dieser Stunde
1. sich der Formenvielfalt bei Laubblättern im Ansatz bewußt sein,
2. durch das Beschreiben der charakteristischen Merkmale von vier Laubblättern (Eiche, Ahorn, Kastanie, Buche) diese in neuen Situationen wiedererkennen können,
3. die Namen der behandelten Blätter und der dazugehörigen Bäume erlernt haben,

4. folgende Bäume in ihrer Umgebung mit richtigen Namen ansprechen können: Eiche, Ahorn, Kastanie, Buche.

Da die Klasse in die Arbeitsweisen des Biologieunterrichts noch nicht eingeführt ist, beginnt der Unterricht mit vom Lehrer mitgebrachtem Material im Klassenzimmer; ein kurzer Unterrichtsgang und Sammelaufgaben führen ihn weiter.

6.3312 Darstellung der Unterrichtsstunde

1. Präsentation des Materials und Vorbereitung
Ein Haufen ungeordneter Laubblätter liegt auf dem Tisch des Lehrers.
»Mit solchen Blätterhaufen habt ihr gestern auf dem Schulhof gespielt!«
»Wie kamen die Blätter auf so einen Haufen?«
»Schau sie näher an, nicht alle sind gleich!«
 »Der Wind hat sie zusammengeweht.«
 »Der Hausmeister hat sie zusammengekehrt.«
 »Im Wald scharre ich immer mit den Füßen durch die Blätter.«
 »Die sind ja alle gelb (bunt, braun, welk).«
 »Die sind alle anders (verschieden).
 »Das da sind Kastanienblätter.«
 »Vielleicht können wir herausfinden, wieviele verschiedene Blätter da auf dem Haufen liegen!«

2. Verteilen und Ordnen des Materials
Da die Klasse aus räumlichen Gründen nicht in Vierergruppen aufgeteilt werden kann und Gruppenarbeit nicht gewöhnt ist (1. Klasse im Oktober!), sollen immer zwei Kinder zusammenarbeiten.
»Immer zwei Kinder bekommen jetzt von mir einen kleinen Blätterhaufen.«
»Ich bin neugierig, ob ihr dieses Blätterdurcheinander in Ordnung bringen könnt!«
»Legt immer die gleichen Blätter (Blätter, die zusammengehören) auf einen Haufen!«
 Die Schüler beginnen zu ordnen. Tauchen Fragen auf, geht der Lehrer zu dem fragenden Schüler hin und beantwortet seine Fragen. Hierbei weist er einige Kinder darauf hin, daß die Farbe (braun, gelb) nicht als Ordnungsgesichtspunkt geeignet ist, da ja die meisten Blätter braun und gelb sind. Kinder, die sehr schnell fertig sind, können sich vom Tisch des Lehrers neue Blätter holen.

3. Gelenkte Aussprache über das Ordnungsergebnis und die Ordnungsgesichtspunkte; Benennen der Blätter
»Wieviele verschiedene Blätterhaufen habt ihr gemacht? Ich will nur eine Zahl hören.«

»Vier.«

»Drei.«

»Drei, ein Blatt ist noch übrig.«

»Vielleicht kannst du über deinen Blätterhaufen noch mehr sagen! Die Blätter haben doch auch Namen!«

»Das sind Eichenblätter.«

»Das sind Kastanienblätter.«

Je ein Kind, das den Namen eines Blattes weiß, kommt, zeigt das Blatt und erhält die entsprechende Wortkarte dazu. Die von den Kindern nicht gewußten Namen werden vom Lehrer genannt. Schließlich stehen vier Kinder vor der Klasse. Gemeinsam mit dem Lehrer werden ein Blatt und die dazugehörige Wortkarte an einen Schuhkarton geheftet.

»Könnt ihr euch jetzt denken, was wir mit diesen Schachteln tun werden?«

»In die Kastanien-Blatt-Schachtel kommen alle Kastanienblätter.«

»In die Buchen-Blatt-Schachtel kommen alle Buchenblätter« usw.

»Ja das wollen wir tun. Jeder darf Blätter in die Schachtel legen, aber er muß dazu eine kleine Geschichte erzählen!«

Ein Schüler geht mit der Kastanienschachtel zu drei bis vier Schülertischen, überall müssen die Schüler etwas sagen, bevor sie ihre Blätter in die Schachtel legen dürfen.

»Meine Kastanienblätter sind alle gelb.«

»Meine Kastanienblätter sehen aus wie eine Hand.«

»Meine Kastanienblätter sind ganz verkrüppelt.«

»Halt, jetzt wollen wir etwas ganz Schweres machen. Wir malen ein Kastanienblatt in die Luft!«

Hilfen: Es liegen noch genügend Kastanienblätter auf den Tischen: Wir umfahren ein Kastanienblatt mit dem Zeigefinger.

Wir heben die linke Hand mit gespreizten Fingern in die Höhe, schauen sie an und malen dann das Blatt in die Luft.

Auf ähnliche Weise verfahren wir bei den Ahorn-, Eichen- und Buchenblättern.

Da jetzt immer noch eine Reihe von Schülern Blätterhäufchen vor sich liegen hat, beenden wir das Ordnungsspiel mit einer letzten Übung:

»Wir haben noch nicht alle Blätter in die Schachteln eingesammelt. Peter nimm die Buchen-Blatt-Schachtel und sammle schnell alle Buchenblätterhaufen ein. Wir anderen sagen jetzt nichts und passen nur auf, ob Peter es richtig macht.«

»Das habt ihr schön fertig gebracht, das große Blätter-Durcheinander ist in Ordnung gebracht!«

An dieser Stelle besteht die Möglichkeit, abzubrechen und am nächsten Tag fortzufahren. Der Lehrer muß im Hinblick auf seine Klasse entscheiden, ob er dies tut oder mit den folgenden Unterrichtsschritten fortfährt.

4. Zusammenfassender Vergleich mit abstrakterem (verfremdetem) Material

An der Flanelltafel werden völlig ungeordnet Wortkarten, und Blattumrisse aus andersfarbigem Flanell angeheftet.

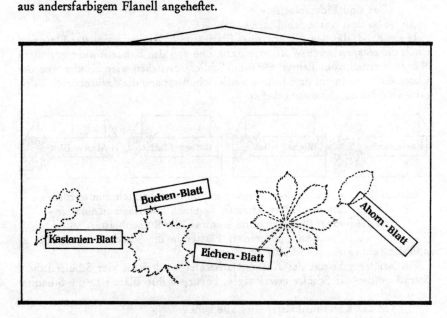

»Wir wollen sehen, ob wir auch so unsere Blätter wiedererkennen und etwas von ihnen erzählen können.«
    »Da ist ja alles durcheinander.«
    »Das da ist ein Eichenblatt...«
»Was sollen wir tun?«
»Womit sollen wir anfangen?«
»Wer sieht, was zusammengehört?«
    Je zwei Schüler heften einen Blattumriß und die dazugehörige Wortkarte nebeneinander.
»Das können wir jetzt schon lesen!«
    Kurze Sprechübung an der Flanelltafel.

5. Anwendung
    »Blätter liegen ja nicht immer auf der Erde wie jetzt.«
        »Die waren vorher auf einem Baum!«
        »Im Herbst fallen sie ab.«
        »Sie wachsen an den Ästen.«

»Da ist ein Baum! Alle Bläter sind noch dran.« Die Klapptafel wird geöffnet und zeigt folgenden Baum, an dem Blätter der vier bekannten Arten durcheinander angeheftet sind:

Kritische Äußerungen der Schüler:
»Da ist wieder alles durcheinander.«
»Das gibts ja gar nicht.«
»Die Blätter wachsen an verschiedenen Bäumen. «
»Wir brauchen vier Bäume.«
»Und wie heißen die vier Bäume, an die unsere Blätter gehören?«
Es sollten hier nicht Bezeichnungen wie ›Buchen-Baum‹ oder ›Ahorn-Baum‹ verwendet werden, die in der Fachsprache ungebräuchlich sind (eine Ausnahme bildet u. U. die Bezeichnung ›Kastanienbaum‹).
Auf vier weiteren Wortkarten sind die Namen der Bäume *Ahorn, Buche, Kastanie, Eiche* gegeben und werden vom Lehrer erläutert. Danach werden sie an die Flanelltafel geheftet. Ein kurze Sprechübung schließt diesen Schritt ab.
»Ein Eichenblatt wächst an der Eiche.«
»Eichenblätter wachsen nur an Eichen.«
usw.
»Wenn das stimmt, was du jetzt gesagt hast, dann kannst du mir das auch im Schulhof zeigen!
Nach der großen Pause wollen wir heute nicht gleich in unser Klassenzimmer hinaufgehen. Ihr sollt mir alle Bäume zeigen. Ich bin gespannt, ob ihr das könnt.«

6.3313 Weiterführende Planung
Nach dieser ersten Unterrichtseinheit erhalten die Schüler folgende Aufgaben:

1. Die Blätter der besprochenen Bäume sollen gesammelt und zu Hause in einem Buch gepreßt werden.
2. Samen und Früchte der besprochenen Bäume sollen gesammelt und den Bäumen zugeordnet werden.

Dabei können wir es aber nicht belassen, denn biologische Rhythmen der Bäume können nur erfaßt werden, wenn der ihnen eigentümliche Zeitfaktor berücksichtigt wird, d. h. wenn wir das äußere Erscheinungsbild der Bäume den Jahreszeiten zuordnen. Jahreszeitliche Beobachtungen dieser Art bezeichnen wir als phänologische Beobachtungen. Sie führen zu einem neuen Typus von Begriffskoppelungen wie

kahler Kastanienbaum — Zweige mit Knospen — Winter
belaubter Kastanienbaum — Kastanienblüten — Frühling
usw.

Phänologische Beobachtungen finden in der wissenschaftlichen Biologie ihren Niederschlag in komplizierten Tabellen und Kurven. Phänologische Beobachtungen in der Schule verlangen daher nicht geringe Fertigkeiten im Darstellen von Beobachtungsdaten, und wir fragen uns, ob Erstkläßler dazu in der Lage sind. Wir meinen, daß sie es sind, wenn wir ihre besondere Situation angemessen berücksichtigen. Bewährt hat sich eine von der ganzen Klasse bearbeitete Protokolltafel, die im Laufe des Schuljahres immer weiter ergänzt wurde. An einer Dämmplatte, die im Klassenzimmer aufgehängt war, wurden von den Kindern gepreßte Blätter, Früchte und Knospenzweige befestigt, von der Klassenlehrerin wurden Wortkarten, Baumsilhouetten und farbige Bilder beigesteuert. Auf ähnliche Weise werden im ersten Schülerjahrgang auch andere, kurzfristigere Beobachtungsergebnisse dargestellt. In dem Maße, in dem die Schüler während der Grundschulzeit schriftliche Darstellungsweisen, den Gebrauch von Zahlen, Meßtechniken und den Umgang mit Symbolen erlernen, treten andere Protokollformen an die Stelle der dargestellten, sie werden in steigendem Maße von den einzelnen Schülern oder von Schülergruppen selbständig geführt: Tabellen, schriftliche Niederschriften, Skizzen, vielleicht auch graphische Darstellungen.

An einem solchen Protokoll (vgl. Abb. ...), das im Laufe des Jahres entsteht, läßt sich eine Fülle von biologischen Einsichten gewinnen. Am Ende des ersten Schuljahres stellen wir beispielsweise rückblickend fest:
»Im Herbst sind die Blätter des Ahorns groß und gelb. Im Winter sind keine Blätter am Baum. Aus den Winterknospen werden im Frühling neue Blätter hervorbrechen. Im Frühling sind die Ahornblätter klein und grün. Im Sommer sind sie groß und grün. Wenn wir im Herbst in die zweite Klasse kommen, sind die Ahornblätter wieder gelb. Jetzt beginnt alles von vorne.«

Ein Vergleich der Protokolltafel, des Planes der Unterrichtseinheit ›Bäume im Jahresablauf‹ und der dargestellten Unterrichtseinheit macht die Frage zwingend, ob ein so verstandener grundlegender Biologieunterricht im Rahmen der Stundentafel der Grundschule überhaupt zu schaffen ist, ob er nicht zu zeitaufwendig ist. Dazu muß gesagt werden, daß Einführungsstunden immer mehr Zeit beanspruchen als die folgenden Unterrichtseinheiten. Letztere können im Sinne einer »10-Minuten-Biologie« durchaus bewältigt werden, denn einerseits werden hier erlernte Arbeitsweisen nur fortgeführt und andererseits ist der Informationsgehalt dieser Untereinheiten absichtlich knapp bemessen. Unterrichtsplanung dieser Art ist typisch für den Biologieunterricht und ferner angesichts der übrigen Aufgaben des grundlegenden Biologieunterrichts und der anderen Sachfächer nicht anders zu vertreten.

Plan der Unterrichtseinheit ›Bäume im Jahreslauf› (1. Schjg.)

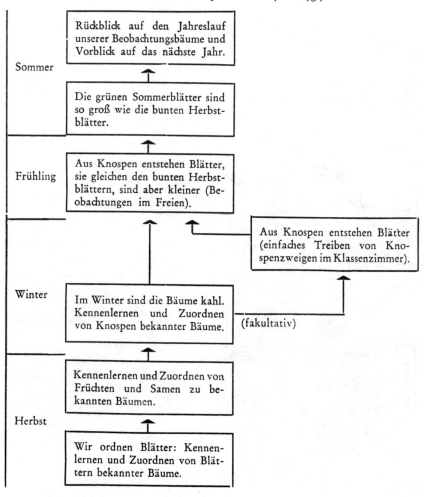

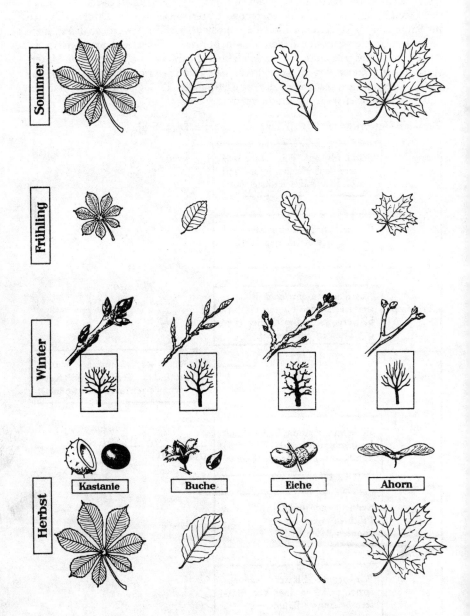

Sommer

Frühling

Winter

Herbst

| Kastanie | Buche | Eiche | Ahorn |

6.42 Brauchen Pflanzen zum Wachsen wirklich Licht? (4. Schülerjahrgang)

Die im Thema gestellte Frage hat zwei Aspekte, die sich gegenseitig ergänzen. Zunächst scheint sie eine ausgesprochen ›dumme‹ Frage zu sein, denn wer weiß nicht, daß Pflanzen zum Wachsen Licht brauchen, stellen wir doch auch unsere Zimmerpflanzen auf das Fensterbrett.

Zum anderen scheint es eine ausgesprochen komplizierte Frage zu sein, deren Behandlung im schulischen Unterricht, dazu noch in der Grundschule, viele Schwierigkeiten bereiten dürfte. Denn die Begriffskoppelung Pflanze — Licht — Wachstum weist zwar auf fundamentale biologische Phänomene, aber gleichzeitig auf Themen modernster biochemischer und biophysikalischer Forschung hin.

Wenn häufig ›die gegenwärtige und zukünftige Bedeutsamkeit für den Schüler‹ als Kriterium für die Auswahl von Unterrichtsthemen genannt wird, so kann gerade das gestellte Thema uns vor einer vordergründig pragmatischen Auslegung dieser Forderung warnen. Denn die Einführung in das Phänomen der Photosynthese befaßt sich mit einer fundamentalen Lebenserscheinung, die die Voraussetzung für das Verstehen von Problemen der praktischen Biologie darstellt.

Lernziele:
Im Laufe dieser Einheit sollen die Schüler
1. den Satz, daß Pflanzen zum Wachsen Licht brauchen, differenzierter formulieren können,
2. eigene Vermutungen (Hypothesen) und Beobachtungen verbal und zeichnerisch fixieren,
3. feststellen, daß sich Hypothesen auf Grund neuer Daten ändern können,
4. unter experimentellen Bedingungen nur eine Variable (Licht) zulassen und alle sich ergebenden Veränderungen auf diese Variable zurückführen (Kontrollexperiment eingeschlossen).

Vorbemerkungen zur unterrichtsmethodischen Gestaltung
1. Da das Phänomen des Wachsens zur Diskussion stand, mußte die Wachstumsgeschwindigkeit der zu untersuchenden Pflanzen in die Planung mit eingehen. Es wurden drei Unterrichtsstunden im Abstand von zehn Tagen geplant. Dieser zeitliche Aufwand ist notwendig. Wird der Faktor Zeit bei Wachstumsvorgängen nicht demonstriert, läßt sich der Begriff Wachsen schlechterdings nicht erarbeiten.
2. Da in den Versuchsklassen, entsprechend den geltenden Lehrplänen, noch nie Biologieunterricht erteilt worden war, also auch auf ein Repertoire von Arbeitsweisen nicht zurückgegriffen werden konnte, mußten die erforderlichen Arbeitsweisen erst eingeführt werden. Dies galt insbesondere für das Aussäen der Beobachtungspflanzen. Daß selbstgesäte Pflanzen beobachtet werden müssen, ergab sich aus einem mißlungenen Unterrichtsversuch: Als ich mit von mir in Licht und Dunkelheit gezogenen Pflanzen vor die be-

treffende Klasse trat, um, von diesem Material ausgehend, in das Problem einzuführen, reagierten die Schüler zwar mit Neugier, wie man sie Kuriositäten entgegenbringt, aber sie waren doch nicht in der gewünschten Richtung ausreichend motiviert. Der Unterrichtsversuch mißlang weitgehend. Die Pflanzen, die in einem zweiten Versuch von den Schülern selbst gesät, gepflegt und während des Wachstums beobachtet wurden, bewirkten ein spürbar größeres affektives Engagement. Der Unterrichtsversuch war erfolgreich.

3. Aus den oben erwähnten Gründen (gemeint ist die Selbstverständlichkeit, daß Pflanzen Licht brauchen) würde sich vor allem die Problemfindung als schwierig erweisen, so wurde angenommen. Diese Annahme erwies sich als richtig. Das Problem war am Ende der ersten Stunde den meisten Schülern nicht deutlich, sondern trat erst im Verlauf der sich anschließenden Beobachtungsphase klar hervor. Die Weiterarbeit war somit durch einen Überraschungseffekt motiviert.

Die erste Stunde:

Ohne weitschweifige Einstimmungsversuche wurden die Schüler direkt auf das Vorhaben des Lehrers hingewiesen:

»In der nächsten Woche möchte ich mit euch eine Unterrichtsstunde halten. Wir werden uns mit Pflanzen beschäftigen und dazu müssen wir heute einige Vorbereitungen treffen.«

I. Vorbereitung des Beobachtungsmaterials

1. Demonstration des Materials (»Stummer Impuls«):
acht Blumentöpfe,
Tonscherben,
Blumenerde,
Gras- und Bohnensamen,
Zeitungspapier,
drei Schäufelchen,
eine Gießkanne.

2. Unterrichtsgespräch über das dargebotene Material:
Die Äußerungen der Schüler sind eindeutig:
»Das da sind Grassamen, die kenn' ich von unserem Garten.«
»Die Scherben müssen auf das Loch im Blumentopf!«
»Da sollen wir wohl pflanzen (säen)!«

3. Vorbereitung des Säens:
Ich möchte, daß alle Kinder beim Säen möglichst auf die gleiche Weise verfahren.
»Säen können wir auf verschiedene Weise!«
Gleichzeitig streue ich einige Bohnen auf den Boden eines Blumentopfes.

Die Kinder nennen in ungeordneter Aussprache die wichtigsten Arbeits-
schritte beim Säen, die dann geordnet werden, nachdem ich die Ordnungs-
zahlen 1. bis 6. an die Tafel geschrieben habe.

1. Wir legen einen Scherben auf das Loch im Blumentopf.
2. Wir füllen den Topf mit Erde fast voll.
3. Wir streuen Samen auf die Erde.
4. Wir streuen Erde über den Samen.
5. Wir drücken die Erde etwas fest.
6. Wir gießen vorsichtig mit Wasser an.

4. Das Säen:
Das Material wird ausgegeben an acht Gruppen. Stillschweigend verteile ich
Zeitungspapier und die Schüler wissen, was ich meine.
Die Schüler arbeiten zwar nicht in jeder Hinsicht nach der Anweisung, aber
das Ergebnis reicht aus.

5. Beschriften der Blumentöpfe: mit Kreide:
a) G heißt Gras, B heißt Bohnen.
b) Die Namen der Schüler (alle wollten ihren Namen auf den Topf
schreiben).

II. Problementwicklung

1. Ich frage: »Wo sollen die Töpfe stehen, bis ich nächste Woche wieder zu
euch komme?«
Schülerantworten:
»Auf dem Fensterbrett!«
»Am Fenster bei den anderen Pflanzen.«
Gegenfrage: »Warum eigentlich am Fenster?«
Schülerantworten:
»Das muß so sein!«
»Die brauchen ja Licht zum Wachsen!«
»Sonst gehen die gar nicht auf!«
Tafelanschrift:
Pflanzen brauchen Licht zum Wachsen.

2. Problematisierung des Satzes an der Tafel:
Provozierende Lehrerfrage:
»Was wäre, wenn wir unsere Töpfe in den Schrank hier stellen?«
Nach der anschließenden Aussprache werden die Vermutungen (Hypothesen!) der Schüler festgehalten und ausgezählt:
13 Schüler meinen, daß die Samen im Dunkeln gar nicht aufgehen und
die Pflanzen gar nicht wachsen werden.
10 Schüler meinen, daß die Pflanzen im Dunkeln klein bleiben, jedoch
grün werden, im Licht aber groß und grün werden

5 Schüler meinen, daß die Pflanzen im Licht und im Dunkeln gleich wachsen.

10 Schüler meinen, daß die Pflanzen im Dunkeln gelb und krank werden und verwelken.

1 Schüler meint, daß die Pflanzen im Dunkeln wachsen, im Licht aber nicht.

3. Protokollieren der Hypothesen:
An die Schüler werden hektographische Zeichnungen verteilt, die sich mit Farbstiften ergänzen sollen.
»Zeichne mit Farbstiften ein, was in zehn Tagen sein wird!«

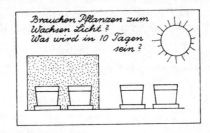

4. Kurze Aussprache, um die Einsicht in die Notwendigkeit eines Prüfungsverfahrens anzubahnen.
Lehrerfragen:
»Warum hast du so gezeichnet?«
»Wieso weißt du so sicher, was du gezeichnet hast?«
»Hast du es ausprobiert?«
Durch solche Maßnahmen soll der Schüler unterscheiden lernen zwischen bloßen Vermutungen und nachweisbaren Tatsachen. In diesem Falle ist dies sehr leicht, da die verwendeten Pflanzen nach zehn Tagen so charakteristische Merkmale zeigen, daß von den Schülern eindeutige Schlüsse gezogen werden können.
Als es dann darum geht, einen Teil der Töpfe in den dunklen Schrank, den anderen auf das Fensterbrett zu stellen, sträuben sich die Schüler sichtbar, deren Töpfe für das Dunkelexperiment ausgewählt wurden. Es bedarf einiger Überredung, bis sie ›ihre‹ Töpfe zur Verfügung stellen.

5. Beobachtungsanweisungen:
»Ende nächster Woche sehen wir uns wieder, dann werdet ihr mir genau berichten können, wie es den Dunkelpflanzen und wie es den Lichtpflanzen ergangen ist. Ich schreibe euch hier an die Tafel, was ihr zu tun habt.«
Die Beobachtungsanweisungen können, wenn die Zeit reicht, auch mit den

Schülern erarbeitet werden. In diesem Fall entschied ich mich für das Vorgeben der Beobachtungskriterien.
Tafelanschrift (auf einer Nebentafel im Klassenzimmer):
1. Haltet die Erde in allen Töpfen mäßig feucht!
2. Wann erscheinen die Pflanzen in jedem Topf?
3. Wie sehen die Pflanzen aus? (Farbe)
4. Welche Pflanzen wachsen am schnellsten?
5. Ihr könnt auch messen!
6. Führt eine Beobachtungstabelle!

Datum	Was ich beobachtet habe

Die zweite Stunde:

Nach zehn Tagen zeigten die Licht- und Dunkelpflanzen die erwünschten charakteristischen Unterschiede sehr deutlich. Es müßte möglich sein, die langen (vergeilten oder etiolierten) und gelben Pflanzen auf das Fehlen, die kleinen und grünen Pflanzen auf die Anwesenheit von Licht zurückzuführen. Um eine angemessene Generalisierung der Ergebnisse herbeizuführen, war absichtlich mit zwei verschiedenen Pflanzen gearbeitet worden. In einer späteren Einheit würde sich natürlich der Fall anbieten, bei dem Pflanzen auch im Dunkeln wachsen können, etwa bei der Behandlung der heterotrophen Schimmelpilze.

1. Anknüpfung an die vorausgegangene Stunde:
Dank der Mithilfe der Klassenlehrerin war ein brauchbares Protokoll entstanden. Um die Überraschung der Schüler noch stärker zu akzentuieren, wurden die hektographierten Blätter mit den hypothetischen Zeichnungen der Schüler wieder verteilt, jede Gruppe hatte ihren Topf vor sich stehen und ihr Beobachtungsprotokoll vor sich liegen.
Tafelanschrift:
Brauchen Pflanzen zum Wachsen Licht?

2. Freie Aussprache über das Beobachtungsergebnis der Schüler.
Schüleräußerungen:
»Pflanzen können auch ohne Licht wachsen.«
»Die Pflanzen sind im Dunkeln schneller gewachsen und größer geworden.«
»Die Lichtpflanzen wachsen langsamer.«
»Aber die Lichtpflanzen werden grün.«
»Die Dunkelpflanzen sehen bleich und krank aus.«

3. Zusammenfassendes Protokoll an der Tafel:
   Brauchen Pflanzen zum Wachsen Licht?
   Zeichnung (wie oben) mit dem farbig eingetragenen Beobachtungsergebnis.

Die Pflanzen, die zehn Tage im Dunkeln wuchsen, sind bis 18 cm lang geworden, aber sie sind bleich und gelb.	Die Pflanzen, die zehn Tage im Licht wuchsen, sind nur bis 5 cm lang geworden, aber sie sind grün.

Pflanzen können auch ohne Licht wachsen.

4. Diskussion über die Widersprüchlichkeit des Beobachtungsergebnisses mit unserer Annahme in der ersten Stunde:
   Die Schüler richteten ihre Aufmerksamkeit sehr schnell auf die Frage, warum denn die Pflanzen im dunklen Schrank so schnell wuchsen und so lang wurden.
   Schüleräußerungen:
   »Im Schrank ist es so dunkel wie in der Erde.«
   »Die Pflanzen wollen ans Licht, darum wachsen sie so schnell.«
   Abgesehen von der unzulänglichen Ausdrucksweise zeigen diese Äußerungen, daß einige Schüler wenigstens den Satz ›Pflanzen können auch ohne Licht wachsen‹ doch nicht als überzeugende Widerlegung des Satzes ›Pflanzen brauchen zum Wachsen Licht‹ empfinden. Dies zeigen auch Beiträge, die die Dunkelpflanzen einfach als krank bezeichnen.

5. Anbahnung der Infragestellung des Satzes ›Pflanzen können auch ohne Licht wachsen‹:
   Lehrerfrage:
   »Wie wird es weitergehen, wenn wir die Dunkelpflanzen noch einmal für zehn Tage in den Schrank stellen, die Lichtpflanzen aber weiterhin am Fensterbrett lassen?«
   Die Vermutungen der Schüler werden wieder in Form einer Zeichnung mit Farbstiften auf einem hektographierten Schema festgehalten.
   In der anschließenden kurzen Aussprache zählen wir die unterschiedlichen Meinungen wiederum aus:
   21 Schüler meinen, daß die bleichen Pflanzen allmählich sterben, die grünen aber weiterwachsen werden.
   10 Schüler meinen, daß die bleichen Pflanzen weiterwachsen werden.

6. Planung einer zweiten Beobachtungsphase:
   Eine kurze Aussprache, welche Gruppe denn recht habe, endete mit der Aufforderung eines Schülers:

»Wir machen es wie in der letzten Woche. Wir halten die Pflanzen noch zehn Tage und dann sehen wir schon, was passiert.«
Dabei blieb es.
Die dritte Stunde:
Hierüber ist schnell berichtet. Die Gruppe, die die Notwendigkeit des Lichtes betont hatte triumphierte, denn die Dunkelpflanzen zeigten nun deutliche Verfallserscheinungen.
Am Ende wurde folgender Satz formuliert:
Pflanzen brauchen zum Wachsen Licht. Aber sie können auch eine Zeitlang im Dunkeln wachsen!

Weiterführende Möglichkeiten:
Hinweise auf die bleichen Triebe von Kartoffeln im Keller, auf das bleiche Gras unter einem Brett auf dem Rasen und auf bleiche Pflanzen, die bei abtauender Schneedecke erscheinen, wurden von den Schülern während der geschilderten Einheit erwähnt. Bedeutsamer aber war die Frage von Schülern, woran denn die bleichen Pflanzen schließlich eingehen. In einer vierten Klasse ließ ich diese Frage durch Studenten erörtern. Nach einem mißlungenen Unterrichtsversuch gelang es, in zwei anderen vierten Klassen nachzuweisen, daß die bleichen Pflanzen an Nahrungsmangel eingegangen sind. Dies wurde durch einen Stärkenachweis an bleichen und an grünen Pflanzen vorgenommen (Stärke wird durch Lugolsche Lösung d. i. Jodkalium-Jodid-Lösung nachgewiesen. Grüne Blätter muß man dabei vorher mit heißem Wasser abtöten und ihnen durch Alkohol das Chlorophyll entziehen, damit die Reaktion deutlich wird). Dabei wurde ferner herausgestellt, daß die Nahrung von Pflanzen und Tieren (einschließlich des Menschen) im wesentlichen vergleichbar ist, daß aber die Pflanzen ihre Nahrung mit Hilfe von Chlorophyll und Sonnenlicht selbst herstellen.

Literaturverzeichnis

Herausgeber bzw. Bearbeiter sind vor den Namen mit einem * bezeichnet

Ballauf, Th. 1971 Unterricht als Einbezug ins Denken, in: *Flügge, J., Zur Pathologie des Unterrichts, Bad Heilbrunn

*Bayerisches Staatsministerium für Unterricht und Kultus 1970 Schulreform in Bayern, Bd. I, Lehrpläne für die Grundschule, Orientierungsstufe und Hauptschule, München

Beck, J.; Gamm, H. J. 1970 Verhindert die Pädagogik die Schulreform?, in: *Beck, J.; *Schmidt, L., Schulreform oder der sogenannte Fortschritt, Frankfurt

*Becker, H. 1969 Versuche (Lehrerheft), Hannover

*Bloom, B. S. 1969 Taxonomy of Educational Objectives Handbook I: Cognitive Domain, New York

Denzel, F. 1964 Erstunterricht, München

Dessauer, F. 1960 Naturwissenschaftliches Erkennen, Frankfurt

Dürr, O. 1959 Über die Heimatkunde zum Geschichtsunterricht, München

Ebeling, H. 1960 Geschichten aus der Geschichte, Bd. 1-3, Braunschweig

ders. 1963 Die Reise in die Vergangenheit, Bd. 1, Braunschweig

ders. 1965 Didaktik und Methodik des Geschichtsunterrichts, Hannover

Ebeling, H.; Kühl H. 1964 Praxis des Geschichtsunterrichts, Bd. 1, Hannover

Engelhardt, W. 1970 Heimatkunde als Sachunterricht in der Grundschule, in: *Beck, J.; *Schmidt, L., Schulreform oder der sogenannte Fortschritt, Frankfurt

Fiege, H. 1969a Geschichte, Düsseldorf

ders. 1969b Der Heimatkundeunterricht, Bad Heilbrunn

Fischer, W. 1966 Was ist Erziehung?, München

Friese, E.; u. a. 1970 Zur Gestaltung und Zielsetzung geographischen Unterrichts, in: Geographische Rundschau, Jg. 22; Heft 8, Braunschweig

Gagné, R. M. 1970 Die Bedingungen des menschlichen Lernens, Hannover

Gärtner, F. 1958 Neuzeitliche Heimatkunde, München

Heimann, P. 1969 Didaktik 1965, in: Heimann, P.; u. a., Unterricht, Analyse und Planung, Auswahl B, Bd. 1/2, Hannover

Heissler, V.	1966	Kartographie, Berlin
Höcker, G.	1968a	Inhalte des Sachunterrichts im 4. Schuljahr, in: Die Grundschule, Heft 3, Braunschweig
ders.	1968b	Unterricht über Stabmagnete, in: Die Grundschule, Heft 3, Braunschweig
Holler, E.	1956	Die geschichtliche Volkssage im Geschichtsunterricht, in: Geschichte in Wissenschaft und Unterricht, Jg. 7; S. 267 ff., Stuttgart
Jeziorsky, W.	1965	Allgemeinbildender Unterricht in der Grundschule, Braunschweig
Kleemann, G.	1964	Schwert und Urne, Stuttgart
Kleinschmidt, G.	1970	Lehrstrategie und Denkerziehung, in: Blätter f. Lehrerfortbildg., Jg. 22; Heft 5, München
*Krieger, H.	1969	Aufgabe und Gestaltung des Geschichtsunterrichts, Frankfurt
Küppers, W.	1961	Zur Psychologie des Geschichtsunterrichts, Stuttgart
Lichtenstein-Rother, I.	1969	Schulanfang, Frankfurt
Litt, Th.	1962	Die Stellung der Naturwissenschaft im Aufbau der Bildung, in: Zeitschrift f. Naturkunde und Naturlehre, Jg. 10, Sonderheft 2, Köln
Lubowsky, G.	1967	Der pädagogische Sinn des Sachunterrichts, München
*Lüthi, M.; u. a.	1965	Sagen und ihre Deutung, Göttingen
Mager, R. F.	1970	Lernziele und programmierter Unterricht, Weinheim
Metcalf, L. E.	1963	Research on Teaching the Social Studies, in: *Gage, N. L., Handbook of Research on teaching, Chicago
Mohr, H.	1967	Wissenschaft und menschliche Existenz, Freiburg
Mücke, R.	1969	Der Grundschulunterricht, Bad Heilbrunn
Neuhaus, E.	1968	Leistungsmessung im Sachunterricht, in: Die Grundschule, Heft 4, Braunschweig
Oerter, R.	1968	Moderne Entwicklungspsychologie, Donauwörth
Ott, G.	1969	Zeitlichkeit und Sozialität, München
Rabenstein, R.	1970	Zur Zielsetzung und zum Verfahren des Erstleseunterrichts, in: Pädagogische Welt Jg. 24; Heft 9 Donauwörth
Rabenstein, R.; Haas, F.	1970	Erfolgreicher Unterricht durch Darstellungseinheiten, Bad Heilbrunn
Reiche, K.	1952	Die Hinführung des Kindes zur Geschichte, in: Geschichte in Wissenschaft und Unterricht, Jg. 3; S. 97 ff.
Rolff, H. G.; Sander, Th.	1968	Soziale Bildungsbarrieren und ihre Überwindung durch technische Hilfsmittel und programmierten Unterricht, in: Auswahl A, Bd. 7; Hannover
Roth, H.	1955	Kind und Geschichte, München
ders.	1959	Pädagogische Psychologie des Lehrens und Lernens, Hannover

Ruhloff, J.	1967	Didaktik und Wissenschaftsmethodologie, in: Welt der Schule, Jg. 20; Heft 1, München
Ruppert, K.; Schaffer, F.	1969	Zur Konzeption der Sozialgeographie, in: Geographische Rundschau, Jg. 21; Heft 6, Braunschweig
Schmidt, A.	1970	Der Erdkundeunterricht, Bad Heilbrunn
Schreiner, M.	1968	Untersuchungen zum Kartenverständnis unserer Volksschulabgänger, Zulassungsarbeit, unveröff., PH Nürnberg
Schwartz, E.	1969	Die Grundschule — Funktion und Reform, Braunschweig
Seitz, F.	1961	Reform nach rückwärts, in: Die Bayerische Schule, Jg. 14; Heft 33
Spreckelsen, K.	1970	Der naturwissenschaftlich-technische Lernbereich in der Grundschule, in: Inhalte grundlegender Bildung, Grundschulkongreß 1969, Frankfurt
Stoepper, H. u. M.	1970	Zum Problem der „Vorarbeit": Die Anbahnung des Zeit- und Geschichtsbewußtseins im 3. und 4. Schuljahr, in: Welt der Schule, Ausgabe Grundschule, Jg. 23; Heft 6, München
Stracke, Th.	1965	Die Rattenfängersage, in *Salffner, A.; Geschichte im Unterricht, München
*Tietze, W.	1969	Westermann Lexikon der Geographie, Braunschweig
Tütken, H.	1970	Curriculum und Begabung in der Grundschule, in: Westermanns Päd. Beiträge, Jg. 22; Heft 3, Braunschweig
Uhlig, A.; u. a.	1962	Didaktik des Biologieunterrichts, Berlin (DDR)
Urban, D.	1970	Wirklichkeit und Tendenz, Essen
Victor, E.	1965	Science for the Elementary School; New York — London
Völcker, D.	1969	Wie ist dies? Wie ist das? Wissen macht Spaß Teil 1 (Lehrerheft), Frankfurt
Vogel, G.; Angermann, H.	1967	dtv-Atlas zur Biologie, München
Voigt, E.; Heyer, P.	1969	Das Fliegen, in: Heimann, P. u. a. Unterricht, Analyse und Planung, Auswahl B, Bd. 1/2, Hannover
Wagenschein, M.	1962	Die pädagogische Dimension der Physik, Braunschweig
*Walburg, F.	o. J.	Erzählungen aus der Geschichte, Weinheim
Weigt, E.	1968	Die Geographie, Braunschweig
Werner, H.	1971	Die Misere des Biologieunterrichts und des biologischen Curriculums in Grund- und Hauptschule, in: Blätter für Lehrerfortbildg., Jg. 23; Heft 1, München
Wittmann, J.; *Müller, W.	1967	Theorie und Praxis eines ganzheitlichen Unterrichts, Dortmund